学前教育法规

理论与实务

何 杰 等◎编 著

北京师范大学出版集团
BEIJING NORMAL UNIVERSITY PUBLISHING GROUP
北京师范大学出版社

XUEQIAN JIAOYU FAGUI

LILUN YU SHIWU

图书在版编目(CIP)数据

学前教育法规理论与实务 /何杰等编著.—北京：北京师范大
学出版社，2017.8(2024.10 重印)
ISBN 978-7-303-22557-6

Ⅰ.①学…　Ⅱ.①何…　Ⅲ.①学前教育—教育法—中
国—教材　Ⅳ.①D922.16

中国版本图书馆 CIP 数据核字(2017)第 151592 号

图书意见反馈　gaozhifk@bnupg.com　010—58805079
营销中心电话　010—58802181　58802123

出版发行：北京师范大学出版社　www.bnupg.com
　　　　　北京市西城区新街口外大街 12-3 号
　　　　　邮政编码：100088
印　　刷：北京天泽润科贸有限公司
经　　销：全国新华书店
开　　本：787 mm×1092 mm　1/16
印　　张：13.5
字　　数：280 千字
版　　次：2017 年 8 月第 1 版
印　　次：2024 年 10 月第 5 次印刷
定　　价：32.00 元

策划编辑：罗佩珍　　　　　责任编辑：董洪伟　宇文彩
美术编辑：焦　丽　　　　　装帧设计：国美嘉誉
责任校对：陈　民　　　　　责任印制：陈　涛　赵　龙

前　言

　　学前教育作为我国学制教育体系中处于独立起始阶段的教育，是国家基础教育的重要奠基阶段，是一项关乎全面提升中华民族整体素质的社会公益事业，是政府提供公共教育服务的重要组成部分。大力发展学前教育，努力创设为学前教育事业健康发展的法律、政策和制度环境，是我国党和各级人民政府的重要共识和长远工作目标。

　　近年来，学前教育领域发生的社会热点问题，诸如，幼儿园教师及其他工作人员体罚、虐待幼儿的事件，幼儿园教师没有取得教师资格证仍然上岗任教的现象，幼儿园校车发生安全事故造成幼儿生命权、健康权受到严重损害的事件，幼儿园教育教学活动和教学、生活设施存在安全隐患造成幼儿死伤的重大安全事故，幼儿园尚未建立完善的内部规章制度体系等问题，均涉及幼儿园依法治园的重大课题。随着党和政府提出的依法治国理念的不断普及，学前教育法规在学前教育事业发展中越来越显示出不可或缺的重要规范作用。制定和实施学前教育法规，是国家指导、管理学前教育事业的重要方法和途径，对于学前教育管理的规范化、法治化和科学化有着极其重要的作用。

　　2012 年 11 月，党的十八大明确提出"全面推进依法治国"的基本方略，同时强调"法治是治国理政的基本方式"。2014 年 10 月 23 日，党的十八届四中全会审议通过的《中共中央关于全面推进依法治国若干重大问题的决定》，明确了全面推进依法治国的总目标是建设中国特色社会主义法治体系，建设社会主义法治国家。在全面推进依法治国的前提下，在构建具有中国特色社会主义法律体系、促使法治政府的建设、推动全民守法的进程中，加强学前教育法规体系建设已经迫在眉睫。

　　学前教育法规体系是我国教育法规体系中一个独立的分支学科。它是以法学和学前教育学等相关学科为基础，研究学前教育法律现象、学前教育法律关系及其运行发展规律的学科体系，是学前教育法律关系主体必须遵照执行的法律规范体系。

　　《学前教育法规理论与实务》是作者在从事十余年"学前教育政策与法规"课程教

学的基础上，结合幼儿园园长岗位资格培训班、幼儿园骨干教师培训班，以及亲赴各类公办、民办幼儿园和城市、农村幼儿园讲授的《学前教育法规专论》《幼儿园安全事故预防及法律责任剖析》等专题讲座，根据广大幼教实际工作者的强烈要求，运用自身三十余年法律专业学科背景，认真钻研撰写而成，具有系统性、理论性、创新性和实务性的特点。

近年来，学前教育政策与法规教材的版本逐渐增多，但多为教育基本法或有关学前教育行政法规、部门规章和政策性文件的文本解读。本书较为全面、系统地探究了学前教育法规的研究对象及其定义和内容；依法治国与加强学前教育法规体系建设的内在逻辑和重大意义；我国教育法的基本原理阐释；幼儿园的法律地位和权利义务、幼儿园园长的法律地位和职权职责；幼儿园与教师的法律关系、教师的权利和义务；幼儿园与学生的法律关系、学生的权利和义务；幼儿园依法治园的概念和内涵、幼儿园内部规章制度的架构和基本内容、幼儿园依法治园中存在的问题及其过应对措施；幼儿园安全事故的概念以及基本类型、幼儿在园人身伤害事故法律责任的认定及其流程；幼儿园安全事故预防及处理的法定程序和工作要求等学前教育法规体系建设中的系统性、基础性理论和实践问题。

本书的创新之处在于关注和探究了学前教育工作领域的涉法性理论和实务问题，主要包括：学前教育法规的研究对象；依法治国与学前教育法规体系建设的内在逻辑和重大意义；民办幼儿园的基本法律问题；幼儿园与教师、入园幼儿的法律关系界定；幼儿园依法治园的概念和含义；依法治国背景下幼儿园依法治园的工作内容；幼儿园管理规章制度的基本架构和主要内容；幼儿园依法治园中存在的问题及其应对措施；幼儿在园人身伤害事故的界定；幼儿在园人身伤害事故的新特点；幼儿园适用"过错推定"原则的要求和法律意义；幼儿人身伤害事故索赔途径和方式；幼儿人身伤害事故诉讼中的证据运用；幼儿园安全事故预防与处理机制创新探索；《中小学(幼儿园)安全工作专项督导暂行办法》的解读等，旨在为解决学前教育工作领域面临的新挑战和新问题贡献一己之力。

为了能够帮助数量众多的学前教育工作者树立"安全第一、预防为主"的安全工作理念，以及发生安全事故时如何依法并理性、科学地处理涉法纠纷，本书的第八章"幼儿园安全事故法律责任的认定及实务"，第九章"幼儿人身伤害事故预防与处理实务"，着力为学前教育工作一线的园长、教师和管理者提供高效务实的法律知识运用实务指导。

本书既是作者多年教学和研究的学术成果积累，同时又是以老带新四名教师集体智慧的结晶。参与本书编著的人员及工作分工如下：第一、二、三、七、八、九章，由何杰(昆明学院)撰写；第四章的前三节，由徐峰(昆明学院)撰写；第四章的第四节和第五章，由杨鸾(昆明学院)撰写；第六章，由王旭(昆明学院)撰写；全书由何杰(昆明学院)负责统稿。

在撰写过程中，本书作者参考了中外法学、教育法学、学前教育管理学前辈、专家学者的学术著作，借鉴了学前教育领域一线工作者提供的典型案例。在此，谨对参考文献和资料中提到的前辈、专家学者、幼教工作者表示深深的敬意和感谢。与此同时，由于时间仓促和水平有限，书中难免有不当之处，敬请读者提出宝贵意见。愿我们共同探讨，推动学前教育事业健康有序发展。

何　杰

2017 年 4 月于云南昆明

目 录

第一章　我国教育法概述

第一节　教育法的概念和法律特征

一、法、法律的概述

(一)"法""律"的古词义

在我国古汉语中，"法"通"灋"，据《说文解字》释义："灋，刑也。平之如水，从水；廌，所以触不直者，去之，从去。"从"法"的古词义的解释看，它具有"公平""公正裁判"之意。"律"，据《说文解字》释义："律，均布也。"从律的古词义解释，它含有"提供模式，纠偏止邪，使之平均齐一、统一"之意。

《尔雅·释诂》篇记载："法，常也；律，常也。"由此可见，早在秦汉时，"法"与"律"二字已同义。在中国古代，最早把"法""律"二字联在一起使用的是战国时期的法家先驱管仲，他说："法律政令者，吏民规矩绳墨也。"他用"规矩"来比喻"法"，认为"尺寸也、绳墨也、规矩也、衡石也、斗斛也、角量也，谓之法"。现代意义把"法""律"联用作为独立合成词，却是在清末民初由日本传入我国的。

(二)法、法律的含义

法学是一门有着悠久发展历史的学科，不同国家、不同历史时期法学领域的学者对法有着不同的阐述。我国法学界一般把法定义为：法是由国家制定、认可并由国家保证实施的，反映由特定物质生活条件所决定的统治阶级(或人民)意志，以权利和义务为内容，以确定、保护和发展统治阶级(或人民)所期望的社会关系、社会秩序和社会发展目标为目的的行为规范体系。① 它通过国家意志的形式反映统治阶级的意志，其内容是由统治阶级的物质生活条件决定的；它通过确定人们相互的权利和义务来确认、保护和发展对统治阶级有利的社会关系和社会秩序，是当今世界各国实现国家和社会管理的重要工具。

在当代中国法律体系中，"法律"一词有广义和狭义两种概念。广义的法律泛指我国一切具有规范性的法律文件的总称。就我国现有的广义的法律而论，它既包括作为根本法的《中华人民共和国宪法》（以下简称《宪法》）、全国人大及其常委会所制定的法律，同时也包括国务院制定的行政法规、各级地方人大制定的地方性法规、国务院各部委制定的部门规章以及各级地方政府制定的地方政府规章等。狭义的法律则专指国家最高权力机关（全国人民代表大会）及其常设机关（全国人民代表大会常务委员会）所制定的规范性法律文件，它包括基本法律、单行法律、常务委员会的决定，通常由"国家主席令"的形式予以公布。

一般意义上使用的"法律"一词，如"依法治国""依法办学""法律面前人人平等""以事实为根据，以法律为准绳"等，均是在广义的法律概念范围内使用的；如果专指法律位阶的某一部规范性法律文件，如《中华人民共和国教育法》（以下简称《教育法》），则肯定是对法律在狭义概念范围内的使用。狭义的法律概念的使用涉及法律渊源体系中上位法、下位法的法律效力问题。

二、教育法学与教育法

（一）教育法学的概念

自20世纪80年代以来，教育法学在我国教育理论和教育实践中已经逐步成为重要的研究领域。从学科性质分析，教育法学既可以被认为是法学的一门分支学科，也可以被认为是与教育学有交叉的分支学科，它是运用法学理论和方法研究教育领域中的法律问题的一门具有交叉性质的法律学科。教育法学的具体表述为：教育法学是一门以法学和教育学为主要理论基础，以教育法律及其问题为研究对象，运用案例法、分析法、比较法、语义法、推理法以及系统法等多种方法对教育法律及其问题进行研究，揭示教育法律规律，构建教育法律理论，指导教育法律实践的法学和教育学的交叉性分支学科。② 由此可见，教育法学是教育法律体系建设得以科学发展的学科基础。

（二）教育法的概念

教育法是指由国家制定和认可，反映统治阶级在教育领域的意志，以教育权利

---

① 张文显：《法学概论》，6页，北京，高等教育出版社，2004。
② 黄崴：《教育法学》，6～7页，北京，高等教育出版社，2007。

和教育义务为内容，并由国家强制力保证实施的，调整和规定教育活动和教育关系的行为规范的总称。

教育法的含义也有广义和狭义之分。广义的教育法泛指我国一切关于调整和规定教育活动和教育关系的规范性法律文件的总称。在我国现行法律体系中，广义的教育法主要包括：《宪法》中有关教育的条款；国家最高立法机关制定颁布的教育法律，如《教育法》；国务院制定颁布的教育行政法规，如《幼儿园管理条例》；拥有立法权的地方人大及其常委会制定发布的教育地方性法规，如《北京市学前教育条例》；国务院各部委制定发布的教育部门规章，如《幼儿园工作规程》；拥有立法权的地方政府制定发布的教育地方规章，例如，2003 年 8 月，经哈尔滨市人民政府第 10 次常务会议通过，自 2003 年 10 月 1 日起施行的《哈尔滨市中小学生伤害事故预防与处理办法》。狭义的教育法与教育法律含义相同，均系专指国家最高权力机关(全国人民代表大会)及其常设机关(全国人民代表大会常务委员会)所制定的调整和规定教育活动和教育关系的规范性法律文件，它包括教育基本法律、教育单行法律、关于教育问题的全国人民代表大会及其常务委员会的决定。

教育法规与教育法从广义范围内理解，两者含义相同。教育法规泛指有关调整教育活动和教育关系的法律法规、规章、条例、规程等具有法律约束力的规范性文件的总称。

教育法、教育法规都是国家对教育活动和教育行为进行依法规范和管理的法律依据，是教育关系主体依法治教的行为规范。

三、教育法的法律特征

教育法作为我国法律体系的重要组成部分，其法律特征主要体现在以下五个方面。

(一)教育法是调整教育活动和教育关系的行为规范

教育法是我国法律体系中的重要组成部分，特别是进入知识经济时代以来，教育法律规范的作用日益凸显。

从特定的调整对象分析，教育法主要包含调整教育活动和教育关系的行为规范。教育活动和教育关系主要包括直接教育活动和间接教育活动，并在此基础上形成的直接教育关系和间接教育关系。直接教育活动和关系是指教育者的施教行为直接作用于受教育者身心的活动和形成的教育关系，例如，学校对学生的教育与管理活动；间接教育活动和教育关系是指围绕直接教育活动的需要而产生的相关活动和形成的教育关系，例如，教育行政部门对学校、教师、学生的组织和管理活动。[1]

---

① 李晓燕、谭细龙：《教育法学》(第 2 版)，35 页，北京，高等教育出版社，2006。

教育法通过法律规范的权利义务内容，具体规定教育活动的各个行为主体，包括国家、政府、学校及其他教育机构、教育者、受教育者、家庭、社会等，在教育活动中的授权性规范（可以怎样行为）、义务性规范（应当怎样行为和禁止怎样行为），以及行为的条件和法律后果，以此通过法律的规范作用，指引教育法律关系的各个主体依法行政、依法办学和依法执教。

(二)教育法是我国人民民主政权性质的体现，反映全体人民在教育事业发展中的共同意志

我国的国家性质是人民民主专政的社会主义国家，我国的教育法同样是社会主义性质的教育法，其所体现的是全体人民群众在教育事业发展中的共同意志。党和政府确立依法治国的基本方略，健全和完善教育法律体系的建设，就是为了不断满足广大人民群众日益增长的科学文化教育发展需求，为实现人民群众的教育利益而服务。

教育是当今世界每个国家都必须经历的发展之路。2010 年颁布的《国家中长期教育改革和发展规划纲要（2010—2020 年）》在序言中明确指出："教育是民族振兴、社会进步的基石，是提高国民素质、促进人的全面发展的根本途径，寄托着亿万家庭对美好生活的期盼。强国必先强教。优先发展教育、提高教育现代化水平，对实现全面建设小康社会奋斗目标、建设富强民主文明和谐的社会主义现代化国家具有决定性意义。"由此可见，教育对国家、社会、家庭和公民个人的发展具有决定性的作用已然成了广大人民群众的教育发展共识，高度重视教育的改革和发展，始终是我们党和政府的工作重点，推进教育法体系的健全和完善，也是我国法律体系建设的工作重点，是依法治国基本方略的必要组成部分。

(三)教育法是由国家制定和认可的行为规范

法作为统治阶级意志的体现，主要是通过制定和认可的方式创制，教育法同样是通过法定的制定和认可方式进行创制。教育法的制定是指拥有立法权的国家机关在其职权范围内，按照法定程序创制、调整教育活动和教育关系的规范性文件的活动。教育法的认可是指拥有立法权的国家机关通过法定的形式，赋予已经存在的习惯、判例以法律效力的活动。国家机关制定和认可的教育法律规范都是国家教育意志的体现，是依法治教的根本法律依据。

(四)教育法是以规定教育权利和教育义务为内容的行为规范

法作为调整法律关系主体的行为规范，其规范性主要是通过对法律关系的主体设定权利和义务加以实现，这也是法与道德、政策等社会规范调整手段的不同之处。法律上的权利是指国家通过法律规定，对法律关系主体能够做出或不做出一定行为，并要求相对人做出或不做出一定行为的许可和保障。法律权利是法律赋予主体的某种能力、资格和利益。法律上的义务是指国家通过法律规定，对法律关系主体必须做出一定行为或不得做出一定行为的约束。法律义务是法律要求主体必须履行的某种责任。教育法规定的教育权利和教育义务，是教育活动内在的必然关系和客观的运行法则在法律中的体现和固定，是指导教育事业健康发展的科学规范。

教育权利和教育义务是教育法律规范的基本内容，教育法律关系主体必须依法行使法定权利，严格履行法定义务。以教育行政部门的教育职权职责为例，2004年3月，国务院印发的《全面推进依法行政实施纲要》，把权责统一规定为依法行政的基本要求之一，顺应了从权力政府向责任政府转变的发展趋势。按照这一要求，行政机关必须依照法律规定的职权、职责行政，行使多大的权力就要承担多大的责任。行政机关依法履行经济、社会和文化事务管理职责，要由法律法规赋予其相应的执法手段。行政机关违法或者不当行使职权，应当依法承担法律责任，实现权力和责任的统一。依法做到执法有保障、有权必有责、用权受监督、违法受追究、侵权须赔偿，是我国在推进依法治国基本方略的进程中对教育行政部门依法行使教育职权、履行教育职责的新目标和新要求。

（五）教育法是由国家强制力保障实施的行为规范

社会规范根据其各自特有的规范性质和得以实施的保证因素不同，对于人们的行为具有一定的约束力，同时约束力的强制性有着不同程度的区别。道德规范主要依靠人们的内心信念、社会舆论、榜样的示范、政策的引导等因素得以维系。法律自产生之日起，就是阶级矛盾不可调和的产物，依靠国家强制力保证法律的实施便是其鲜明的特征。国家强制力主要包括维护政权统治的军队、警察、法庭、监狱等有组织的国家暴力，是伴随着国家的诞生而存在的。由国家强制力保障实施是法律的特征之一，但这并不意味着法律不重视和强调人们的自觉遵守。只有将法律的强制力和人们的自觉性有机统一起来，才能收到良好的法治效果。

第二节　教育法的规范作用

教育法作为我国社会主义法律体系的重要组成部分，长期以来受到党和政府的高度关注。基于教育法具有的重要规范作用和社会作用，教育法在促进依法治国基本方略的实现，以及建设具有中国特色的社会主义法律体系的进程中发挥着不可替代的重要作用。

法的作用是指法具有的内在功能作用于社会生活所产生的影响的体现。法的作用通常分为规范作用和社会作用。教育法的作用是指教育法所具有的调整教育活动和教育关系的内在功能作用于教育实践所发生的实际效应。①教育法的作用可分为规范作用和社会作用。教育法的规范作用，主要体现在指引作用、评价作用、预测作用、教育作用、保障作用五个方面。教育法的社会作用，特别是在新时期推进依法治国进程中的重要作用已经在第二章作了重点阐述。

教育法作为教育领域调整教育活动和教育关系的行为规范的总和，其规范作用是教育法的内在功能和价值理念在教育实践活动中的体现，主要表现在以下五个方面。

一、指引作用

法的指引作用是指法对人的行为起到的指导、引领的功能。教育法的指引作用是指教育法在集中体现国家发展教育的目的、任务和政策内容的基础上，指引人们按照国家发展教育的目的和要求开展教育实践活动。依据法律规范的指引功能，教育法的指引作用一般可设定为三种行为模式：一是可以选择的授权性指引，这是法律允许人们可以这样行为，从而鼓励和保护人们从事法律所允许的行为；二是不可选择的义务性指引，这是法律确定人们必须这样行为或者禁止这样行为的强制性约束；三是职权和职责性指引，这种指引的特殊性是其适用主体为国家机关及其工作人员，且基于国家权力的特殊性，这种职权和职责既不能放弃也不能转让，否则便是渎职行为。

教育法的指引作用，主要体现在两方面。一方面是正向指引，即教育法指引人们在教育活动和教育关系中，按照国家倡导和规定允许可以做的与教育相关的行为。例如，2016 年新发布的《幼儿园工作规程》第三条规定："幼儿园的任务是：贯彻国家的教育方针，按照保育与教育相结合的原则，遵循幼儿身心发展特点和规律，实施德、智、体、美等方面全面发展的教育，促进幼儿身心和谐发展。"这是国家明确规定的幼儿园的办学任务，是国家对学前教育发展的法律指引。另一方面是负向指引，即教育法从消极方面指引人们不该做和不能做的教育相关行为。例如，《幼儿园管理条例》第十七条规定"严禁体罚和变相体罚幼儿"；第二十五条规定"任何单位和个人，不得侵占和破坏幼儿园园舍和设施，不得在幼儿园周围设置有危险、有污染或影响幼儿园采光的建筑和设施，不得干扰幼儿园正常的工作秩序"。这是明确规定幼儿园办学中禁止的行为和不得从事的行为，任何单位或个人若有违反，必须承担法律责任。

二、评价作用

法的评价作用是指依据国家法律的规定，用于判断、衡量人们的行为是否合法

---

① 黄崴：《教育法学》，56 页，北京，高等教育出版社，2007。

及违法行为应否承担法律责任的评价标准所起的效用。教育法的评价作用是指基于教育法规定的教育活动和教育关系的行为规则标准，用于判断、衡量人们的教育行为是否合法，有无法律效力，以及违反教育法应当承担的法律责任等，以督促行为主体依法规范自身的教育行为。

法的评价基本可分为两类，即法定评价和非法定评价。法定评价是由法定的国家机关、组织和公职人员对人的行为所做的评价，例如，法院及其法官、行政机关及其公职人员、仲裁机构及其仲裁人员依照职务要求对人的行为所做的判决、决定和裁决。法定评价对教育主体具有法定的约束力和强制力，例如，教育行政部门依法行使教育行政管理的行为集中体现在教育评价方面。非法定评价是法定主体以外的普通民众对他人的行为所做的评价。这种评价没有法律强制力和法定约束力，多是民众自发的评价行为，表现为社会舆论性的评价，对教育主体的行为会产生一定的影响。例如，学前教育办学中的"小学化"倾向，在一定程度上就是受家长评价幼儿园教学质量的衡量标准的影响，迫使幼儿园为了迎合家长的选择而违背学前教育规律办学。因此，教育部新修订的《幼儿园工作规程》第三十条中明确规定："幼儿园不得提前教授小学教育内容，不得开展任何违背幼儿身心发展规律的活动。"这是通过法定评价的标准，督促各类学前教育办学机构纠正学前教育"小学化"的错误做法。

三、预测作用

法的预测作用是指人们根据法律的相关规定可以预先估计相互间将有怎样的行为以及行为的法律后果。预测作用主要是针对人们相互间发生的行为。教育法的预测作用主要体现为，可以预先估计到通过法定程序依法成立的教育机构，在取得了合法的办学资格后，将会按照国家教育的法律法规和教育政策的要求，正常开展教育教学活动，规范办学行为，提高教育质量，促进学生身心健康发展。例如，新修订的《幼儿园工作规程》第三条明确规定："幼儿园的任务是：贯彻国家的教育方针，按照保育与教育相结合的原则，遵循幼儿身心发展特点和规律，实施德、智、体、美等方面全面发展的教育，促进幼儿身心和谐发展。"

通过教育法的预测作用，教育主体可以事先预计到自己和他人的教育行为是否合法、在法律上是否有效、会带来什么样的法律后果，包括可以预测该教育行为是否属于国家机关的管辖范围、国家机关将如何实现管理、教育违法的法律责任等内容。

四、教育作用

法的教育作用是指法律的实施对违法者本人以及其他人今后的行为所发生的影

响。教育法的教育作用主要体现在两个方面。一方面，教育法将国家关于教育事业发展的意志和基本要求纳入教育法律规范，通过教育法律法规的广泛学习，使教育从业者增强法律意识，不断将教育法律意识内化为自身的教育思想意识，并且通过自身的教育活动得以贯彻实施，实现依法治教的目标。该层面的教育作用是将教育法的基本要求内化为教育主体的自觉行为，通过教育主体的自愿遵守，极大地提升其遵法守法的法律效果和社会效果，这是国家积极倡导和支持的。另一方面，通过教育法的实施，对遵纪守法、依法办学者给予支持、保护和奖励，对本人和他人起到激励和模范示范作用；通过对违反教育法行为者的惩罚，警示违法者本人和他人，违反教育法的规定从事教育活动应当承担相应的法律责任，构成犯罪的，必须依法承担刑事责任。例如，《中华人民共和国刑法》（以下简称《刑法》）第二编、第二章"危害公共安全罪"中第一百三十八条规定："明知校舍或者其他教育教学设施有危险，而不采取措施或者不及时报告，致使发生重大伤亡事故的，对直接责任人员，处三年以下有期徒刑或者拘役；后果特别严重的，处三年以上七年以下有期徒刑。"

五、保障作用

法的保障作用是指通过法的实施，使法律主体的权利得到实现、义务得到履行，维护国家良好的社会关系和社会秩序的效用。教育法的保障作用在于使教育主体依法行使教育权利，履行教育义务，维护良好的教育秩序，保证国家教育事业健康发展。教育法的保障作用主要体现在两方面。一方面，从教育权利看，《教育法》等教育法律、法规详细地规定了教育行政机关、学校、教师、学生等教育法律关系主体的权利，包括国家的教育管理权力、公民享有受教育的权利、教师从事教育教学的权利、学生得到全面发展的权利等。同时，国家也正在进一步建立和完善教育纠纷处理的法律救济制度，为教育法律关系的主体通过法律途径维护其合法权益提供了有效的法律保障。没有法律的许可和保障，教育权利就无法实现。另一方面，从教育义务看，由于教育具有国家公共事业的公益性和普惠性，因此教育法律法规规定了国家管理教育的职责、公民接受义务教育的责任、教师依法执教的义务等。针对教育行政部门如何依法履行教育管理职责，当前应当理顺政府与教育机构的关系；抓紧健全和完善教育法规体系建设；加大政府对教育的财政投入力度；关注弱势儿童群体，促进教育公平的实现；提高教师的专业素质和社会地位等。同时，改变过去以行政手段为主的教育管理方式，自觉遵守教育规律，保证教育管理决策的科学化、法制化，实现依法治教的目标。

第三节 我国教育政策与教育法律

在我国教育事业改革发展的进程中，基于教育活动的广泛性、复杂性和公共性特征，在不同的历史时期，党和政府根据教育事业所面临的形势和任务，为了实现一定时期的教育目标，制定并颁布实施了一系列教育政策，为保障我国教育事业的健康发展起到了重要的政策性指导作用。特别是在我国学前教育发展领域中，教育政策至今发挥着不可替代的重要指导作用。研究教育政策与教育法规的不同功能，两者的联系与区别，正确处理教育政策与教育法规的关系，将有利于选择正确的路径和方法，既充分发挥政策的指导作用，也严格遵守法规的规范作用，有效地解决教育实践中的具体问题，推进我国教育事业健康发展。

一、教育政策的概念

政策一般是指一个政党或国家为了实现一定历史时期的任务和目标而规定的行动依据和准则。政策通常分为总政策和具体政策。党的总政策是党为了实现一定历史时期的总目标和总任务而规定的总的行为准则；党的具体政策是党在某一历史时期为了实现党的具体工作目标和工作任务而规定的明细化的行动准则，如党的干部政策、党的民族政策、党的教育政策等。

教育政策通常被定义为："党和政府在一定历史时期为教育工作制定的基本要求和行动准则。"①教育政策是一个国家基本政策的重要组成部分，是国家为完成一定历史时期的基本任务而确定的关于教育工作的策略、方针和行动准则。它体现着国家在教育方面的整体意志，具有强烈的权威性和指导性。国家性质的不同决定了教育政策的不同，而教育政策的进步与否与国家的经济社会发展水平有着十分密切的关系。

我国的教育政策是在党和政府的领导下，遵循教育改革和发展的客观规律，总结人民民主政权性质下开展教育实践的经验，反映全体人民在教育方面的共同意志，针对党和政府的教育工作目标和任务而制定的教育方针、策略和行动准则。我国的教育政策性文件表现形式极为丰富，通常表现为党和政府关于教育工作的会议决议、纪要、决定、指南、实施纲要、通知、报告等形式。理解我国教育政策的种类应当从两方面入手。一方面，从教育政策的制定主体来看，教育政策可以分为党的教育政策和国家的教育政策。党的教育政策反映了以工人阶级为领导的全国人民的共同意志，也反映出了我国的政治、经济和社会发展对教育工作提出的客观要求，是党

---

① 张焕庭：《教育辞典》，763 页，南京，江苏教育出版社，1989。

对教育工作进行领导的主要方式。国家的教育政策主要由国家行政机关加以制定，不仅包括国务院制定的全国性教育政策，还包括地方各级人民政府制定的地方性教育政策和教育主管行政部门制定的部门性教育政策。需要特别说明的是，国家在制定教育政策时必须以党的教育政策为依据，在党的政策的正确指引下，制定和执行相关领域的具体教育政策。另一方面，从教育政策的内容及其作用来看，教育政策可以分为方针、策略和行动准则等。教育方针是党和国家针对一定历史阶段教育发展的总方向、总目标的要求而加以规定的，是教育政策的最高表现形式。教育策略是针对教育某一领域工作发展的需要做出的明细化的具体指导思路和方法。教育行动准则通常体现在国家教育主管机关和其他国家行政机关制定的政策性行政措施文件中，在政策执行中具有政策性规范作用，即若违反政策性规定，必须承担一定的行政责任。它与教育法规相互补充，各自发挥应有的规范作用。

二、教育政策与教育法规的相互关系

教育政策是党和国家关于教育事业发展的基本要求和行动准则，与教育法规共同组成具有中国特色社会主义教育事业发展进程中重要的行为规范体系。自新中国成立以来，在人民民主专政性质下创建发展起来的人民教育事业，有着强烈的全体人民意志性、公共性和普惠性，它的发展与壮大历来受到党和政府的高度关注。正如《国家中长期教育改革和发展规划纲要（2010—2020年）》序言所指："教育是民族振兴、社会进步的基石，是提高国民素质、促进人的全面发展的根本途径，寄托着亿万家庭对美好生活的期盼。强国必先强教……全党全社会同心同德，艰苦奋斗，开辟了中国特色社会主义教育发展道路，建成了世界最大规模的教育体系，保障了亿万人民群众受教育的权利……教育的发展极大地提高了全民族素质，推进了科技创新、文化繁荣，为经济发展、社会进步和民生改善做出了不可替代的重大贡献。我国实现了从人口大国向人力资源大国的转变。"由此可见，在具有中国特色社会主义教育事业发展的进程中，教育政策与教育法规只有协调一致、互为补充，才能指导我国教育事业得到健康快速的发展。

（一）教育政策与教育法规的关联性

我国的教育政策与教育法规都是党和政府指导、管理教育事业的重要手段，都为我国教育事业的发展发挥着不可替代的重要作用，正是基于两者具有本质相同的共性，才决定了两者协调一致、缺一不可的关系。

教育政策与教育法规的联系主要体现在两个方面。一方面，两者本质的一致性。教育政策与教育法规都是建立在社会主义经济基础之上的上层建筑领域的组成部分，都反映广大人民群众的共同利益和意志，都是党和政府管理教育事业的重要手段，同时都具有相应的规范性和约束力。由此，我国的政权性质和政治体制决定了两者在本质方面是高度一致的。另一方面，教育政策对教育法规的制定和实施起指导作用，而教育法规又是教育政策的定型化、条文化。从我国教育事业发展的实践来看，用来调整、规范教育活动和教育关系的政策性规定往往在先，经过教育实践的反复运用和检验，教育政策中符合我国国情的、能够促进教育事业健康发展的规定内容被保留下来，并在制定教育法规的过程中将其条文化和定型化，成为教育法规的法定内容。因此，教育政策是制定教育法规的重要依据，同时对教育法规的贯彻实施起到重要的指导作用，而教育法规是将教育政策运用中合理、科学的内容通过法定程序固定下来，赋予其法律规范的效力，保持其稳定的社会效应。特别是我国学前教育事业发展领域，至今尚未出台一部法律位阶的学前教育法律，因此，学前教育政策在指导和规范我国学前教育事业健康发展的进程中，便起到了重要的政策性指导作用。例如，2001年7月教育部印发的《幼儿园教育指导纲要（试行）》、2003年3月国务院办公厅转发教育部等部门的《关于幼儿教育改革与发展的指导意见》、2010年11月国务院发布的《国务院关于当前发展学前教育的若干意见》、2011年7月国务院印发的《中国儿童发展纲要（2011—2020年）》、2012年10月教育部印发的《3—6岁儿童学习与发展指南》等学前教育领域的政策性文件，组成了我国学前教育政策的科学指导体系，与学前教育法规协调一致、密不可分，共同发挥着指导和规范作用。

（二）教育政策与教育法规的差异

1. 两者的制定主体和制定过程不同

教育政策主要由执政党、国家机关按照政策的制定程序加以制定并予以发布。执政党在教育政策的制定和发布过程中起重要的领导作用。例如，2010年6月，中国共产党中央政治局召开会议，审议并通过了《国家中长期教育改革和发展规划纲要（2010—2020年）》，这是中国进入21世纪之后的第一个教育规划，是今后一个时期指导全国教育改革和发展的纲领性文件。在我国，国务院及地方各级人民政府，特别是各级教育主管行政机关在具体的教育政策的制定过程中发挥着重要的作用。而教育法规是由法定的国家机关按照法定的立法程序制定和颁布的，教育法规的制定必须严格按照《中华人民共和国立法法》（以下简称《立法法》）的规定加以制定和颁布，教育法规的制定主体和制定过程具备严格的法定程序。

2. 两者的表现形式不同

教育政策通常以党和政府关于教育工作的会议决议、纪要、决定、指南、实施纲要、通知、报告、宣言等形式发布，其内容主要是具有号召性、原则性和概括性的规定，文字不具有严格的条文格式，且不具备违反政策性规定需要承担的法律责任的内容。教育法规一经制定，必须严格按照法定程序加以颁布。按照我国现行法律渊源体系的规定，教育法规的表现形式主要有《宪法》中的教育条款、教育法律、教育行政法规、地方性教育法规、教育部门规章和政府规章等；教育法规的内容主要为规定的法律关系主体的法定权利和义务；文字表达明确、清晰，且以条文形式呈现，同时明确规定违反法律规定应当承担的法律责任，便于在教育法规实施过程中，对于违法者依法追究相应的法律责任。

3. 两者的实施方式和约束力不同

教育法规的实施是国家法律的执行，是以国家强制力加以保障的。教育法规一经颁布实施，依据法律渊源的不同层级，凡是涉及教育关系的各类主体必须严格遵守，且其行为受法律的约束，如若违反法律规定，必然承担相应的法律责任。因此，教育法规的实施具有普遍的约束力和国家强制性。而教育政策的实施是党和政府制定关于教育工作的政策的贯彻执行。教育政策主要是通过党和政府组织机构的职责要求、党员和各级干部的严格执行、政策的宣传引导及人民群众对党和政府的信任与拥护等加以实现的，一般不具有广泛的约束力和国家强制力。对违反教育政策的行为，主要通过党纪、政纪的相关规定实施处分。

4. 两者的相对稳定性不同

教育法规在严格依照法定的程序制定并颁布实施后，在一定的时期内必须保持相对的稳定性，非经法定理由和程序不得随意修改和废止，如有个别条款规定不适应教育工作发展的实际需要，也要按照法定程序进行修改和完善。而教育政策是党和政府根据不同时期国家政治、经济和社会发展对教育提出的要求来加以制定的。随着国家政治、经济和教育事业发展的不断变化，党和政府积极通过调整、补充以及组织和实施教育政策来应对不断变化的形势，以实现党和政府对教育工作的领导。因此，教育法规的相对稳定性较强，而教育政策的应对性、灵活性更强。

由以上教育政策与教育法规的联系和区别可以看出，国家政治、经济和社会形势的发展变化对教育发展中提出的新目标、新要求的影响，首先体现在对教育政策的调整和补充中。教育政策的灵活性决定了党和政府对教育工作的领导可以实现与时俱进，经过反复的使用和检验，将教育政策中符合我国国情的，反映教育事业发展客观规律的政策性内容，通过法定的立法程序条文化、定型化，转化为具有中国特色的教育法规体系内容。因此，教育政策是制定教育法规的重要依据和指导。与此同时，教育政策的内容在经过法定程序转化为教育法规的规范性内容后，就具备了普遍的约束力，特别是对于党和政府及其公职人员，要求其必须在《宪法》和法律的范围内依法办事，在正确处理教育政策与教育法规的关系中，既要反对将教育政策与教育法规割裂开来，片面强调任何一方的作用，防止借执行教育政策来违背教育法规；同时，也要反对简单地将教育政策与教育法规等同起来，特别防止以执行教育政策来代替执行教育法规的错误倾向。如此，在依法治国基本方略的指引下，教育政策与教育法规才能协调一致、相互补充，指导我国教育事业不断取得新的成绩。

第四节 我国法的渊源与教育法的体系

法的渊源可以简称为"法源"，是法学基础理论中一个重要的基础概念。中外法学家对法的渊源的解释各有不同。一般来说，我国法的渊源是指法的"效力来源"或者法的"表现形式渊源"。法的渊源理论通常把法的渊源分为正式意义上的和非正式意义上的两种。正式意义上的法源是指通过官方制定的法律文件，以法律条文形式明确表述权利义务的规范性文件的总称，如成文法体系或国家制定颁布的《宪法》、法律法规和规章等；非正式意义上的法源是指具有一定法律意义上的观念和准则，如理性的原则、正义的标准、道德信念、公共政策、社会思潮和习惯法等。一般来说，正式意义上的法源是现代各国主要的法律渊源，是法的效力来源，非正式意义上的法源则是法的效力来源的补充。

一、我国法的渊源

我国法的渊源，一般是指法律的正式意义上的来源，即法的效力渊源。它是由拥有立法权的不同国家机关制定或认可的，具有不同法律效力或者法律地位的各种类别的规范性文件的总称，这也是我国法学界对法的渊源的通说。① 我国法的渊源主要表现为制定法。法律规范的制定机关权限不同，以及制定程序的不同，决定了法律规范的效力来源、效力等级也不同。根据《宪法》《立法法》及有关法律的规定，我国社会主义法的渊源主要包括《宪法》、法律、行政法规、地方性法规、自治条件和单行条例、规章、自治条例、特别行政区法律以及国际条约等。

(一)《宪法》

《宪法》是党和人民意志的集中体现，是通过科学民主程序形成的根本法。《宪法》明确规定国家性质、政权组织形式、国家结构形式、国家经济制度以及公民的基本权利和义务等基本内容。我国的《宪法》由国家最高权力机关(全国人民代表大会)经由特殊程序制定与修改，具有最高的法律效力，是其他一切法律的立法依据，其他各种法律法规和规章都不得与《宪法》相抵触。《宪法》是我国社会主义法律体系的核心和基础，一切违反《宪法》的行为都必须予以追究和纠正。

(二)法律

这里所说的法律是指法的渊源语境中的法律，专指由全国人民代表大会及其常

---

① 吕鹤云、黄新民：《法学概论》(第三版)，15～16 页，北京，高等教育出版社，2014。

务委员会制定、修改并颁布的，除《宪法》以外的规范性文件的统称，即狭义的法律，而非各种法的总称。法律的地位和效力低于《宪法》而高于行政法规和地方性法规。《立法法》第七条规定："全国人民代表大会和全国人民代表大会常务委员会行使国家立法权。全国人民代表大会制定和修改刑事、民事、国家机构的和其他的基本法律。全国人民代表大会常务委员会制定和修改应当由全国人民代表大会制定的法律以外的其他法律；在全国人民代表大会闭会期间，对全国人民代表大会制定的法律进行部分补充和修改，但是不得同该法律的基本原则相抵触。"《立法法》第八条规定，有关"(一)国家主权的事项……(四)犯罪和刑罚；(五)对公民政治权利的剥夺、限制人身自由的强制措施和处罚……(八)民事基本制度；(九)基本经济制度以及财政、海关、金融和外贸的基本制度"等十一项事项"只能制定法律"，第九条规定："本法第八条规定的事项尚未制定法律的，全国人民代表大会及其常务委员会有权做出决定，授权国务院可以根据实际需要，对其中的部分事项先制定行政法规，但是有关犯罪与刑罚、对公民政治权利的剥夺和限制人身自由的强制措施和处罚、司法制度等事项除外。"

(三)行政法规

行政法规是由国家最高行政机关(国务院)根据《宪法》和法律制定和公布的规范性文件的总称。行政法规的地位和效力低于《宪法》和法律。《立法法》第六十五条规定："行政法规可以就下列事项作出规定：(一)为执行法律的规定需要制定行政法规的事项；(二)宪法第八十九条规定的国务院行政管理职权的事项。"可见，行政法规调整的社会关系和规定的事项相较于法律更为广泛和具体。1987年4月，国务院批准、国务院办公厅公布的《行政法规制定程序暂行条例》第三条规定："行政法规的名称为条例、规定和办法。一般有三种使用规定：对某一方面的行政工作作比较全面、系统的规定，称'条例'；对某一方面的行政工作作部分的规定，称"规定"；对某一项行政工作作比较具体的规定，称'办法'。"

(四)地方性法规、自治条例和单行条例

地方性法规是由地方国家机关依法制定、修改和公布的规范性文件。地方性法规的地位和法律效力低于《宪法》、法律、行政法规。《立法法》第七十二条规定："省、自治区、直辖市的人民代表大会及其常务委员会根据本行政区域的具体情况和实际需要，在不同宪法、法律、行政法规和本省、自治区的地方性法规相抵触的前提下，可以制定地方性法规。设区的市的人民代表大会及其常务委员会根据本市的具体情况和实际需要，在不同宪法、法律、行政法规和本省、自治区的地方性法规相抵触的前提下，可以对城乡建设与管理、环境保护、历史文化保护等方面的事项制定地方性法规，法律对设区的市制定地方性法规的事项另有规定的，从其规定。设区的市的地方性法规须报省、自治区的人民代表大会常务委员会批准后施行……

自治州的人民代表大会及其常务委员会可以依照本条第二款规定行使设区的市制定地方性法规的职权。"

《立法法》第七十三条规定："地方性法规可以就下列事项作出规定：（一）为执行法律、行政法规的规定，需要根据本行政区域的实际情况作具体规定的事项；（二）属于地方性事务需要制定地方性法规的事项。"另外，《立法法》还规定"制定地方性法规，对上位法已经明确规定的内容，一般不作重复性规定"。

地方性法规，一般称"条例"，有时为区别于其他不同情况也采用"规定""实施办法""补充规定"等名称。与法律、行政法规相比，地方性法规有三个特点：一是地方性法规不得与《宪法》、法律、行政法规相抵触，具有从属性；二是地方性法规只在本行政区域内有效，具有区域性；三是地方性法规是根据本地的具体情况和实际需要制定的，它在调整对象、权利义务、罚则等方面规定得更为具体，具有更强的操作性。

《立法法》第七十四条规定："经济特区所在地的省、市的人民代表大会及其常务委员会根据全国人民代表大会的授权决定，制定法规，在经济特区范围内实施。"第七十五条规定："民族自治地方的人民代表大会有权依照当地民族的政治、经济和文化的特点，制定自治条例和单行条例。自治区的自治条例和单行条例，报全国人民代表大会常务委员会批准后生效。自治州、自治县的自治条例和单行条例，报省、自治区、直辖市的人民代表大会常务委员会批准后生效。"第七十六条规定："规定本行政区域特别重大事项的地方性法规，应当由人民代表大会通过。"

(五)规章

规章是由有关行政机关在各自权限范围内制定和公布的有关行政管理事项的关系文件的总称。规章分为部门规章和地方政府规章。《立法法》第八十条规定："国务院各部、委员会、中国人民银行、审计署和具有行政管理职能的直属机构，可以根据法律和国务院的行政法规、决定、命令，在本部门的权限范围内，制定规章。部门规章规定的事项应当属于执行法律或者国务院的行政法规、决定、命令的事项。没有法律或者国务院的行政法规、决定、命令的依据，部门规章不得设定减损公民、法人和其他组织权利或者增加其义务的规范，不得增加本部门的权力或者减少本部门的法定职责。"

《立法法》第八十二条规定："省、自治区、直辖市和设区的市、自治州的人民政府，可以根据法律、行政法规和本省、自治区、直辖市的地方性法规，制定规章。"国务院部门规章和地方政府规章不得与《宪法》、法律、行政法规相抵触，不得与上级和同级地方性法规相抵触。

(六)特别行政区法律

特别行政区是指根据《宪法》规定，在中华人民共和国行政区域范围内设立的，享有特殊的法律地位、实行资本主义制度和资本主义生活方式的地方行政区域。特别行政区法律是根据《宪法》规定，制定和公布的在特别行政区范围内生效的基本法等关系文件的总称。

(七)国际条约、国际惯例

国际条约是指国际法主体之间根据国际法而订立的具有权利和义务内容的协议。它是现代国际法最主要的法律渊源，并不属于国内法的范畴，但可以通过法定程序达到与国内法相同的法律约束力。

研究我国法的渊源体系有助于理解我国法的效力来源的依据，同时对于指导法的适用具有重要意义。根据《立法法》的相关规定，法的适用的基本内容包括：

第八十七条 宪法具有最高的法律效力，一切法律、行政法规、地方性法规、自治条例和单行条例、规章都不得同宪法相抵触。

第八十八条 法律的效力高于行政法规、地方性法规、规章。行政法规的效力高于地方性法规、规章。

第八十九条 地方性法规的效力高于本级和下级地方政府规章。省、自治区的人民政府制定的规章的效力高于本行政区域内的设区的市、自治州的人民政府制定的规章。

第九十条 自治条例和单行条例依法对法律、行政法规、地方性法规作变通规定的，在本自治地方适用自治条例和单行条例的规定。经济特区法规根据授权对法律、行政法规、地方性法规作变通规定的，在本经济特区适用经济特区法规的规定。

第九十一条 部门规章之间、部门规章与地方政府规章之间具有同等效力，在各自的权限范围内施行。

第九十二条 同一机关制定的法律、行政法规、地方性法规、自治条例和单行条例、规章，特别规定与一般规定不一致的，适用特别规定；新的规定与旧的规定不一致的，适用新的规定。

二、我国教育法的体系

教育法体系是以一国现行的教育法律法规为基础形成的门类齐全、协调一致的有机统一体。[①]我国的教育法律法规由于制定机关的主体地位不同，形成了不同层次的教育法律法规和规章。根据我国现行的教育立法主体地位的不同以及我国教育法的表现形式不同，可以划分教育法的纵向体系；根据教育法律法规调整教育活动和教育关系的内容不同，可以划分教育法的横向体系。我国的教育法体系由纵向五个层次和横向六个部门构成。

---

① 劳凯声：《高等教育法规概论》，104页，北京，北京师范大学出版社，2000。

(一)教育法的纵向层次

教育法的纵向层次是指在国家教育法体系内，由不同法律位阶层次的教育法律法规和规章组成的效力等级规范有序的纵向体系。教育法的纵向层次反映出了一个国家教育法的法律渊源组成形式以及各法律位阶层次之间的从属关系。依据我国《立法法》和我国《教育法》的立法体制，我国教育法体系中的纵向层次主要分为五个层次。

第一层次，教育基本法。教育基本法是由全国人民代表大会制定和公布的规定教育基本原则和基本制度的法律。我国教育基本法专指 1995 年 3 月 18 日由国家主席令第四十五号公布的《教育法》。2009 年 8 月 27 日和 2015 年 12 月 27 日，全国人大常委会两次对《教育法》的部分条款进行了修改。《教育法》以《宪法》为依据，规定的主要内容包括：总则、教育管理体制、教育基本制度、学校及其他教育机构、教师和其他教育工作者、受教育者、教育与社会、教育投入与条件保障、教育对外交流与合作、法律责任、附则等。《教育法》是我国教育法体系的第一个层次，是我国教育法律体系的"母法"，是调整我国教育领域教育活动和教育关系的基本准则，同时也是制定教育领域其他法律法规和规章的重要依据。

第二层次，教育部门法律。教育部门法律是由全国人民代表大会及其常务委员会制定和公布的调整基本教育关系或者某种教育活动和教育关系的法律。教育部门法律是我国教育法体系的第二个层次。根据教育部门法律调整的教育活动和教育关系的类别不同，目前我国教育部门法律主要有：1980 年 2 月，全国人大常委会通过的《中华人民共和国学位条例》(以下简称《学位条例》)；1986 年 4 月，全国人大通过的《中华人民共和国义务教育法》(以下简称《义务教育法》)；1993 年 10 月，全国人大常委会通过的《中华人民共和国教师法》(以下简称《教师法》)；1996 年 5 月，全国人大常委会通过的《中华人民共和国职业教育法》(以下简称《职业教育法》)；1998 年 8 月，全国人大常委会通过的《中华人民共和国高等教育法》(以下简称《高等教育法》)；2000 年 10 月，全国人大常委会通过的《中华人民共和国国家通用语言文字法》(以下简称《通用语言文字法》)；2002 年 12 月，全国人大常委会通过的《中华人民共和国民办教育促进法》(以下简称《民办教育促进法》)等。

第三层次，教育行政法规。教育行政法规是由国务院制定和公布的为执行教育法和各教育单行法律而出台的规范性文件。教育行政法规是我国教育法体系的第三个层次。《立法法》第六十五条规定，对于尚未在教育法和各单行法予以规定的教育问题，"国务院根据全国人民代表大会及其常务委员会的授权决定可以先制定行政法规，经过实践检验，制定法律的条件成熟时，国务院应当及时提请全国人民代表大会及其常务委员会制定法律"。目前，我国的教育行政法规主要有：1981 年 5 月，国务院批准实施的《中华人民共和国学位条例暂行实施办法》(以下简称《学位条例暂行实施办法》)；1988 年 2 月，国务院发布的《扫除文盲工作条例》；1988 年 3 月，国务院发布的《高等教育自学考试暂行条例》；1989 年 8 月，国务院批准实施的《幼儿园管理条例》；1990 年 2 月，国务院批准实施的《学校体育工作条例》；1990 年 4 月，国务院批准实施的《学校卫生工作条例》；1994 年 8 月，国务院公布的《中华人民共和国残疾人教育条例》（以下简称《残疾人教育条例》）；1995 年 12 月，国务院公布的《中华人民共和国教师资格条例》（以下简称《教师资格条例》）；2003 年 3 月，国务院公布的《中华人民共和国中外合作办学条例》（以下简称《中外合作办学条例》）；2004 年 3 月，国务院公布的《中华人民共和国民办教育促进法实施条例》（以下简称《教育促进法实施条例》）等。

第四层次，地方性教育法规。地方性教育法规是由拥有立法权的地方国家机关依法制定、修改和公布的有关教育的规范性文件。地方性教育法规的地位和法律效力低于《宪法》、教育法律、教育行政法规。地方性教育法规是我国教育法体系的第四个层次。地方性教育法规主要是由省、直辖市以及拥有地方立法权的人民代表大会及其常务委员会为执行国家教育法律、教育行政法规，根据本行政区域内的实际情况而制定的规范性文件。《立法法》第七十五条规定："民族自治地方的人民代表大会有权依照当地民族的政治、经济和文化的特点，制定自治条例和单行条例。自治区的自治条例和单行条例，报全国人民代表大会常务委员会批准后生效。"可见，地方性法规、自治条例和单行条例中有关教育的内容规定是我国教育法体系的重要组成部分。

第五层次，教育规章。教育规章是由有关行政机关在各自权限范围内制定和公布的调整教育活动和教育关系的规范性文件的总称。教育规章分为部门教育规章和地方政府教育规章。教育规章是我国教育法体系的第五个层次。国务院所属教育行政主管部门是部门教育规章的唯一主体，是我国教育领域国家行政管理的主管机构，承担着履行国家教育行政管理的重要职责，对推动教育领域的改革和发展起到至关重要的作用。依据《立法法》规定，地方政府教育规章主要是由省、自治区、直辖市和设区的市、自治州的人民政府根据法律、行政法规和地方性法规制定有关教育的地方政府教育规章。省自治区的人民政府所在地的市，经济特区所在地的市和国务院已经批准的较大的市的人民政府根据法律、行政法规和地方性法规制定有关教育的地方政府教育规章。

（二）教育法的横向层次

教育法的横向层次是指由我国某一层级国家机关制定和公布的属于同一层级而归属不同类别的教育法律法规和规章。目前，我国由全国人民代表大会及其常务委员会制定和公布的教育法律主要有《教育法》《教师法》《义务教育法》《职业教育法》《高等教育法》《通用语言文字法》《民办教育促进法》《学位条例》等；由国务院制定和公布或者批准实施的教育行政法主要有《学位条例暂行实施办法》《扫除文盲工作条例》《高等教育自学考试暂行条例》《幼儿园管理条例》《学校体育工作条例》《学校卫生工作条例》《残疾人教育条例》《教师资格条例》《中外合作办学条例》《教育促进法实施条例》等；由国务院所属教育行政主管部门制定和公布的部门教育规章主要有《教育督导暂行规定》《学生伤害事故处理办法》《国家教育考试违规处理办法》《中华人民共和国中外合作办学条例实施办法》《普通高等学校学生管理规定》《中小学幼儿园安全管理办法》《民办高等学校办学管理若干规定》《独立学院设置与管理办法》《高等学校档案管理办法》《高等学校消防安全管理规定》《高等学校章程制定暂行办法》《学位论文作假行为处理办法》《高等学校学术委员会规程》《普通高等学校招生违规行为处理暂行办法》《高等学校预防与处理学术不端行为办法》及新修订的《幼儿园工作规程》等。从我国教育法体系的横向层次分析，目前我国尚未制定出台的重要教育法律法规主要有《学前教育法》《成人教育法》《学生法》《学校法》《教育财政法》等。

为了在教育立法领域全面贯彻落实依法治国的基本方略，2016年1月，教育部印发了《依法治教实施纲要（2016—2020年）》，对教育行政主管部门在完善教育法律、行政法规方面提出了要求，即"配合立法机关尽快完成《民办教育促进法》修订案的审议，做好相关法规、规章的修订、调整工作。加快推进《职业教育法》修订、《学前教育法》起草、《学位条例》修订以及《终身学习法》等法律草案的起草工作，适时启动《教师法》修订工作，配合做好《家庭教育法》起草工作。积极推动教育行政法规建设，完成《残疾人教育条例》修订、《国家教育考试条例》《学校安全条例》等法规的起草工作。到2020年，在国家层面，基本形成适应实践需要、内容完备的教育法律、行政法规"；在积极推动教育地方性法规规章建设方面，要求"支持各地结合本地教育发展特点和实践需要，制定有针对性的地方性法规。设立地方教育立法改革试点项目，建立专家咨询和经费支持机制，鼓励各地在终身学习、学前教育、普通高中教育、营利性教育机构监管、校企合作、家庭教育等教育法律规范尚存空白的领域，先行先试，以教育立法推动教育改革，为全国性教育立法积累经验"。

第五节　教育法律责任

法律责任是任何国家法律治理体系中必不可少的组成部分，是国家法律强制性的重要体现，同时也是依法惩罚违法者的法定依据和准绳。教育法律责任同样是教育法律研究领域重要的研究内容之一。健全和完善教育法律责任对于促进我国教育立法、教育执法和监督都具有重要的意义。

一、法律责任与教育法律责任

法律责任一词在社会生活中被广泛应用，通常意义上的法律责任有广义和狭义两种解释。广义的法律责任包括两方面内容。一方面是指根据法律的规定，法律关系的主体应当履行的各种应尽的义务，按照法律规范行为模式的内容划分，包括命令性和禁止性规范，也可以合称为义务性规范。例如，《宪法》第四十九条规定："父母有抚养教育未成年子女的义务，成年子女有赡养扶助父母的义务。"《宪法》第五十六条规定："中华人民共和国公民有依照法律纳税的义务。"《教育法》第十四条规定："国务院和地方各级人民政府根据分级管理、分工负责的原则，领导和管理教育工作。"《教育法》第十六条规定："国务院和县级以上地方各级人民政府应当向本级人民代表大会或者其常务委员会报告教育工作和教育经费预算、决算情况，接受监督。"另一方面是指法律关系的主体实施违反法律规定的行为，依法应当承担的对其不利的制裁性后果。这种制裁性后果即是狭义的法律责任。因此，狭义的法律责任是指因违反了法定义务或契约义务，或不当行使法律权利、权力所产生的，由行为人承担的不利后果。例如，《教育法》第七十三条的规定："明知校舍或者教育教学设施有危险，而不采取措施，造成人员伤亡或者重大财产损失的，对直接负责的主管人员和其他直接责任人员，依法追究刑事责任。"《教育法》第七十一条第二款规定："违反国家财政制度、财务制度，挪用、克扣教育经费的，由上级机关责令限期归还被挪用、克扣的经费，并对直接负责的主管人员和其他直接责任人员，依法给予行政处分；构成犯罪的，依法追究刑事责任。"

教育法律责任主要采用狭义上的法律责任的概念。教育法律责任是指教育法律关系的主体在实施了违反教育法律规范的行为之后，依法应当承担的不利后果。教育法律责任包括三层含义。

第一，教育法律责任由我国法律规范事先明确规定，具有法定性。因此，教育法律关系的主体在实施行为之前，能够预测自己的行为所应当承担的法律责任，即教育法律责任对教育法律关系的主体在履行法定义务方面起引导和警戒作用。教育法律责任的制定和执行，要求教育法律关系的主体能够自觉依法治教、依法办学和依法执教，保证教育活动依法有序地健康发展。

第二，教育法律责任的追究，是由国家司法机关或者得到国家授权的行政机关在职权范围内主动行使追究的权力。教育法律关系的主体一旦实施了违反教育法律法规的行为，国家司法机关和得到授权的行政机关便可根据行为的违法程度和危害结果等，按照我国不同法律责任的适用条件依法予以严厉追究，使任何实施违反教育法律行为的违法者都不能逃避相应法律责任的追究，保障教育法律的顺利实施。

第三，教育法律责任的承担者是教育法律关系主体，而教育法律关系主体既可以是教育行政机关，也可以是教育举办者、教育实施者、受教育者、学生家长，还可以是参与教育活动的其他相关组织和个人。可见，教育法律关系主体涉及范围非常广泛，只要是参与教育活动，依法应当履行教育法律规范所规定的义务的组织或个人，就应当成为教育法律关系的主体，否则，就不会导致教育法律责任的承担。

二、教育法律责任的分类

教育法律责任的分类与我国法律体系中法律责任的分类内容一致。根据教育违法行为的性质和社会危害程度的不同，将教育违法主体所应承担的法律责任分为三种主要方式，即刑事法律责任、民事法律责任和行政法律责任。

(一)刑事法律责任

刑事法律责任是指行为人在实施了我国刑事法律所规定的犯罪行为后，依法应当承担的受到刑罚处罚的法律责任，简称刑事责任。刑事责任是我国法律责任体系中惩罚最为严厉的法律责任。刑事法律责任具有如下特点：第一，承担刑事责任的依据是行为人实施了我国刑事法律明文规定的犯罪行为，且犯罪行为是具有严重的社会危害性、刑事违法性和应受刑罚处罚的行为。一般的违法行为，不触犯刑事法律，就不承担刑事责任。第二，认定和追究刑事责任的职权只能严格由法定司法机关按照刑事法律的规定和刑事诉讼程序加以确定，其他机关和组织无权确定刑事责任。

违反教育法的刑事责任在《教育法》第七十一条、第七十二条、第七十三条、第七十七条中，分别对挪用、克扣教育经费的；扰乱学校教育教学秩序或者破坏校舍、场地及其他财产的；明知校舍或者教育教学设施有危险，而不采取措施，造成人员伤亡或者重大财产损失的；招生中徇私舞弊的行为，明确做出了追究刑事责任的规定。《教师法》的第三十五条、第三十六条、第三十七条、第三十八条，对侮辱、殴打教师的；国家工作人员对教师打击报复构成犯罪的；教师体罚学生，经教育不改的；教师品行不良、侮辱学生，影响恶劣的；挪用国家财政用于教育的经费，严重妨碍教育教学工作的；拖欠教师工资、损害教师合法权益的行为，也明确做出了追究刑事责任的规定。《义务教育法》第五十四条、第五十九条，分别对侵占、挪用义务教育经费的；向学校非法收取或者摊派费用的；胁迫或者诱骗应当接受义务教育的适龄儿童、少年失学、辍学的；非法招用应当接受义务教育的适龄儿童、少年的；出版未经依法审定的教科书等行为，做出了依法给予处分、追究刑事责任等规定。《民办教育促进法》第九章"法律责任"中，对民办学校发布虚假招生简章或者广告，骗取钱财的；管理混乱严重影响教育教学，产生恶劣社会影响的；提交虚假证明文件或者采取其他欺诈手段隐瞒重要事实骗取办学许可证的；伪造、变造、买卖、出租、出借办学许可证的等行为，规定"构成犯罪的，依法追究刑事责任"。

(二)民事法律责任

民事法律责任是指行为人因实施了违反民事法律规范的行为，依法应当承担的违约责任或者民事赔偿、补偿的法律责任，简称民事责任。民事法律责任具有如下特点：第一，民事责任是基于民事违法行为产生的。民事违法行为主要分为违反合同的民事责任和侵权的民事责任。违约责任的执行有助于民事行为的过错方对自己的过错行为承担相应的处罚责任，督促民事行为主体遵循诚实守信原则。侵权责任的承担主要是保证民事行为的继续履行或者财产性的惩罚责任。第二，民事责任主要是一种财产责任。承担民事责任的功能在于赔偿或者补偿受害方的财产损失，对于由民事违法行为带来的精神损害，同样依法可以得到财产性赔偿，也可以得到如消除影响、赔礼道歉、恢复名誉等形式的精神损害赔偿。第三，民事责任的确定和履行，通常是由双方当事人自行协商解决的，无须司法机关介入。在双方当事人围绕民事权利义务发生纠纷时，一方当事人有权向人民法院提起诉讼，借助司法机关的权威解决纠纷，从而维护自身的合法权利。

《教育法》第八十一条规定："违反本法规定，侵犯教师、受教育者、学校或者其他教育机构的合法权益，造成损失、损害的，应当依法承担民事责任。"依据《教育法》的相关规定，实施民事违法行为依法应当承担民事责任的行为主要包括：侵占学校及其他教育机构的校舍、场地及其他财产的；侮辱、殴打教师、学生的；体罚或者变相体罚学生的；将学校校舍、场地出租、出让或者挪作他用的，妨碍教育教学工作的行为等。我国承担民事责任的主要方式包括：停止侵害；排除妨碍；消除危险；返还财产；恢复原状；修理、重作、更换；赔偿损失；支付违约金；消除影响、恢复名誉；赔礼道歉。以上承担民事责任的方式，可以单独适用，也可以合并适用。

（三）行政法律责任

行政法律责任是指行为人因实施了违反行政法律规范的行为，被认定构成行政违法而依法应当承担的惩罚性法律后果，简称行政责任。行政法律责任具有以下特点：第一，承担行政责任是基于行为人实施了违反行政法律规范的行为。国家行政机关在依法行使行政管理权限的过程中，对于滥用行政职权和不履行管理职责的行为，都应当承担相应的行政责任。同时，由于是国家行政机关工作人员的公职行为，所以公职人员、受委托的组织和个人、行政相对人均可以成为行政责任的违法责任承担者。第二，行政责任的认定和执行依法由相应的国家机关依照行政法律法规规定的条件和程序予以追究。行政诉讼中行政责任的认定由人民法院行使，其他行政责任的认定依法由拥有追究行政责任的国家行政机关行使。第三，依法追究行政责任的程序，根据行政违法行为追究所适用的程序而加以确定。该程序既可以是行政诉讼程序，也可以适用法定行政程序，如教育行政复议制度、学生申诉制度、教师申诉制度等。

违反教育法的行政责任的处罚种类主要有两类：行政处罚和行政处分。行政处罚是指依法享有行政处罚职权的国家行政机关，对实施了行政违法行为但尚不够刑事处罚的行政相对人所实施的处罚措施。依据教育法的相关规定，我国教育领域内，行政处罚的种类主要有：警告；没收违法颁发、印制的学历、学位证书及其他证书；

撤销违法举办的学校和其他教育机构；取消颁发学历、学位和其他学业证书的资格；撤销教师资格证；责令停止招生；没收违法所得；吊销办学许可证；教育法律、法规规定的其他教育行政处罚措施。

行政处分是指国家机关、企事业单位对所属的国家工作人员违法失职行为尚不构成犯罪，依据法律法规所规定的权限而给予的一种惩戒。行政处分属于内部行政行为，由行政主体基于行政隶属关系依法做出。它具有强烈的约束力，若管理相对人不服，行政主体可以强制执行，但因其不受司法审查，故被处分人不服行政处分，只能通过行政复议和行政申诉途径解决，不能提起行政诉讼。我国行政处分的适用范围较广，主要包括国家行政机关的公务人员、国家和集体单位的工作人员，以及全民和集体企业的职工。行政处分的种类由不同法规列举，例如，《国务院关于国家行政机关工作人员的奖惩暂行规定》把行政处分规定为警告、记过、记大过、降级、降职、撤职、留用察看、开除。

三、教育民事法律责任的归责原则

教育民事法律责任的归责原则是指确定和划分教育民事法律责任所依据的基本原则和基本标准。它是确定行为人承担法律责任的基本准则和指导思想。正确理解和运用我国教育法律责任的归责原则，有助于厘清教育关系的主体各自应当承担的法律责任，严厉制裁教育违法行为，依法保护学校、教师和学生的合法权益。在教育实践活动中，教育领域产生的法律责任除刑事责任、行政责任以外，多为学校、学生、监护人之间发生的侵权损害事实，以及由此引起的侵权民事责任的承担。根据我国《中华人民共和国民法通则》（以下简称《民法通则》）、《中华人民共和国侵权责任法》（以下简称《侵权责任法》）的规定，我国侵权责任的归责原则主要包括过错责任原则，过错推定责任原则、公平责任原则和无过错责任原则。

(一)过错责任原则

过错责任原则是将行为人主观方面的过错作为承担民事法律责任的归责条件的准则。过错责任原则是民事侵权领域最基本的归责原则，其实质是按照过错承担侵权责任。

在过错责任原则中，是否产生过错是确定行为人承担侵权责任的核心要件，也是法院审判、调解侵权案件的主要考虑因素。过错一般分故意和过失两种。在过错责任原则的适用中，不仅要考虑行为人的过错，往往也会考虑受害人的过错或者第三人的过错。如果受害人或者第三人对损害的发生也存在过错的话，则要根据过错程度来分担损失，因此可能减轻甚至抵消行为人承担的责任。由此可知，过错程度决定责任范围。

我国《侵权责任法》第三十九条规定："限制民事行为能力人在学校或者其他教育

机构学习、生活期间受到人身损害，学校或者其他教育机构未尽到教育、管理职责的，应当承担责任。"第四十条规定："无民事行为能力人或者限制民事行为能力人在幼儿园、学校或者其他教育机构学习、生活期间，受到幼儿园、学校或者其他教育机构以外的人员人身损害的，由侵权人承担侵权责任；幼儿园、学校或者其他教育机构未尽到管理职责的，承担相应的补充责任。"以上法律规定均适用过错责任原则。

(二)过错推定责任原则

过错推定责任原则是指发生侵权损害结果后，受害人在诉讼中不需要证明侵权人存在过错，而是从损害事实本身推定加害人有过错，除非加害人举证证明自身不存在过错，若加害人举证不能或者举证不力，则必须承担侵权责任。适用过错推定责任原则的侵权人一般是特定服务的提供者、特定场所的经营者或者管理者等。被推定过错侵权的当事人如果能够提供证据证明自己已经采取避免损害发生的措施，已经尽到善良管理者的谨慎管理义务，对损害结果的发生没有过错，即可以免除责任。

适用过错推定责任原则，依法从损害事实中推定行为人有过错，从而减轻和免除了受害人的举证责任，使受害人在确定和划分责任时处于有利的地位，行为人则因依法必须承担举证责任而加重了责任。如若行为人认为自己在主观上无过错，则必须自己举证证明，证明成立则推翻过错推定，无须承担侵权责任，反之，行为人必须承担相应的侵权责任。《侵权责任法》第三十八条规定："无民事行为能力人在幼儿园、学校或者其他教育机构学习、生活期间受到人身损害的，幼儿园、学校或者其他教育机构应当承担责任，但能够证明尽到教育、管理职责的，不承担责任。"这是我国法律第一次明文规定幼儿在园人身损害侵权责任的认定适用过错推定责任原则。

适用过错推定责任原则的法律意义在于使受害人处于较为有利的地位，切实地保护受害人的合法权益，加重特殊领域从业者的责任，有效地制裁违法行为，促进社会的安定团结。本书第八章会对该原则具体加以阐述。

(三)公平责任原则

公平责任原则是指损害事实所涉及的双方当事人对损害结果的发生都没有过错，但如果在受害人的损失得不到补偿又有失公平的情况下，则由人民法院根据案件具体情况，本着客观公平的标准，要求当事人分担损害结果带来的损失。《民法通则》第一百三十二条的规定："当事人对造成损害都没有过错的，可以根据实际情况，由当事人分担民事责任。"《侵权责任法》第二十四条规定："受害人和行为人对损害的发生都没有过错的，可以根据实际情况，由双方分担损失。"可见，适用公平责任原则必须符合的条件是：第一，当事人既无过错，又不能推定其过错责任，同时也不存在法定的承担无过错责任的情况。但凡符合可以适用过错责任、法定无过错责任或者过错推定责任原则的条件，就不能适用公平责任原则。第二，适用公平责任原则确定当事人如何分担责任，要求法官根据案件的具体情况进行综合考量，公平确定责任的分担结果。

(四)无过错责任原则

无过错责任原则是指当行为人的行为或者相关的事件对他人的合法权益造成损害时，虽然行为人无过错，但依法应当承担侵权责任的法律原则。适用无过错责任原则，不是根据行为人的过错，而是根据行为人的活动性质及所管理的人或者物的危险性质，基于危险行为或者危险物造成的损害结果，由法律明确规定的特别加重责任。英美法称之为"严格责任"。

《民法通则》第一百零六条规定，行为人"没有过错，但法律规定应当承担民事责任的，应当承担民事责任"。《侵权责任法》第七条规定："行为人损害他人民事权益，不论行为人有无过错，法律规定应当承担侵权责任的，依照其规定。"依据《民法通则》《侵权责任法》相关条款之规定，无过错责任原则的适用是针对损害事实的发生，既不是加害人的故意，也不是受害人的故意和第三人的故意造成的，但法律规定由加害人承担民事责任的一种特殊归责原则；它是一种基于法定特殊侵权行为的归责原则，其目的在于保护受害人的合法权益得到应有的补充，从而有效弥补受害人因特殊侵权行为所遭受的损失。

第二章　依法治国与学前教育
法规体系建设

学前教育法规体系是我国教育法规体系中一个独立的分支学科。它是以法学和学前教育学等相关学科为基础，研究学前教育法律现象、学前教育法律关系及其运行发展规律的学科体系，是学前教育法律关系主体必须遵照执行的法律规范体系。

第一节　加强学前教育法规体系建设是依法治国的必然要求

2012年11月，党的十八大明确提出"全面推进依法治国"的基本方略，同时强调"法治是治国理政的基本方式"。2014年10月，党的十八届四中全会审议通过了《中共中央关于全面推进依法治国若干重大问题的决定》，提出："全面推进依法治国，总目标是建设中国特色社会主义法治体系，建设社会主义法治国家。这就是，在中国共产党领导下，坚持中国特色社会主义制度，贯彻中国特色社会主义法治理论，形成完备的法律规范体系、高效的法治实施体系、严密的法治监督体系、有力的法治保障体系，形成完善的党内法规体系，坚持依法治国、依法执政、依法行政共同推进，坚持法治国家、法治政府、法治社会一体建设，实现科学立法、严格执法、公正司法、全民守法，促进国家治理体系和治理能力现代化。"学前教育作为我国学制教育体系中处于独立的起始阶段的教育，是国家基础教育的奠基阶段，是一项关乎全面提升国民整体素质的社会公益事业，是公共教育服务的重要组成部分。在全面推进依法治国的前提下，在构建具有中国特色社会主义法律体系、促使法治政府的建设、推动全民守法的进程中，加强学前教育法规体系建设已经迫在眉睫。

一、学前教育法规体系建设是全面推进依法治国基本方略的内在要求

自改革开放以来，我国的学前教育事业得到了前所未有的发展，为国家基础教育的健康发展奠定了坚实的基础，做出了应有的贡献。但在全国范围内，各类托幼机构数量庞大、层次规模差异很大；行业从教人员数量众多、素质参差不齐；幼教机构的教育行政管理严重缺位；各种社会力量办园缺乏应有的规范和保障；幼教机构内安全事故频发引发公众的关注等，这些严重影响学前教育事业健康发展的种种问题，只有国家高度重视学前教育法律体系的建设，尽快颁布法律位阶的"学前教育法"，明晰政府管理学前教育的职责，遵循学前教育事业发展的内在规律，将学前教育事业纳入法治化建设轨道，才能得到根本性的解决。

（一）构建具有中国特色社会主义法律体系的需要

2011 年 10 月，国务院新闻办公室对外公开发表《中国特色社会主义法律体系》白皮书。白皮书在第二部分论述"中国特色社会主义法律体系的构成"中明确指出："中国还制定了教育法、义务教育法、高等教育法、职业教育法、教师法和幼儿园管理条例、教师资格条例、中外合作办学条例等法律法规，建立健全了国民教育制度。"其中，专门调整学前教育法律关系的行政法规《幼儿园管理条例》，是目前我国学前教育法规领域位阶最高的规范性文件，对此，白皮书加以了明确强调。由此可见，学前教育法规是中国特色社会主义法律体系的必要组成部分。当前，学前教育法规立法方面存在的主要问题是："学前教育法"尚未出台；政府在学前教育法规体系建设方面的重视程度和投入力量不足；学前教育法规尚未形成科学体系；学前教育法规体系建设所需的专业研究人员非常匮乏；学前教育地方性法规立法参差不齐等。伴随着我国依法治国进程的不断深入，学前教育领域立法方面存在的以上问题亟待解决。

（二）促使现代法治政府建设的需要

随着国家经济社会的不断发展，学生家长已经开始普遍关注孩子作为人的个体的健康全面发展。学前教育作为个体终身发展的起始和奠基阶段，对于全面提升国民整体素质的基础性、先导性作用已经日益受到公众和政府的高度关注。在此意义上，现阶段学前教育的公共性应当仅次于义务教育。[①] 与义务教育相同，公益性是学前教育的根本性质。将学前教育纳入政府公共服务体系，主导学前教育事业在法治建设的轨道上有序发展是现代法治政府不可推卸的重要责任。现代法治政府在完善现代公共服务职能的过程中，针对学前教育事业的职能主要体现在：在政府层面

---

① 庞丽娟、韩小雨：《中国学前教育立法：思考与进程》，载《北京师范大学学报（社会科学版）》，2010(5)。

制定我国学前教育事业发展规划、完善我国学前教育事业发展的政策体系、制定和完善具有中国特色社会主义的学前教育法律法规体系、强化学前教育师资队伍建设、加大政府对学前教育的财政投入、加强对学前教育机构的评估和督导等，即通过发挥政府的主导作用，以规范和保障学前教育事业得以健康、有序的发展。

(三)推动全民守法目标实现的需要

2012年，党的十八大报告指出"法治是治国理政的基本要求。要推进科学立法、严格执法、公正司法、全民守法，坚持法律面前人人平等，保证有法可依、执法必严、违法必究"，从而确定了"科学立法、严格执法、公正司法、全民守法"新的法治建设的十六字方针。这一新的法治建设的十六字方针，是建设社会主义法治国家的基本要求。

守法，就是要求一个国家和社会主体遵守国家的法律法规，依法享有并行使法律赋予的权利，依法承担并履行法律规定的义务。全民守法，就是要求社会全体成员无一例外的都必须自觉遵守国家法律，其合法行为均受到法律的保护，违法行为均受到法律的追究。亚里士多德曾经提出，虽有良法，要是人民不能全都遵守，仍不能实现法治。全民守法是依法治国的重要基础，是推进依法治国、依法执政、依法行政和法治国家、法治政府、法治社会的坚实基础。作为对我国基础教育起先导作用的学前教育事业，自改革开放以来，呈现出了前所未有的良好发展态势，取得了应有的成绩，但不可否认的是，学前教育领域乱象频发、从业人员素质参差不齐、行政管理职能缺位、法律法规体系尚不健全、地区发展差异性较大、社会关注度较高等问题，已经引起了党和政府的高度关注。为此，应加强学前教育领域科学立法的进程，坚持不懈地开展学前教育法律法规的普及学习，使学前教育领域的从业人员增强自觉守法的积极性和主动性，站在促进学前教育事业健康发展的高度，激发学前教育从业人员学法、信法、守法的能动性，逐步使守法成为社会常态。依作者多年"学前教育政策与法规"课程教学的从教经验来看，无论是公办幼儿园，还是民办幼儿园的园长、教师、保育人员及其他工作人员，都已经充分感受到了学前教育领域工作性质的高危性，特别担心幼儿园出现安全责任事故，更怕家长将涉法纠纷诉诸法律，以及自己所掌握的非常有限的法律知识无法应对涉法纠纷依靠法律途径解决的需要。基于学前教育领域从业人员对法律知识的内在需求，政府应当大力提倡学前教育领域从业人员全体学法、自觉守法、遇事找法、办事靠法，推动全民守法目标的实现。

二、学前教育法规体系建设是健全和完善我国教育法律体系的基础性环节

教育是民族振兴、社会进步的基石，是提高国民素质、促进人的全面发展的根

本途径。在全面推进依法治国基本方略的进程中，教育必须被纳入法治化建设的轨道。

我国教育法律体系呈现纵向和横向的二维结构。纵向是以教育法的效力等级为依据，主要表现为教育法体系的形式结构；横向是以教育法的具体调整内容为依据，主要表现为教育法体系的内容结构。我国教育法的形式结构依据创制机关和效力等级可分为：宪法中有关教育的条款、教育基本法律、教育单行法律、教育行政法规、地方性教育法规、部门教育规章、地方政府教育规章。我国教育法的内容结构按照教育法的调整内容分为：一是教育基本法，即《教育法》（已颁布）；二是义务教育法，即《义务教育法》（已颁布）；三是职业教育法，即《职业教育法》（已颁布）；四是高等教育法，即《高等教育法》（已颁布）；五是成人教育法或社会教育法；六是学位法，即《学位条例》（已颁布）；七是教师法，即《教师法》（已颁布）；八是教育投入法或教育财政法。

目前，我国有关学前教育的法律法规主要有以下几项。

（一）宪法中关于学前教育的条款

《宪法》第十九条规定"国家……发展学前教育""国家鼓励集体经济组织、国家企业事业组织和其他社会力量依照法律规定举办各种教育事业"；第四十六条规定"中华人民共和国公民有受教育的权利和义务""国家培养青年、少年、儿童在品德、智力、体质等方面全面发展"；第四十九条规定"儿童受国家的保护""父母有抚养教育未成年子女的义务""禁止虐待老人、妇女和儿童"。

（二）教育法律中关于幼儿教育的条款

《教育法》第十七条规定"国家实行学前教育、初等教育、中等教育、高等教育的学校教育制度"，明确已将学前教育纳入学校教育制度，并规定为我国的教育基本制度。该法第十九条规定"各级人民政府采取各种措施保障适龄儿童、少年就学""适龄儿童、少年的父母或者其他监护人以及有关社会组织和个人有义务使适龄儿童、少年接受并完成规定年限的义务教育"。《教师法》第二条规定"本法适用于在各级各类学校和其他教育机构中专门从事教育教学工作的教师"，明确了该法适用于在幼儿园专门从事教育教学的教师，因此其关于教师权利义务、资格与使用、培养和培训、考核、待遇等的规定，都是从事幼儿教育教学工作及幼儿园的教师应遵循的法律规定。

（三）其他法律中关于幼儿教育的规定

《中华人民共和国未成年人保护法》（以下简称《未成年人保护法》）在学校保护、社会保护两章中专门对幼儿保护做出了有关规定。此外，《中华人民共和国残疾人保障法》专门对残病儿童学前教育做出了相关规定。关于防疫、食品卫生方面的法律，如《中华人民共和国传染病防治法》和《中华人民共和国食品卫生法》，都基于幼儿园工作的特点以及幼儿园卫生保健的重要性，有应当遵守的相关规定。

(四)学前教育行政法规

1989年8月20日经国务院批准，1989年9月11日由国家教委发布，自1990年2月1日起实施的《幼儿园管理条例》，是新中国成立以来由国务院批准的第一部幼儿教育法规。《幼儿园管理条例》针对招收三周岁以上学龄前幼儿，并对其进行保育和教育的幼儿园做出了相关规定。

(五)学前教育规章

1989年6月经国家教委发布，自1990年2月1日起施行的《幼儿园工作规程（试行）》，是指导幼儿园内部管理的重要工作规章；1996年3月，国家教委重新修订并公布实施。2016年1月，教育部公布再次修订的《幼儿园工作规程》，自2016年3月1日起施行。该规程是目前我国幼儿园依法管理中最重要的专门规章之一。2010年9月，卫生部、教育部联合发布了《托儿所幼儿园卫生保健管理办法》。该办法自2010年11月1日起施行，是学前教育领域卫生保健工作的重要依据。

由以上教育法律法规体系的结构可以看出，学前教育法律法规是我国学前教育领域中非常薄弱的基础性环节。正是学前教育立法尚未完善，才引发了学前教育领域办学过程中的乱象频生，严重影响到了学前教育的教育教学质量及国家义务教育的质量，甚至对全体国民素质的提升带来了不可忽视的影响。学前教育作为国家重要的社会公益事业，必须加快学前教育立法的进度，尽快构建起具有中国特色的社会主义学前教育法律法规体系。

三、学前教育法规体系建设是我国学前教育事业健康发展的重要法律保障

2004年3月，国务院印发的《全面推进依法行政实施纲要》，确定了全面推进依法行政的目标内容，即经过十年左右不懈的努力，基本实现建设法治政府的目标。2005年12月，教育部发布的《教育部关于全面推进依法行政工作的实施意见》明确指出："今后五到十年是全面建设小康社会、构建社会主义和谐社会的关键时期，也是落实科教兴国战略和人才强国战略，推进教育改革与发展的关键时期。解决当前制约教育改革与发展的体制性、制度性问题，从根本上要靠法治，要靠依法行政。"各级教育行政机关贯彻落实《全面推进依法行政实施纲要》，必须遵循"合法行政、合理行政、程序正当、高效便民、诚实守信、权责一致"的原则和"执法有保障、有权必有责、用权受监督、违法受追究、侵权须赔偿"的要求，促进政府职能转变和行政效率的提高。

　　针对目前我国学前教育领域教育资源短缺、投入不足，师资队伍不健全、体制机制不完善，城乡区域发展不完善，一些地方"入园难""入园贵"等突出问题，学前教育行政职能部门应当按照建设法治政府的要求，依法履行教育职责；完善学前教育政策法规体系；探索教育行政执法体制机制改革，落实教育行政执法责任制；大力推进学前教育机构依法治园；学前教育从业人员依法治教；完善学前教育督导制度和监督问责机制等，经过坚持不懈的努力，逐步实现学前教育的法治化发展目标。

第二节　研究学前教育法规体系建设的意义

　　为贯彻落实党的十八大做出的战略部署，加快建设社会主义法治国家，党的十八届四中全会通过了《中共中央关于全面推进依法治国若干重大问题的决定》，明确指出："依法治国，是坚持和发展中国特色社会主义的本质要求和重要保障，是实现国家治理体系和治理能力现代化的必然要求，事关我们党执政兴国，事关人民幸福安康，事关党和国家长治久安。"由此，将学前教育法规体系建设纳入法治化发展轨道对于健全和完善学前教育法规体系，全面推进依法治教具有强烈的现实意义。

一、学前教育法规体系建设是推进教育法律体系科学立法工作不可分割的组成部分

　　党的十八大、十八届四中全会明确提出了"科学立法、严格执法、公正司法、全民守法"的新时期依法治国的十六字方针，这也是法治中国建设的衡量标准。其中，科学立法，不仅包含了对立法质量的要求，也包含了健全和完善立法，为执法、司法、守法提供法律依据这一前提条件的意蕴。2005 年 12 月 6 日，教育部发布了《教育部关于全面推进依法行政工作的实施意见》，其中的第二部分在"大力推进教育立法工作"中提出："要根据全面构建现代国民教育体系和建设全民学习、终身学习的学习型社会的需要，按照法制统一的原则和法定的立法权限，进一步推动教育法律体系的完善……抓紧研究起草教育事业发展和教育管理工作急需的法律草案。进一步做好实施教育法律、行政法规所需要的配套规章的制定工作，加强对规章的解释工作，及时清理有关规章，积极推动各地制定配套的地方性法规、规章，到 2010 年形成较为完善的中国特色社会主义教育法律法规体系，使各项教育工作都做到有法可依。"时至今日，学前教育法律法规体系的建设仍然任重道远。

　　依据《教育部关于全面推进依法行政工作的实施意见》的具体要求，学前教育法规体系建设要实现科学立法的目标，要求"教育行政部门受委托起草的法规、规章草案以及做出的涉及教育改革与发展的重大决策，应当事先组织专家进行必要性和可行性论证。社会涉及面广、与人民群众利益密切相关的决策事项，应当向社会公布，

或者通过举行座谈会、听证会、论证会等形式广泛听取意见。教育部和省级教育行政部门应当建立教育法律和政策咨询专家库。省级以下教育行政部门应当根据教育事业发展和推进依法行政的需要聘请有关专家……教育行政部门起草法规、规章草案的内容要具体、明确，具有可操作性，符合实际，能够切实解决问题。要深入调查研究，总结实践经验，采取书面征求意见、座谈会、专家论证会、听证会等形式广泛听取有关机关、社会组织和广大公民的意见。对有关机关、社会组织或者公民有重大意见分歧、直接涉及公民、法人或者其他组织切身利益的重要规章，应当通过报刊、网站向社会公布，征求社会各界的意见。规章通过后，应当在政府公报和政府网站上公布"。通过对教育行政部门推进依法行政工作中科学立法的基本要求可以看出，具有中国特色的社会主义教育法律法规体系已经初具规模，但学前教育法律法规体系建设仍然重任在肩。

二、研究学前教育法规是加快具有中国特色学前教育法规体系建设的内在需要

为了贯彻落实党的十八大和十八届四中全会提出的依法治国的基本方略，2016年1月，教育部发布了《依法治教实施纲要（2016—2020年）》，提出："到2020年，形成系统完备、层次合理、科学规范、运行有效的教育法律制度体系，形成政府依法行政、学校依法办学、教师依法执教、社会依法评价、支持和监督教育发展的教育法治实施机制和监督体系。"该实施纲要在第二部分"构建完善的教育法律及制度体系"关于"大力加强教育立法工作"的内容中明确提出："配合立法机关尽快完成《民办教育促进法》修订案的审议，做好相关法规、规章的修订、调整工作。加快推进《职业教育法》修订、《学前教育法》起草……到2020年，在国家层面，基本形成适应实践需要、内容完备的教育法律、行政法规。"在"积极推动教育地方性法规规章建设"内容中，该实施纲要明确提出："支持各地结合本地教育发展特点和实践需要，制定有针对性的地方性法规。设立地方教育立法改革试点项目，建立专家咨询和经费支持机制，鼓励各地在终身学习、学前教育、普通高中教育、营利性教育机构监管、校企合作、家庭教育等教育法律规范尚存空白的领域，先行先试，以教育立法推动教育改革，为全国性教育立法积累经验。"

据有关学者在查询中国政府法制信息网等权威官方网站后的最新统计，自2001年至2015年12月，全国有23个已颁布实施的省级、市级学前教育地方性法规。从法规颁布实施的年度分析，自2001年至2009年，仅颁布实施了4部学前教育法规；自2010年至2015年，共颁布实施了19部学前教育法规，即近五年学前教育法规的颁布实施数量呈现快速增长态势。从层次规格分析，由直辖市、省级人大制定的学前教育法规只有7部，由市级颁布实施的学前教育法规共16部，即学前教育省级法

规建设与地方性法规相比，呈现相对薄弱、数量过少的现象。①可见，在全国各地学前教育事业快速发展的趋势下，针对全国性的学前教育法律尚未颁布实施的客观情况，各地能够不同程度地重视学前教育地方性法规的立法建设工作，同时能够与本地区的经济、文化、教育与社会发展水平相结合，创造性地在本地学前教育事业的发展机制、地方政府的责任、学前教育机构的市场准入机制、学前教育的监督与管理、从业人员的资格准入、地方政府的财政投入、学前教育的保障措施等方面进行有益的先行先试，尝试解决当地学前教育事业发展面临的重点和难点问题，这为全国性的学前教育立法积累了丰富的经验，同时推动了学前教育法规全国性立法的步伐，为我国学前教育领域依法治教提供了科学的立法保障。

三、学前教育法规体系建设是新时期学前教育领域全面提升依法治园工作质量的更高要求

为了进一步落实《国家中长期教育改革和发展规划纲要（2010—2020年）》提出的工作任务，落实《法治政府建设实施纲要（2015—2020年）》的要求，2016年1月，教育部发布了《依法治教实施纲要（2016—2020年）》，明确提出在全国教育领域全面推进依法治教，同时第一次权威、系统地从六个方面具体阐释依法治教的整体内容。这六个方面的内容包括：总体要求（指导思想、总体目标、基本原则）；构建完善的教育法律及制度体系；深入推进教育部门依法行政；大力增强教育系统法治观念；深入推进各级各类学校依法治校；健全组织保障和落实机制。这是我国在全面推进依法治国基本方略的指引下，教育领域"切实转变观念，以法治思维和法治方式推进教育综合改革，加快构建政府依法行政、学校依法办学、教师依法执教、社会依法支持和参与教育治理的教育发展新格局，全面推进教育治理体系和治理能力现代化"的必然要求。

该实施纲要的第五部分"深入推进各级各类学校依法治校"，从教育行政管理层面对各级各类学校如何推进依法治校提出了具体明确的要求，这其中理所当然包括各级各类幼儿园。按照该实施纲要的新要求，幼儿园必须从四个方面推进依法治园工作向纵深发展。

一是大力推进幼儿园依章程自主办学。地方教育部门要结合实际，对幼儿园章程建设提出指导意见，健全核准制度，加快推进章程建设。到2020年，全面实现幼儿园依据章程自主办学。

二是积极推进现代幼儿园制度建设。按照法治原则和法律规范，加快建设依法办学、自主管理、民主监督、社会参与的现代学校制度，构建政府、学校、社会之间的新型关系。制定出台"中小学家长委员会规程"，以健全家长委员会制度为重点，

---

① 陈迁：《我国学前教育地方性法规建设的现状与对策研究》，载《教育科学》，2016(1)。

加强家长、社区对幼儿园事务的参与和监督。

三是完善师生权益保护机制。抓紧研究制定"关于加强学校安全风险防控机制的意见",健全幼儿园安全风险防控机制,探索建立幼儿园安全风险顾问制度,形成妥善预防和解决幼儿园安全问题的法治化框架,完善幼儿园保险机制,进一步提高幼儿园应对安全问题的能力。设立师生权益保护、争议调解委员会、仲裁委员会等机构,吸纳教师、家长代表参与,公平、公正调处纠纷、化解矛盾。

四是全面启动依法治园示范园创建活动。教育部制定发布依法治园评价体系和考核办法,指导各地全面启动依法治园考核机制和各级依法治园示范园创建活动。创新考核办法,建立学校自查、专家评审、行政部门复查以及第三方评估、社会评价等多元考核机制。到2020年,幼儿园要全面达到依法治园的基本要求,形成一批高标准的依法治园示范园。

党和政府出台的一系列方针、政策,提出了学前教育领域依法治园的新目标和新要求,将推动我国学前教育法规体系建设不断迈向科学的发展轨道。

第三章　我国学前教育法规概述

第一节　学前教育法规的相关概念、研究对象及研究内容

学前教育法规是我国教育法规体系中一个独立的分支。近年来，学前教育领域发生的社会热点问题，诸如，幼儿园教师虐待儿童事件，幼儿园教师没有取得教师资格证仍然上岗任教，幼儿园校车事故造成严重的幼儿人身伤害，幼儿园教育教学活动和教学设施存在隐患造成幼儿死伤的重大安全事故，幼儿园尚未建立完善的内部规章制度等问题，均涉及幼儿园依法治园的重大课题。随着党和政府提出依法治国的理念的不断普及，学前教育法规在学前教育事业发展中越来越显示出不可或缺的重要作用。制定和实施学前教育法规，是国家指导、管理学前教育事业的重要方法和途径，对于学前教育管理的规范化、法制化和科学化有着极其重要的作用。

一、学前教育法规的相关概念

（一）教育法规与学前教育法规

教育法规是国家法律体系中的一个重要组成部分。教育法规体现着统治阶级在教育干预和管理方面的意志，由国家机关依照法定程序制定和认可，由国家强制力保证实施，是调整和规定教育主体在教育活动中所发生教育关系的法律规范的总和。教育法规是以教育关系为调整对象的法律规范。

学前教育法规是指国家教育行政机关依照法定程序制定的、调整学前教育法律主体在学前教育活动中所发生的社会关系的法律规范的总和，是国家教育行政机关

所制定的关于调整学前教育关系的规范性文件的总体。① 学前教育法规是以学前教育法律关系作为调整对象的法律规范。学前教育法规是我国教育法律法规体系的重要组成部分，它与教育法、义务教育法、高等教育法、职业教育法、教师法、教师资格条例、中外合作办学条例等有关教育的法律法规，共同构建了具有中国特色的社会主义教育法体系。

(二)学前教育法律与学前教育法规

学前教育法律与学前教育法规两个概念既有联系又有区别。狭义上的学前教育法律，专指国家权力机关依照法定程序制定或者认可的，调整学前教育法律关系的规范性文件，即由全国人民代表大会及其常务委员会制定的调整学前教育法律关系的规范性文件。广义上的学前教育法律和学前教育法规，都是指调整学前教育法律关系的，有关学前教育领域的法律法规的总称。它既包括国家权力机关及其常设机关(全国人民代表大会及其常务委员会)制定颁布的学前教育法律，也包括国家最高行政机关(国务院)制定颁布的教育法规、国家教育行政部门(主要指教育部)制定颁布的教育部门规章，还应包含地方权力机关及其常设机关(地方人民代表大会及其常务委员会)制定的地方性学前教育法规、地方行政机关(地方人民政府)制定的地方性学前教育政府规章。本书是从广义上的学前教育法规角度来展开论述的。

目前，我国尚未出台一部由国家权力机关及其常设机关(全国人民代表大会及其常务委员会)制定颁布的专门调整学前教育法律关系的学前教育法律。当前，在我国的学前教育法规体系中，专门调整学前教育法律关系的教育行政法规是由国家教育行政主管机关制定颁布的，例如，1989 年 8 月 20 日经国务院批准，1989 年 9 月 11 日由国家教委发布，自 1990 年 2 月 1 日起实施的《幼儿园管理条例》。该条例是新中国成立以来国务院批准的第一部幼儿教育行政法规。再如，1989 年 6 月由国家教委发布，自 1990 年 2 月 1 日起施行的《幼儿园工作规程(试行)》。该规程是指导幼儿园内部管理的重要部门规章，并于 1996 年 3 月经国家教委重新修订、公布实施。2016 年 1 月，教育部公布了再次修订的《幼儿园工作规程》。新修订的《幼儿园工作规程》自 2016 年 3 月 1 日起施行，是目前我国幼儿园依法管理中最重要的专门规章之一。

需要特别加以说明的是，我国学前教育事业发展的实践证明，在学前教育法规发挥规范、调整作用的同时，绝不可忽视学前教育政策对学前教育改革和发展所发挥的积极指导作用。学前教育政策是制定学前教育法规的基础和依据，学前教育法规是学前教育政策的定型化、条文化，教育法规本身就是教育政策的具体体现。两者的相互关系在本书第三章中会加以具体阐述。

---

① 参见林天卫、吴华钿：《教育法规读本》，18 页，广州，广东高等教育出版社，2005。

二、学前教育法规的研究对象

(一)学前教育法规的研究对象

任何一门独立的学科，都具有自己特定的研究对象。无论哪一门学科，其研究对象一般是指该学科研究所针对事物的现象及该现象与相关事物发生关系所特有的事物运行规律。对一门学科研究对象的界定不清晰、不全面，将会导致这门独立学科的根基不稳定，也难以划分该学科与相邻学科的界限。

学前教育法规的研究对象是以法学和学前教育学等相关学科为基础，研究学前教育法律现象、学前教育法律关系及其运行发展的规律。学前教育法规研究应当强调其研究的理论性和应用性价值，以指导学前教育法律关系主体依法办事，推动学前教育事业在法治化轨道上健康发展。

(二)学前教育法规的研究内容

从学前教育法规研究的具体范围来看，学前教育法规的研究对象不是某一部专门调整学前教育法律关系的法律法规，而是由我国现行法律体系中调整有关学前教育法律关系的基本精神和相应内容所构成的广义的学前教育法律法规体系，其具体内容应当包括以下四方面。

第一，研究学前教育法规学科建设的基本问题。学前教育法规作为一门学科建设的基本问题，主要包括学科性质、学科地位、学科功能、学科研究的对象和方法、学科研究的意义以及学科产生和发展的历程等基本问题。

第二，研究学前教育法规的基本理论问题。学前教育法规作为一门学科，涉及的基本理论问题主要包括三个层面：一是学前教育法规的基础理论问题，主要包括教育法规与学前教育法规的概念、教育法规与学前教育法规的特征、学前教育法律规范体系、学前教育政策与学前教育法规、我国学前教育的性质、功能的政策、法规相关规定、学前教育法律关系、学前教育法规的制定与实施；二是学前教育的法律关系主体及其权利与义务，主要包括我国现行学前教育基本制度体系、学前教育法律关系主体的法律地位、职权与职责、权利与义务等；三是学前教育的法律责任与法律救济，主要包括我国学前教育管理的政府职责、学前教育法律责任的基本问题、学前教育法律救济等相关问题。

第三，研究学前教育法规制定和实施过程中的实践性问题。我国学前教育法规从萌芽时期过渡到初步发展时期，直至改革开放以后进入全面建设时期，重点研究改革开放以来学前教育事业发展面临的新机遇、新挑战；研究学前教育法规在调整学前教育法律关系过程中带有规律性的实践经验；研究运用科学的方法创造性地破解学前教育发展中具有中国特色的实践性问题，包括针对已经颁布实施的学前教育部门规章的修订与完善，针对指导学前教育发展的重要方针政策的调整与补充等。在党的十八大、十八届四中全会提出依法治国的基本方略的指引下，我国即将迎来学前教育法规创新性科学发展、构建科学的学前教育法规体系的重要历史发展时期。

第四，研究国际学前教育法律的理论与实践问题。我国学前教育法规学科体系还应当具备不可或缺的比较法研究内容，即研究儿童权利保障的国际性条约；各国儿童生存权、发展权、参与权、受保护权的现状和法律保障；各国学前教育法律体系发展的理论与实践问题，从中吸收成功、有益的经验为我所用，推动我国学前教育事业不断取得进步。

第二节　新中国学前教育政策法规的基本发展历程

我国学前教育政策法规是伴随着国家从封建社会过渡到半封建、半殖民地社会历史时期而逐步发展起来的。我国学前教育政策法规的历史发展最早可以追溯到清朝末期。1903 年，清政府颁布了《奏定学堂章程》，其中专门针对学前教育制定的《奏定蒙养院章程及家庭教育法章程》，是我国近代学前教育政策法规发展历史上第一个正式公布的学前教育法规。随着新中国的成立，学前教育诞生了全新的社会主义性质的政策法规，开启了具有中国特色的社会主义类型的学前教育政策法规体系建设新篇章。新中国学前教育政策法规体系的基本发展历程分为三个阶段：新中国成立至改革开放前（1949—1978 年）；改革开放至 21 世纪前（1979—2000 年）；21 世纪以来（2001 年至今）。

一、新中国成立至改革开放前学前教育政策法规的基本发展历程（1949—1978 年）

1949 年 10 月 1 日新中国的成立标志着一个崭新的社会主义国家屹立于世界，中国从此迈入了社会主义建设的历史时期。我国学前教育事业同样也进入了全新的历史发展时期。1949 年 11 月，中央人民政府教育部成立，并在初等教育司内下设幼儿教育处。幼儿教育处是新中国教育行政主管部门首次设置的学前教育行政主管机构，主要负责总结老解放区开展托幼、保育儿童工作的经验，同时逐步开启社会主义性质的学前教育事业的发展。

1952 年 11 月，中央人民政府委员会第十九次会议召开，会议决定成立中央人民政府高等教育部，并调整教育部相关机构，将幼儿教育处单独设为教育部的一个直属部门。自此，我国学前教育事业在中央人民政府教育主管部门的直接领导下进入了较快的发展时期。

1951 年 10 月，中央人民政府政务院颁布了新中国第一个学制改革政策法规，即《政务院关于改革学制的决定》。该文件明确规定"实施幼儿教育的组织为幼儿园。幼儿园收三足岁到七足岁的幼儿，使他们的身心在入小学前获得健全的发育。幼儿园应在有条件的城市中首先设立，然后逐步推广"，并以法令的形式确立了幼儿园的法律地位，明确了幼儿教育在我国学制教育体系中的地位，为今后学前教育事业的发展奠定了坚实的基础。这一时期，1952年3月，中央人民政府颁布的《幼儿园暂行规程》，对幼儿园的任务、目标、学制、设置、领导、教养原则、教养活动项目、组织会议制度、经费、设备等，分为七章做出了规定；1952年7月，中央人民政府颁布的《幼儿园暂行教学纲要》，从使幼儿获得全面发展的教养原则，对不同年龄班幼儿的年龄特点和教育要点做出了规定，并在幼儿园教育活动项目上对六类教学（体育、语言、认识环境、图画手工、音乐、计算）的目标、教材大纲、教学要点和设备要点做出了规定，使幼儿园教学体系的学科理论和实践有了明确的指导；1955年1月，国务院发布的《教育部关于工矿企业自办中学、小学和幼儿园的决定》，奠定了在计划经济体制下，学前教育以单位供给制为主要特征，业务上由教育部门统一管理的格局；1956年2月，教育部等部门联合颁布的《关于托儿所幼儿园几个问题的联合通知》，明确规定"托儿所和幼儿园应依儿童的年龄来划分，即收三周岁以下的儿童者为托儿所，收三至六周岁的儿童者为幼儿园"，提出全国保教工作要遵循"全面规划，加强领导""又快、又多、又好、又省"的方针，积极发展托儿所和幼儿园；1956年11月，教育部颁布的《关于幼儿园幼儿的作息制度和各项活动的规定》，要求全国各地幼儿园"严格执行"相关规定，保证"贯彻全面发展的幼儿教育方针"。

自新中国成立至"文化大革命"前这一段时期，我国学前教育法规建设的内容主要是总结老解放区托幼、保育儿童的教育经验，同时借鉴苏联的学前教育理论，有的规定还是在苏联专家的直接指导下完成的，实现了逐步向社会主义性质的学前教育政策法规的过渡，为我国学前教育的基本制度框架奠定了基础。

1966—1976年，中国经历了十年"文化大革命"历史发展时期，这一时期我国学前教育法规建设基本处于停滞不前的境况。

二、改革开放至 21 世纪前学前教育政策法规的基本发展历程（1979—2000 年）

随着1978年12月党的十一届三中全会的召开，中国全面进入了社会主义建设发展的伟大历史转折时期，教育工作也进入了全面恢复、健康发展的时期，学前教育事业走上了恢复振兴、全面发展的轨道。

1978年，教育部在普通教育司设立幼教特教处，负责直接领导全国幼儿教育工作。1979年3月29日，中国人民保卫儿童全国委员会恢复。1979年6月，第五届全国人大二次会议在《政府工作报告》中明确指出"要十分重视发展托儿所、幼儿园，加强幼儿教育"。1979年7月21日至8月7日，召开全国托幼工作会议，会议做出由国务院设立"托幼工作领导小组"的决定，要求各省（市）人民政府成立地方托幼工作领导小组，以保证全国托幼工作领导小组的有关工作部署在各省（市）能够得到贯彻执行。1982年12月，国务院在《关于第六个五年计划的报告》中提出"要注重发展学龄前教育"，明确提出"六五"期间幼教事业的发展指标为，从"1980年1151万名入园的幼儿数增加至1985年的1800万名"，但因国家机构改革在一定程度上影响了幼教事业的发展，直到1990年以后，国务院和各省、自治区、直辖市及大部分地区、县均设立了儿童工作负责协调机构，学前教育领导机构才得以健全。

1979年11月，教育部颁发的《城市幼儿园工作条例（试行草案）》，对城市幼儿园举办幼儿教育的方针、目标、内容和制度做出了较详尽的规定，要求尽快恢复幼儿园的正常教学管理秩序。1981年，教育部颁发的《幼儿园教育纲要（试行草案）》，作为"各类幼儿园进行教育工作的依据"，要求各地幼儿园结合实际积极试行。同时，教育部委托上海市组织编写幼儿园教材。自此，幼儿园教育活动有了基本的规范要求。1983年9月，教育部颁发的《关于发展农村幼儿教育的几点意见》，指导了农村幼儿园规范幼儿教育的发展。1987年10月，国务院办公厅转发了国家教委等部门《关于明确幼儿教育事业领导管理职责分工的请示》的通知，该文件将发展托幼事业提到与民族素质密切相关的战略高度，推动了一系列部门规章的出台，这些部门规章主要有卫生部颁发的《托儿所、幼儿园卫生保健制度》、城乡建设环境保护部和国家教委颁发的《托儿所、幼儿园建筑设计规范》、劳动人事部和国家教委颁发的《全日制、寄宿制幼儿园编制标准（试行）》等，从而使得这一时期学前教育政策法规建设的针对性、现实性明显增强。1989年6月，国家教委颁发了《幼儿园工作规程（试行）》；1989年8月，国务院批准了新中国成立以来第一个学前教育行政法规《幼儿园管理条例》；1991年6月，国家教委颁发了《关于改进和加强学前班管理的意见》；1995年，国家教委等部门颁发了《关于企业办幼儿园的若干意见》等。至此，我国学前教育政策法规体系建设步入了正轨，且取得了初步成效。

这一时期，需要重点加以介绍的学前教育政策法规如下。

（一）《幼儿园教育纲要（试行草案）》

为了尽快适应学前教育领域拨乱反正的发展需要，1981年10月，教育部颁布了《幼儿园教育纲要（试行草案）》，要求全国各类幼儿园试行适用。该规章主要内容包括：幼儿园小、中、大班年龄特点及教育任务；小、中、大班教育内容与要求（包括幼儿生活卫生习惯、体育活动、思想品德、语言、常识、计算、音乐、美术八个方面）；小、中、大班教育手段（包括游戏、体育活动、上课、观察、劳动、娱乐和日常生活等）以及注意事项。该规章首次较系统、全面地规范了幼儿园的教育教学活动，使各类幼儿园教育教学活动有了基本的部门规章依据，使幼儿园管理者、教师的教育教学活动有章可循，促使我国学前教育事业进入了科学发展的轨道。

（二）《幼儿园工作规程》

随着改革开放的日益深入，为了发展高质量的学前教育事业，促进儿童身心全面、和谐地发展，1989 年 6 月，国家教委发布了《幼儿园工作规程（试行）》，并于 1990 年 2 月 1 日起施行。该规程共分 10 章、60 条，包括：总则，幼儿园的招生、编班，幼儿园的卫生保健，幼儿园的教育，幼儿园的园舍、设备，幼儿园的工作人员，幼儿园的经费，幼儿园与幼儿家庭，幼儿园的管理工作，附则。其主要内容包括：幼儿园保育教育的目标；幼儿入园条件和编班员额；幼儿园的卫生保健工作原则和具体规范；幼儿园的教育工作原则和具体规范；幼儿园的园舍与设备要求；幼儿园工作人员的任职资格和工作职责；幼儿园的经费来源和管理；幼儿园、家庭和社区的互动关系；幼儿园的管理体制及规范要求。该规程的全面施行，推动了全国各类幼儿园的全面规范发展，提高了幼儿园的教育管理水平和保教质量，使我国学前教育工作逐步走上依法办学的健康发展轨道。1996 年 3 月，国家教委重新修订了《幼儿园工作规程》，并予以公布实施。2016 年 1 月，教育部公布了再次修订的《幼儿园工作规程》。新修订的《幼儿园工作规程》自 2016 年 3 月 1 日起施行。以上两次重新修订，都是在原《幼儿园工作规程（试行）》的基本框架内增加学前教育事业发展的新规范和新要求，删除部分与新时期学前教育发展不相吻合的要求。新修订的《幼儿园工作规程》是目前我国幼儿园依法管理中最重要的专门规章之一。

（三）《幼儿园管理条例》

为了促进幼儿教育事业的健康发展，加强对幼儿教育的宏观指导与管理，根据宪法和教育基本法的精神，1989 年 8 月 20 日，经国务院批准，同年 9 月 11 日国家教委颁发的《幼儿园管理条例》，自 1990 年 2 月 1 日起施行。该条例是经国务院批准的我国学前教育法规体系中效力层次最高的一部行政法规，是各级政府管理学前教育工作的重要行政法规。

《幼儿园管理条例》共分 6 章、32 条，包括总则、举办幼儿园的基本条件和审批程序、幼儿园的保育和教育工作、幼儿园的行政事务、奖励和处罚、附则。其基本内容包括：幼儿园的性质和任务；保育和教育工作的目标；学前教育的发展方针和领导体制；举办幼儿园的实体条件和程序条件；幼儿园保育、教育的基本原则和基本工作规范；政府管理幼儿园的基本职责；幼儿园内部行政管理体制的主要内容；违反该条例的法律责任等。各省、自治区、直辖市人民政府可以根据本条例，制定相关实施办法。

在这一时期，国家不断出台了与教育领域、未成年人保护相关的法律法规，例如，1995 年 3 月，全国人大通过的《教育法》；1993 年 10 月，全国人大常委会通过的《教师法》；1991 年 9 月，全国人大常委会批准通过的《未成年人保护法》等，在很大程度上丰富了学前教育法律法规体系的内容。

三、21 世纪以来学前教育政策法规的新发展（2001 年至今）

进入 21 世纪以来，我国改革开放不断向纵深推进，教育领域也经历着内部改革与国际化教育理念的相互融合，特别是在学前教育领域，为探索以人为本、促进人的全面发展的教育理念，着眼于儿童终身可持续发展所需要的最重要的基本素质的培养，以引导幼儿园深入实施素质教育，国家相继出台了一系列指导学前教育改革发展的重要政策法规。

（一）《幼儿园教育指导纲要（试行）》

为了全面推进素质教育的理念，倡导尊重儿童身心全面发展的规律，总结我国幼儿教育改革的经验，2001 年 7 月，教育部颁布了《幼儿园教育指导纲要（试行）》，同年 9 月开始试行。该纲要分为四部分，包括总则、教育内容与要求、组织与实施、教育评价。其各部分具体内容如下。

1. 总则部分

总则部分主要包括：该纲要的制定依据、制定目的；我国幼儿教育的基本指导思想；我国幼儿园教育的地位、性质和任务；幼儿园实施素质教育保育教育的基本理念。

2. 教育内容与要求部分

教育内容与要求部分强调幼儿园的教育内容是全面的、启蒙性的，可以相对划分为健康、语言、社会、科学、艺术五个领域，每个领域均从目标、内容与要求、指导要点三方面予以详尽的规定，明确了五个领域中每个领域实施教育的价值目标（是什么）、教师应该做什么（做什么）、教师特别注意的普遍性问题（怎么做），切实解决了幼儿园教育教学的具体内容标准和要求等问题，同时贯彻了以人为本、实施素质教育的科学理念。

3. 组织与实施部分

组织与实施部分强调正确认识幼儿园教育的性质，正确认识儿童个体的价值，尊重儿童的权利，充分考虑幼儿的学习特点和认识规律，创设有利于幼儿成长的学校、家庭、社区和自然环境，科学、合理地安排和组织一日生活，教师应成为幼儿学习活动的支持者、合作者、引导者，关注幼小衔接问题。

4. 教育评价部分

教育评价部分强调幼儿园教育中教育评价的目的和积极作用；教育评价的性质和价值；幼儿园教育工作评价适用的基本模式和方法；幼儿园教育工作评价的重点内容；对幼儿发展状况评价的基本要求等内容。

该纲要适应学前教育的新理念，遵循学前教育发展的基本规律，详尽地规定了幼儿园教育五大领域的具体目标、基本内容、实践要求、组织实施和工作评价等一整套制度体系，标志着我国幼儿教育迈进了规范化、精细化、科学化的发展阶段。

（二）《关于幼儿教育改革与发展的指导意见》

为了进一步促进幼儿教育事业的改革发展，强化政府对学前教育的顶层设计，2003年3月，国务院办公厅转发了教育部等部门《关于幼儿教育改革与发展的指导意见》，这是新时期国务院推进幼儿教育工作改革与发展的重要纲领性文件。

该指导意见共分两部分。第一部分，缘起，重申了幼儿教育的重要地位和作用，分析了我国幼儿教育事业的发展形势和存在问题。第二部分，关于我国幼儿教育改革与发展的六条意见：幼儿教育改革与发展的目标；进一步完善幼儿教育管理体制和机制，切实履行政府职责；加强管理，保证幼儿教育事业健康发展；全面实施素质教育，提高幼儿教育质量；加强幼儿师资队伍建设，努力提高幼儿教师素质；加强领导，保证幼儿教育改革与发展的顺利进行。

该指导意见重申了新时期幼儿教育的重要性，从宏观层面对我国幼儿教育改革与发展做了顶层设计，吸收和借鉴了先进的教育理念，体现出了我国幼儿教育与时俱进的良好发展势头。

（三）《国家中长期教育改革和发展规划纲要（2010—2020年）》

2010年7月，中共中央、国务院发布了《国家中长期教育改革和发展规划纲要（2010—2020年）》。这是我国新时期教育改革与发展的里程碑式的重要文件，将学前教育正式纳入2010—2020年我国教育事业八大发展任务之一，明确指出了学前教育的发展任务：

（五）基本普及学前教育。学前教育对幼儿身心健康、习惯养成、智力开发具有重要意义。遵循幼儿身心发展规律，坚持科学保教方法，保障幼儿快乐健康成长。积极发展学前教育，到2020年，普及学前一年教育，基本普及学前两年教育，有条件的地区普及学前三年教育。重视0至3岁婴幼儿教育。

（六）明确政府职责。把发展学前教育纳入城镇、社会主义新农村建设规划。建立政府主导、社会参与、公办民办并举的办园体制。大力发展公办幼儿园，积极扶持民办幼儿园。加大政府投入，完善成本合理分担机制，对家庭经济困难幼儿入园给予财政补助。加强学前教育管理，规范办园行为。制定学前教育办园标准，建立幼儿园准入制度。完善幼儿园收费管理办法。严格执行幼儿教师资格标准，切实加强幼儿教师培养培训，提高幼儿教师队伍整体素质，依法落实幼儿教师地位和待遇。教育行政部门加强对学前教育的宏观指导和管理，相关部门履行各自职责，充分调动各方面力量发展学前教育。

（七）重点发展农村学前教育。努力提高农村学前教育普及程度。着力保证留守儿童入园。采取多种形式扩大农村学前教育资源，改扩建、新建幼儿园，充分利用中小学布局调整富余的校舍和教师举办幼儿园(班)。发挥乡镇中心幼儿园对村幼儿园的示范指导作用。支持贫困地区发展学前教育。

(四)《国务院关于当前发展学前教育的若干意见》

为了全面推进《国家中长期教育改革和发展规划纲要(2010—2020年)》的贯彻实施,2010年11月21日,国务院发布了《国务院关于当前发展学前教育的若干意见》。现将其主要内容简要归纳如下。

第一,把发展学前教育摆在更加重要的位置。学前教育是终身学习的开端,是国民教育体系的重要组成部分,是重要的社会公益事业。发展学前教育,必须坚持公益性和普惠性。各级政府要充分认识发展学前教育的重要性和紧迫性,将大力发展学前教育作为贯彻落实教育规划纲要的突破口。

第二,多种形式扩大学前教育资源。大力发展公办幼儿园,提供"广覆盖、保基本"的学前教育公共服务。鼓励社会力量以多种形式举办幼儿园。城镇小区没有配套幼儿园的,应根据居住区规划和居住人口规模,按照国家有关规定配套建设幼儿园。城镇幼儿园建设要充分考虑进城务工人员随迁子女接受学前教育的需求。努力扩大农村学前教育资源。各地要把发展学前教育作为社会主义新农村建设的重要内容,将幼儿园作为新农村公共服务设施统一规划,优先建设,加快发展。

第三,多种途径加强幼儿教师队伍建设。加快建设一支师德高尚、热爱儿童、业务精良、结构合理的幼儿教师队伍。健全幼儿教师资格准入制度,严把入口关。依法落实幼儿教师地位和待遇。完善学前教育师资培养培训体系。

第四,多种渠道加大学前教育投入。各级政府要将学前教育经费列入财政预算。新增教育经费要向学前教育倾斜。建立学前教育资助制度,资助家庭经济困难儿童、孤儿和残疾儿童接受普惠性学前教育。发展残疾儿童学前康复教育。

第五,加强幼儿园准入管理。完善法律法规,规范学前教育管理。严格执行幼儿园准入制度。各地根据国家基本标准和社会对幼儿保教的不同需求,制定各种类型幼儿园的办园标准,实行分类管理、分类指导。县级教育行政部门负责审批各类幼儿园,建立幼儿园信息管理系统,对幼儿园实行动态监督。完善和落实幼儿园年检制度。未取得办园许可证和未办理登记注册手续,任何单位和个人不得举办幼儿园。分类治理、妥善解决无证办园问题。

第六,强化幼儿园安全监管。各地要高度重视幼儿园安全保障工作,加强安全设施建设,配备保安人员,健全各项安全管理制度和安全责任制,落实各项措施,严防事故发生。幼儿园要提高安全防范意识,加强内部安全管理。幼儿园所在街道、社区和村民委员会要共同做好幼儿园安全管理工作。

第七,规范幼儿园收费管理。国家有关部门2011年出台幼儿园收费管理办法。省级有关部门根据城乡经济社会发展水平、办园成本和群众承受能力,按照非义务教育阶段家庭合理分担教育成本的原则,制定公办幼儿园收费标准。加强民办幼儿园收费管理，完善备案程序，加强分类指导。幼儿园实行收费公示制度，接受社会监督。加强收费监管，坚决查处乱收费。

第八，坚持科学保教，促进幼儿身心健康发展。加强对幼儿园保教工作的指导，加强对幼儿园玩教具、幼儿图书的配备与指导，为儿童创设丰富多彩的教育环境，防止和纠正幼儿园教育"小学化"倾向。研究制定幼儿园教师指导用书审定办法。建立幼儿园保教质量评估监管体系。健全学前教育教研指导网络。要把幼儿园教育和家庭教育紧密结合，共同为幼儿的健康成长创造良好环境。

第九，完善工作机制，加强组织领导。各级政府要加强对学前教育的统筹协调，健全教育部门主管、有关部门分工负责的工作机制，形成推动学前教育发展的合力。教育部门要完善政策，制定标准，充实管理、教研力量，加强学前教育的监督管理和科学指导。

第十，统筹规划，实施学前教育三年行动计划。各省（区、市）政府要深入调查，准确掌握当地学前教育基本状况和存在的突出问题，结合本区域经济社会发展状况和适龄人口分布、变化趋势，科学测算入园需求和供需缺口，确定发展目标，分解年度任务，落实经费，以县为单位编制学前教育三年行动计划，有效缓解"入园难"。

地方政府是发展学前教育、解决"入园难"问题的责任主体。各省（区、市）要建立督促检查、考核奖惩和问责机制，确保大力发展学前教育的各项举措落到实处，取得实效。各级教育督导部门要把学前教育作为督导重点，加强对政府责任落实、教师队伍建设、经费投入、安全管理等方面的督导检查，并将结果向社会公示。教育部会同有关部门对各地学前教育三年行动计划进展情况进行专项督查，组织宣传和推广先进经验，对发展学前教育成绩突出的地区予以表彰奖励，营造全社会关心支持学前教育的良好氛围。

《国务院关于当前发展学前教育的若干意见》是我国进入 21 世纪以来，由国务院所发布的指导学前教育事业健康发展的重要的纲领性文件，它全面梳理了我国学前教育事业改革与发展的现状，提出了改革和发展的具体措施，特别强调地方政府是发展学前教育、解决"入园难"问题的责任主体，强化了政府的主体责任，指明了学前教育改革与发展的治本之策，为学前教育事业健康发展提供了重要的政策依据。

（五）《3—6 岁儿童学习与发展指南》

为了引导幼儿园、保教机构、家庭和广大儿童教育工作者正确认识和把握儿童教育的规律，对儿童科学实施保育和教育活动，促进儿童身心全面和谐发展，2012年 10 月，教育部发布了《3—6 岁儿童学习与发展指南》。该指南立足我国学前教育的现状，总结了改革开放以来学前教育事业发展的成功经验，积极借鉴了国外儿童教育的先进理念和做法，是本着高度负责、严谨科学的态度，历时 7 年取得的研究成果。

　　《3—6岁儿童学习与发展指南》由"说明"和"正文"两部分构成。"说明"部分包括：制定该指南的背景、制定该指南的目的、说明该指南"正文"的内容结构、实施该指南的四项基本原则。"正文"部分从儿童教育包含的健康、语言、社会、科学、艺术五大领域入手，按照各个领域幼儿学习与发展的内容，分别将每个领域划分为应当包含的几个具体观测点，每个观测点分两部分内容进行表述。第一部分内容是"学习与发展目标"，分别按照3～4岁、4～5岁、5～6岁三个年龄阶段末期幼儿的典型表现来表述幼儿应当知道什么、能够做什么、大致可以达到什么发展水平提出了合理的发展期望；第二部分内容是教育建议，针对不同年龄阶段幼儿的学习与发展目标，列举了有效的方法，同时指明了错误的方法对幼儿教育的终身危害。教育建议内容表述具体，语言简明扼要，可操作性很强。

　　该指南涵盖3～6岁儿童学习与发展的五大领域，11个观测点，32个目标，87条教育建议。这一体系性的研究成果标志着我国学前教育科学化发展水平的不断提升，是新中国成立以来我国学前教育事业遵循幼儿教育发展的科学规律，广大幼儿教育一线工作者、幼教专家和幼儿教育管理者共同努力取得的幼教研究成果的结晶，对于科学指导家长和公众树立正确的育儿观念，引导幼儿教育从业者提高科学教育儿童的能力，克服幼儿教育"小学化"倾向有着重要的指导意义。

第四章 幼儿园的法律地位

第一节 幼儿园法律地位概述

一、幼儿园法律地位的含义

学校的法律地位是指学校作为实施教育活动的社会组织，依照法定的条件和程序依法成立后，在法律上所享有的权利能力、行为能力和责任能力。2016年1月新修订的《幼儿园工作规程》第二条规定："幼儿园是对3周岁以上学龄前幼儿实施保育和教育的机构。幼儿园教育是基础教育的重要组成部分，是学校教育制度的基础阶段。"由此，幼儿园的法律地位是指幼儿园依照法定条件和程序依法设立，从而获得法律认可的主体资格，具备依法享有法定权利和法定承担义务的能力。其含义包括以下两个方面。

(一)幼儿园的法律地位由法律赋予

1. 幼儿园的民事法律地位

学前教育是基础教育的重要组成部分，是学校教育制度的基础阶段，因而，幼儿园在性质上应当属于《教育法》中所规定的学校及其他教育机构。《教育法》第三十二条规定："学校及其他教育机构具备法人条件的，自批准设立或者登记注册之日起取得法人资格。"也就是说，幼儿园的依法设立可以让其获得"法人"这一主体资格，使其能够在民事活动中依法享有民事权利和承担民事义务。

(1)法人的概念和分类

2017年3月15日，由中华人民共和国第十二届全国人民代表大会第五次会议通过的《中华人民共和国民法总则》（以下简称《民法总则》），自2017年10月1日起施行。新颁布的《民法总则》第五十七条规定："法人是具有民事权利能力和民事行为能力，依法独立享有民事权利和承担民事义务的组织。"也就是说，幼儿园通过依法设立行为，取得了民法上所认可的独立的法律人格，具备了法律赋予其从事学前教育活动的相应的权利能力、行为能力和责任能力。

我国通常将法人分为国家机关法人、企业法人、事业单位法人和社会团体法人四类。我国现阶段将公办幼儿园法人明确地归类为事业单位法人，而对民办幼儿园法人的归类则比较复杂。目前，大部分民办幼儿园依据1998年施行的《民办非企业单位登记管理暂行条例》，在民政部门登记为民办非企业单位法人，但我国并无"民办非企业单位"这一法人类型，导致民办幼儿园法人的分类不明确，在人事制度、社会保险、税收等方面难以和公办幼儿园享有同等的法律地位。2016年11月7日，第十二届全国人民代表大会常务委员会第二十四次会议通过了《全国人民代表大会常务委员会关于修改〈中华人民共和国民办教育促进法〉的决定》。该文件明确了民办学校的举办者可以自主选择设立非营利性或者营利性民办学校，与之配套制定的《民办学校分类登记实施细则》第七条规定："正式批准设立的非营利性民办学校，符合《民办非企业单位登记管理暂行条例》等民办非企业单位登记管理有关规定的到民政部门登记为民办非企业单位，符合《事业单位登记管理暂行条例》等事业单位登记管理有关规定的到事业单位登记管理机关登记为事业单位。"第九条规定："正式批准设立的营利性民办学校，依据法律法规规定的管辖权限到工商行政管理部门办理登记。"这就说明，依据修订后的法律法规，幼儿园法人将可以根据自身的实际情况，分别取得事业单位法人资格、民办非企业法人资格、企业法人资格。

（2）幼儿园的法人资格

幼儿园取得法人资格即成为民事权利主体，具备民事权利能力和民事行为能力。法人的民事权利能力是指法人作为民事权利主体，享受民事权利并承担民事义务的资格。法人的民事行为能力是指法人作为民事权利主体，以自己的行为享有民事权利并承担民事义务的实际能力。虽然法人会因取得法律人格而获得与自然人一样的民事权利能力和民事行为能力，但二者之间仍有不同，具体体现为三个方面：一是法人不能够享有某些与自然人的人身不可分离的权利，当然也就不具备相应的民事权利能力和民事行为能力，如生命权、健康权、肖像权、身体权、婚姻自主权、亲属权等；二是法人的民事权利能力与民事行为能力受到法律法规、章程及其性质的限制，不具备自然人民事权利能力和民事行为能力的普遍性和平等性，只能在法律法规规定的范围内，依据法人设立时的章程、性质开展民事活动；三是法人的民事权利能力和民事行为能力与自然人民事权利能力和民事行为能力的起止时间不同。法人的权利能力和行为能力均始于法人成立，终于法人消灭。因此，幼儿园作为法人，其民事权利能力和民事行为能力，需要依据《民法总则》《教育法》《幼儿园管理条例》等法律法规，以及幼儿园设立时所制定的章程及其性质、宗旨来加以确定。

2. 幼儿园的行政法律地位

按照《教育法》的规定，幼儿园作为学校及其他教育机构，还需接受教育行政部门的管理。因此，幼儿园与教育行政部门二者间存在着行政管理关系，即教育主管行政部门是行政管理人，幼儿园是行政管理相对人；教育主管行政部门对幼儿园实施管理行为体现为行使行政职权和职责的过程，两者形成的是一种行政法律关系。

一是作为幼儿园主管机关的教育行政部门在性质上属于国家行政机关，符合行政法律关系组成特征中当事人一方必须是国家行政机关或国家机关授权的组织的要求。

二是教育行政部门在管理过程中，以国家的名义行使行政管理权，向幼儿园发布和下达各类行政决定、命令及采取行政措施；幼儿园作为行政管理关系中的相对人只能接受、履行，如认为教育行政部门的行为确有错误，也只能通过特定的行政程序解决，这一过程体现了双方地位的不对等性。

三是教育行政部门与幼儿园的权利义务均由《教育法》等法律法规事先规定，双方不能自由商定。

四是教育行政部门与幼儿园之间争议的解决方式及程序的特殊性。一旦争议发生，幼儿园只能通过申诉、行政复议、行政诉讼等相应的行政程序来解决。

（二）幼儿园法律地位的内容体现了其任务、目标和条件

新颁布的《民法总则》第五十八条规定："法人应当依法成立。法人应当有自己的名称、组织机构、住所、财产或者经费。法人成立的具体条件和程序，依照法律、行政法规的规定。设立法人，法律、行政法规规定须经有关机关批准的，依照其规定。"由此可以看出，申请举办幼儿园的社会组织应当取得法人资格，举办幼儿园的个人应当具备相应的民事权利能力和民事行为能力以从事相应的民事活动。

《教育法》《幼儿园管理条例》及新修订的《幼儿园工作规程》等都规定了幼儿园作为学前教育机构的具体权利和义务。2016年新修订的《幼儿园工作规程》第三条规定："幼儿园的任务是：贯彻国家的教育方针，按照保育与教育相结合的原则，遵循幼儿身心发展特点和规律，实施德、智、体、美等方面全面发展的教育，促进幼儿身心和谐发展。"该规程第五条规定："幼儿园保育和教育的主要目标是：（一）促进幼儿身体正常发育和机能的协调发展，增强体质，促进心理健康，培养良好的生活习惯、卫生习惯和参加体育活动的兴趣。（二）发展幼儿智力，培养正确运用感官和运用语言交往的基本能力，增进对环境的认识，培养有益的兴趣和求知欲望，培养初步的动手探究能力。（三）萌发幼儿爱祖国、爱家乡、爱集体、爱劳动、爱科学的情感，培养诚实、自信、友爱、勇敢、勤学、好问、爱护公物、克服困难、讲礼貌、守纪律等良好的品德行为和习惯，以及活泼开朗的性格。（四）培养幼儿初步感受美和表现美的情趣和能力。"

二、幼儿园法律地位的特点

(一)教育事业的公共性

幼儿园是我国《教育法》中所规定的学校及其他教育机构,其设立的目的是为了发展教育事业,而教育事业属于国家公共事业服务的范畴,因而幼儿园所开展的教育活动具有公共性的特点。

第一,幼儿园作为学前教育机构,其依法设立须以马克思列宁主义、毛泽东思想和建设有中国特色的社会主义理论为指导,坚持宪法确定的基本原则,遵循发展社会主义的教育事业的国家教育方针。

第二,幼儿园的教育活动必须符合国家和社会公共利益。《教育法》《幼儿园管理条例》及新修订的《幼儿园工作规程》等法律法规,都要求幼儿园的保育教育活动应着重培养幼儿的德、智、体、美全方面发展,促进幼儿身心和谐发展;树立社会主义核心价值观;活动中注重安全和卫生保健;不得出现违背国家和社会公共利益的行为。

第三,学前教育活动的开展是对我国公民受教育权的保障。《宪法》第四十六条、《教育法》第九条都规定:"中华人民共和国公民有受教育的权利和义务。"《幼儿园管理条例》第四条第二款规定:"幼儿园的设置应当与当地居民人口相适应。"新修订的《幼儿园工作规程》第二条规定:"幼儿园是对 3 周岁以上学龄前幼儿实施保育和教育的机构。幼儿园教育是基础教育的重要组成部分,是学校教育制度的基础阶段。"以上规定充分说明,幼儿园作为学前教育的教育实施机构,其依法实施教育的行为充分保障了我国公民的受教育权。

(二)机构性质的公益性

按照我国现行的法律法规,幼儿园都应当依法设立并取得法人资格。从幼儿园登记注册的法人类型上看,所有公办幼儿园都应当登记注册为事业单位法人;民办幼儿园则根据不同情况,分别可以登记注册为事业单位法人、民办非企业法人、企业法人。根据我国相关的法律法规,事业单位法人是指依法成立的从事包括文化、教育、卫生、体育、新闻、出版等非营利性的社会各项公益事业的各类法人;民办非企业法人是指企事业单位、社会团体和其他社会力量以及公民个人,利用非国有资产举办的从事非营利性社会服务活动的社会组织,如各类民办学校、医院、文艺团体、职业培训中心、福利院等;企业法人是指以营利为目的,独立从事商品生产和经营活动的法人。从各类法人的定义中不难看出,登记注册为事业单位法人和民办非企业法人的幼儿园,其性质都是非营利性的,具有社会公益性的特点。

虽然新修订的《教育法》《民办教育促进法》以及新制定的《民办学校分类登记实施细则》均明确规定了可以举办营利性民办学校,但同时《教育法》第二十六条也明确规定了"以财政性经费、捐赠资产举办或参与举办的学校及其他教育机构不得设立为营利性组织"。所以,具有公益性特点的幼儿园仍将占较大比重。

(三)主体资格的多重性

作为学前教育机构,幼儿园需开展广泛的各类活动,并因活动性质的不同,可以取得不同法律关系的主体资格。

当接受教育行政部门的管理和监督时,幼儿园作为行政相对人从而取得行政法律关系主体资格,享有行政法上的权利并承担行政法上的义务;当与其他平等主体的企事业单位、集体经济组织、社会团体、个人之间发生民事行为时,幼儿园作为民事权利主体取得民事法律关系主体资格,享有民事权利并承担民事义务。此外,幼儿园接受国家财政拨款,对登记注册为企业法人的幼儿园依法征收税收等经济法所调整的行为;幼儿园取得经济法律关系主体资格,享有经济法上的权利和承担经济法上的义务。

三、幼儿园园长的法律地位和职权职责

(一)幼儿园园长的法律地位

根据《教育法》《幼儿园管理条例》和新修订的《幼儿园工作规程》的规定:幼儿园园长由幼儿园的举办者聘任,并向幼儿园的登记注册机关备案。幼儿园园长全面负责幼儿园的教育、保育及其他行政管理工作,是幼儿园的行政负责人。

新修订的《幼儿园工作规程》第四十条规定:"幼儿园园长应当符合本规程第三十九条规定,并应当具有《教师资格条例》规定的教师资格、具备大专以上学历、有三年以上幼儿园工作经历和一定的组织管理能力,并取得幼儿园园长岗位培训合格证书。"第三十九条规定:"幼儿园教职工应当贯彻国家教育方针,具有良好品德。热爱教育事业,尊重和爱护幼儿,具有专业知识和技能以及相应的文化和专业素养,为人师表,忠于职责,身心健康。"

(二)幼儿园园长的职权职责

《幼儿园工作规程》规定:"幼儿园园长负责幼儿园的全面工作,主要职责如下:(一)贯彻执行国家的有关法律、法规、方针、政策和地方的相关规定,负责建立并组织执行幼儿园的各项规章制度;(二)负责保育教育、卫生保健、安全保卫工作;(三)负责按照有关规定聘任、调配教职工,指导、检查和评估教师以及其他工作人员的工作,并给予奖惩;(四)负责教职工的思想工作,组织业务学习,并为他们的学习、进修、教育研究创造必要的条件;(五)关心教职工的身心健康,维护他们的合法权益,改善他们的工作条件;(六)组织管理园舍、设备和经费;(七)组织和指导家长工作;(八)负责与社区的联系和合作。"

第二节　幼儿园的依法设立

幼儿园是国家学制系统中的重要机构，其所负责实施的学前教育是我国学校教育制度中的重要组成部分。因此，依法设立幼儿园是贯彻国家教育方针、有效开展学前教育活动的有力保证。根据我国新修订的《民法总则》对法人设立的条件要求和《教育法》对学校及其他教育机构的设立要求，幼儿园的依法设立应当满足相应的实体条件和程序条件。

一、幼儿园设立的实体条件

(一)健全组织机构和制定章程

新修订的《幼儿园工作规程》第三条规定："幼儿园的任务是：贯彻国家的教育方针，按照保育与教育相结合的原则，遵循幼儿身心发展特点和规律，实施德、智、体、美等方面全面发展的教育，促进幼儿身心和谐发展。"要完成好这一任务，就需要幼儿园合理地设置组织机构、配备管理人员。我国目前的相关法律规定并未对幼儿园应该如何设置组织机构做出明确的具体规定，仅在《幼儿园管理条例》、新修订的《幼儿园工作规程》中针对幼儿园的管理做出了如下规定：一是幼儿园实行园长负责制，由幼儿园园长负责幼儿园的全面管理工作；二是幼儿园应当建立园务委员会，组成人员包括园长、副园长、党组织负责人和保教、卫生保健、财会等方面工作人员的代表以及幼儿家长代表，由园长担任园务委员会主任，并定期(遇重大问题可临时召集)召开会议，对规章制度的建立、修改、废除，全园工作计划，工作总结，人员奖惩，财务预算和决算方案，以及其他涉及全园工作的重要问题进行审议；三是幼儿园应当建立教职工大会制度或者教职工代表大会制度，依法加强民主管理和监督。因此，各幼儿园应当在法律规定的基础上，结合本园的工作任务目标，按照分工协作的原则，在园长的统一领导和指挥下，合理设置相应的组织机构。一般来讲，现在较为通行的设置方法是分为教学和后勤两类机构，教学机构又根据幼儿园的班级开设情况划分为若干个教研组；后勤机构则根据幼儿园的管理需求，可划分为负责保育、医务的保健组，负责采购、维修、安全的后勤组，负责膳食供应的膳食组等。

《教育法》还规定设立幼儿园必须制定章程。从民法上看，章程是规定法人的业务活动范围、内部组织结构以及内部成员之间的权利和义务等基本性问题的文件。因此，幼儿园的章程必然要求对幼儿园设立的性质和宗旨、业务范围、组织管理体制、教学管理以及资产使用和管理等方面作出规定，建立现代教育制度，加强对幼儿园的监督和管理，建立自主管理、自我约束的运行机制。

(二)具备合格的教师、保育员、卫生保健人员及其他工作人员

建立一支符合法律法规规定的教职工队伍是保证幼儿园能够依法、依规开展幼儿保育和教育活动的必要人员条件。幼儿园需要根据办园规模、保育和教育需求、日常管理需要来依法聘请相应数量的教职工。

为保证幼儿园教职工能够胜任幼儿园保育和教育的工作任务和职责，《幼儿园管理条例》、新修订的《幼儿园工作规程》对幼儿园的教师、保育员、卫生保健人员和其他工作人员规定了所应具备的具体条件。特别需要说明的是，新修订的《幼儿园工作规程》第三十九条规定了幼儿园教职工必须共同具备的基本条件是："幼儿园教职工应当贯彻国家教育方针，具有良好品德、热爱教育事业，尊重和爱护幼儿，具有专业知识和技能以及相应的文化和专业素养，为人师表，忠于职责，身心健康。幼儿园教职工患传染病期间暂停在幼儿园的工作。有犯罪、吸毒记录和精神病史者不得在幼儿园工作。"

1. 幼儿园园长

幼儿园园长应当符合新修订的《幼儿园工作规程》第三十九条规定，并应当具有《教师资格条例》规定的教师资格、具备大专以上学历、有三年以上幼儿园工作经历和一定的组织管理能力，并取得幼儿园园长岗位培训合格证书。幼儿园园长由举办者任命或者聘任，并报当地主管的教育行政部门备案。

2. 幼儿园教师

幼儿园教师必须具有《教师资格条例》规定的幼儿园教师资格，并符合新修订的《幼儿园工作规程》第三十九条规定。幼儿园教师实行聘任制。

3. 保育员

幼儿园保育员应当符合新修订的《幼儿园工作规程》第三十九条规定，并应当具备高中毕业以上学历，受过幼儿保育职业培训。

4. 卫生保健人员

幼儿园卫生保健人员除符合新修订的《幼儿园工作规程》第三十九条规定外，医师应当取得卫生行政部门颁发的《医师执业证书》；护士应当取得《护士执业证书》；保健员应当具有高中毕业以上学历，并经过当地妇幼保健机构组织的卫生保健专业知识培训。

5. 其他工作人员

幼儿园其他工作人员的资格和职责，按照国家和地方的有关规定执行。

(三)有符合规定标准的教育和保育场所及设施、设备等

幼儿园开展教育、保育活动，必须有与之相适应的场所、设施和设备，只有具备充分的物质条件，才能保证教育、保育活动的质量达到学前教育的目的。我国的相关法律法规都要求，举办幼儿园必须具有与保育、教育的要求相适应的园舍和设

施，并且必须符合国家的卫生标准和安全标准。

1. 幼儿园园舍

举办幼儿园必须将幼儿园设置在安全区域内。严禁在污染区和危险区内设置幼儿园，不得使用危房；所使用建筑材料、装修装饰材料应当符合国家相关的安全质量标准和环保要求；并要求定期检查维护，保障安全。幼儿园选址要方便家长接送，避免交通干扰。

幼儿园应当按照国家的相关规定设活动室、寝室、卫生间、保健室、综合活动室、厨房和办公用房等，并达到相应的建设标准。有条件的幼儿园应当优先扩大幼儿游戏和活动空间。寄宿制幼儿园应当增设隔离室、浴室和教职工值班室等。所有用房的建筑设计、建筑面积、建筑构造、建筑设备都应当符合国家要求的标准并体现幼儿的特点(具体参照《托儿所、幼儿园建筑设计规范》)。

幼儿园应当有与其规模相适应的户外活动场地，配备必要的游戏和体育活动设施，创造条件开辟沙地、水池、种植园地等，并根据幼儿活动的需要绿化、美化园地。

2. 设施和设备

幼儿园应当配备适合幼儿特点的桌椅、玩具架、盥洗卫生用具，以及必要的玩教具、图书和乐器等。玩教具应当具有教育意义并符合安全、卫生要求。幼儿园应当因地制宜，就地取材，自制玩教具。总之，幼儿所使用的各类用品用具和玩教具材料应当符合国家相关的安全质量标准和环保要求。

(四)必须有必备的办学资金和稳定的经费来源

幼儿园作为开展教育保育活动的学前教育机构，必须有充足的资金保障其正常运作。按照我国现行的法律法规规定，幼儿园的办学资金及经费来源主要有三种途径：一是由国家举办的幼儿园，即公办幼儿园，按照《教育法》的规定，在以财政拨款为主、其他多种渠道筹措教育经费为辅的体制下，获得必备的办园资金和经费；二是举办幼儿园的企事业单位、社会团体、其他社会组织和个人依法筹措保障进行保育、教育以及维修或扩建、改建幼儿园的园舍与设施的办园资金和经费；三是幼儿园按照国家和地方的有关规定进行的收费。幼儿园所获得的资金和经费应当按照规定的范围合理使用，并坚持专款专用，任何单位和个人不得克扣、挪用。另外，幼儿园举办者筹措的经费，在保证保育和教育需要的前提下，有一定比例的经费可用于改善办园条件和开展教职工培训。

二、幼儿园设立的程序条件

根据《幼儿园管理条例》的规定，国家实行幼儿园登记注册制度，未经登记注册，任何单位和个人不得举办幼儿园。由此可看出，进行登记注册是开办幼儿园的必经程序。理解这一程序条件，应注意以下三个方面。

1. 审批登记注册的机关

1989年9月发布的《幼儿园管理条例》第十二条规定："城市幼儿园的举办、停办，由所在区、不设区的市的人民政府教育行政部门登记注册。农村幼儿园的举办、停办，由所在乡、镇人民政府登记注册，并报县人民政府教育行政部门备案。"2003年1月，国务院办公厅转发了教育部等部门（单位）《关于幼儿教育改革与发展指导意见》的通知。该意见明确规定："县级以上教育部门负责审批各类幼儿园的举办资格、颁发办园许可证，并定期复核审验。"由此可见，我国城市、农村幼儿园的举办、停办，均应当由县级以上教育行政部门负责审批。

2. 登记注册需提交的申请材料

国家没有统一制定幼儿园的登记注册办法，而是由各省、自治区、直辖市根据自身实际情况予以制定，因而各省、自治区、直辖市对幼儿园进行登记、注册时所应该提交的材料要求各不相同。通常来说，幼儿园登记注册需要提交申请报告、举办者的资格证明、办园场地证明、办园资金和经费来源证明、所办幼儿园的章程、拟聘园长及其他教职工的资格证明、健康证明、无犯罪记录证明等材料。一部分省份，如云南、四川，还要求填写统一制作的《幼儿园登记注册申请表》，然后由规定的登记注册机关对所提交材料进行审核，经审核符合条件的，方可办理登记注册手续。

3. 登记注册后的监督管理

登记注册机关负责对已登记注册的幼儿园进行监督管理，对幼儿园的举办情况依法进行监督检查，对有违反相关法律法规情况的，依照《幼儿园管理条例》第二十七条至第二十九条规定进行处罚，情况严重的可以取消办园资格，构成犯罪的依法追究刑事责任。

三、幼儿园章程的拟定和内容

拟定章程是《教育法》规定的举办幼儿园等学校和其他教育机构所必须具备的基本条件，同时也是幼儿园取得法人资格所必须具备的条件。因此，幼儿园章程应当由幼儿园的举办者拟定，并应当在幼儿园举办者向登记注册机关提交登记注册申请之前拟定完毕。

幼儿园章程中具体应当记载哪些内容呢？从《教育法》角度上看，幼儿园章程属于学校章程，是为保证学校正常运行，主要就办学宗旨、主要任务、内部管理体制及财务活动等重大的、基本的问题，做出全面规范的自律性基本文件。从民法角度上看，幼儿园章程属于法人章程，应当包括绝对必要记载事项（即章程中必须具备的内容，如不记载，将导致章程无效、登记机关不予登记）：法人的名称、宗旨、业务范围、住所、资本总额、所有制性质、人员等，以及任意记载事项（并非章程中不可缺少的事项，拟定人可根据实际需要记载或不记载在章程中）。考虑到幼儿园作为学前教育机构在我国的学校教育制度中的特殊地位，结合实践中的具体情况，本书分别从公办幼儿园和民办幼儿园的角度来探讨幼儿园章程的记载内容。

公办幼儿园的章程通常记载以下内容：

总则：载明幼儿园的名称、性质、隶属关系、办园宗旨、办园特色、培养目标等。

幼儿园的权利义务：载明幼儿园作为国家规定的学校和其他教育机构，依法应当享有的权利和承担的义务。

幼儿园的组织机构：载明幼儿园内部建立的组织机构和管理体制，并明确各组织机构的分工和职责。

教师及其他职工的权利和义务：载明幼儿园的教师及其他职工依法应当享有的权利和承担的义务。

幼儿的权利和监护人的义务：载明就读幼儿依法应当享有的权利和就读幼儿监护人应当承担的义务。

课程设置、开发与教学：载明幼儿园的课程设置方案、本园课程开发以及教学要求等。

卫生保健管理：载明幼儿园环境卫生、安全保卫、幼儿保育及健康等方面的管理目标。

幼儿园的外部关系：载明幼儿园与家长之间的联系制度，并成立家长委员会；与社区的联系与合作事项等。

幼儿园的经费管理：载明幼儿园的经费来源及性质、财务制度，以及对经费使用的管理和监督。

办园监督：载明幼儿园办学活动的监督机关、社会组织及监督方式。

附则：通常载明章程的修改程序、解释权等。

民办幼儿园的章程通常记载以下内容：

总则：载明幼儿园的名称、性质、办园宗旨、培养目标等。

举办者、开办资金和办学结构：载明幼儿园的举办者及其权利，开办资金的出资及金额以及幼儿园的办学规模和层次。

组织管理制度：载明幼儿园决策机构的设置（董事会或理事会）及其职权，幼儿园园长的选任及其职权。

法定代表人：载明幼儿园的法定代表人及担任资格。

保育、教育管理：载明幼儿园的保育、教育活动开展的依据和管理制度。

资金、资产的使用管理：载明幼儿园的经费来源、出资人的回报比例、财务制度、资产的使用管理制度等。

终止和终止后的资产处理：载明幼儿园终止的情形，以及终止清算、剩余财产处理、注销登记等相关事项。

附则：通常载明章程的修改程序、解释权等。

资料链接

公办幼儿园章程样本①

_____ 幼儿园章程

（本章程于____年__月___日经_____大会审议通过）

第一章 总则

第一条 为适应现代教育发展的需要，深化教育改革，全面贯彻国家的教育方针，积极推进学前教育，全面提高保教质量和办学效益，根据《中华人民共和国教育法》《中华人民共和国教师法》《中华人民共和国未成年人保护法》《幼儿园管理条例》《幼儿园工作规程》等法律法规的有关规定，制定本章程。

第二条 本园全称为_____，是一所公办全日制（或寄宿制）幼儿园，隶属于_____。本园于_____年_____月_____日经_____批准设立，是具有法人资格的办学机构。

本园实行园长负责制。园长是本园的法定代表人。

第三条 办园理念与办园目标：_____。

第四条 本园的培养目标是：促进幼儿身体正常发育和机能的协调发展，增强体质，促进心理健康；培养良好的生活习惯、卫生习惯和参加体育活动的兴趣；发展幼儿智力，培养正确运用感官和运用语言交往的基本能力，增进对环境的认识，培养有益的兴趣和求知欲望、初步的动手探究能力；萌发幼儿爱祖国、爱家乡、爱集体、爱劳动、爱科学的情感，培养诚实、自信、友爱、勇敢、勤学、好问、爱护公物、克服困难、讲礼貌、守纪律等良好的品德行为和习惯，以及活泼开朗的性格；培养幼儿初步感受美和表现美的情趣和能力。

第五条 办园特色：_____。

第二章 幼儿园的权利和义务

第六条 幼儿园享有下列权利：

（一）按照章程依法治园，自主管理；

（二）组织实施幼儿一日活动；

（三）依据《幼儿园工作规程》和_____的有关规定招收幼儿；

（四）依据相关法规和政策自主聘任教职工，并对教职工实施奖励或处分；

（五）妥善管理、使用本园的设施和经费；

（六）拒绝任何组织和个人对教育教学的非法干涉；

（七）依法维护幼儿园合法权益不受侵犯；

---

① 改编自罗彬彬、罗均友：《教育类法律文书范本与制作详解》，242～248页，北京，中国法制出版社，2007。

（八）依法享有法律法规规定的其他权利。

第七条 幼儿园应当履行下列义务：

（一）遵守国家宪法、法律和法规；

（二）贯彻国家的教育方针，全面实施素质教育，促进幼儿身心健康发展；

（三）维护幼儿、教师以及其他职工的合法权益；

（四）以适当的方式，为家长了解幼儿在园及其他情况提供便利；

（五）遵照国家有关规定收取费用并公开收费项目；

（六）依法接受幼儿家长、社会、教育主管部门和政府相关部门的监督；

（七）建立安全管理制度，履行安全管理职责。

第三章 组织机构

第八条 幼儿园实行园长负责制，园长是幼儿园的法定代表人，全面负责幼儿园的行政工作。园长由 ＿＿＿＿＿＿＿＿＿＿＿＿＿ 任命（或聘任）。

第九条 依照相关规定，有条件的幼儿园应当建立中国共产党支部，充分发挥党支部的政治核心作用，加强领导班子建设和后备干部的考察、培养，加强教工队伍的建设和师德教育，保证、监督幼儿园行政工作的正常运行。

第十条 幼儿园园长负责幼儿园的全面工作，其主要职责如下：

（一）贯彻执行国家的有关法律法规、方针、政策和地方的相关规定，负责建立并组织执行幼儿园的各项规章制度；

（二）负责保育教育、卫生保健、安全保卫工作；

（三）负责按照有关规定聘任、调配教职工，指导、检查和评估教师以及其他工作人员的工作，并给予奖惩；

（四）负责教职工的思想工作，组织业务学习，并为他们的学习、进修、教育研究创造必要的条件；

（五）关心教职工的身心健康，维护他们的合法权益，改善他们的工作条件；

（六）组织管理园舍、设备和经费；

（七）组织和指导家长工作；

（八）负责与社区联系和合作。

第十一条 幼儿园在园长领导下建立园务委员会，并下设年级组、教研组、后勤组等职能部门。这些部门分别承担相应的管理职能。

第十二条 幼儿园应当依法建立教育工会。作为教职工代表大会的工作机构，教育工会参与幼儿园重大问题的决策，实施民主管理、民主监督，维护教职工的合法权益；建立女工工作小组；建立退休教职工管理委员会，保障退休教职工的合法权益，为幼儿园的发展提供建设性的意见和建议。

第四章 教师及其他职工的权利和义务

第十三条 教师有下列权利：

（一）依据国家规定的幼儿园课程标准，结合本班幼儿的具体情况，自主制定和执行教育教学工作计划，进行一日教育活动，开展教育教学改革和实验；

（二）参加教育教学、科学研究、园本培训、进修学习、继续教育等活动；

（三）按时获取工资报酬，享受国家规定的带薪休假和其他福利待遇；

（四）通过教职工代表大会或其他形式参与幼儿园管理，对本园工作提出意见和建议；对重大事务有知情权；对不公正待遇或对行政处分不服有申诉权；

（五）使用幼儿园设施、图书、音像资料及其他教育教学用品。

第十四条 教师应当履行下列义务：

（一）遵守法律法规和职业道德，为人师表；

（二）遵守规章制度，认真履行职责，完成教育教学工作任务；

（三）关心、爱护全体幼儿，尊重幼儿人格，促进幼儿身心和谐发展；

（四）严格执行幼儿园安全、卫生保健制度，配合保育员管理本班幼儿生活，开展安全健康常识教育；

（五）履行"人人都是德育工作者"的职责，与幼儿家长保持经常联系，并开展家庭教育指导，与家长共同做好幼儿教育工作；

（六）制止有害于幼儿的行为或者其他侵犯幼儿合法权益的行为，制止有害于幼儿健康成长的现象发生；不断提高自身的思想政治觉悟和教育教学业务水平；

（七）定期向园长汇报，接受其检查和指导。

第十五条 为保障教职工完成幼儿园工作，幼儿园应当履行下列职责：

（一）提供符合国家标准的教育教学设施和设备，不断改善教职工的办公条件；

（二）提供必需的图书、音像资料及其他教育教学用品；

（三）支持教师制止有害于幼儿的行为或者其他侵犯幼儿合法权益的行为；

（四）评估教职工的工作，并给予鼓励、帮助和奖惩。

第十六条 幼儿园保育员享有与教师同等的权利，应当履行的职责是：

（一）负责本班房舍、设备、环境的清洁卫生和消毒工作；

（二）在教师指导下，科学照料和管理幼儿生活，并配合本班教师组织教育活动；

（三）在卫生保健人员和本班教师指导下，严格执行幼儿园安全、卫生保健制度；

（四）妥善保管幼儿衣物和本班的设备、玩具。

第十七条 幼儿园医务人员享有与教师同等的权利，应当履行的主要职责是：

（一）协助园长组织实施有关卫生保健方面的法规、规章和制度，并监督执行；

（二）负责指导调配幼儿膳食，检查食品、饮水和环境卫生；

（三）负责晨检、午检和健康观察，做好幼儿营养、生长发育的监测和评价；定期组织幼儿健康体检，做好幼儿健康档案管理；

（四）密切与当地卫生保健机构的联系，协助做好疾病防控和计划免疫工作；

（五）向幼儿园教职工和家长进行卫生保健宣传和指导；

（六）妥善管理医疗器械、消毒用具和药品。

第十八条 幼儿园其他工作人员的资格和职责，按照国家和地方的有关规定执行。

第五章　幼儿的权利和监护人的义务

第十九条　幼儿享有下列权利：

（一）参加一日教学计划安排的各项活动，使用幼儿园教育教学设施、设备、图书资料和玩具；

（二）在情感、态度、能力、知识、技能的发展上获得公正评价；

（三）享受平等的学习与发展机会；

（四）对幼儿园、教师侵犯合法权益的行为，提出申诉或者依法提起诉讼；

（五）法律法规规定的其他权利。

第二十条　监护人应当履行下列义务：

（一）协助本园对幼儿进行教育，教育幼儿尊敬师长，帮助幼儿养成良好的个性品质和行为习惯；

（二）支持幼儿参与幼儿园各项活动，让幼儿在集体活动中与同伴友好交往；

（三）遵守本园的有关管理制度。

第六章　课程设置、开发与教学

第二十一条　幼儿园的课程设置要遵循幼儿教育规律，遵循课程改革的原则，以幼儿发展为本的课程理念，全面安排共同性课程和选择性课程。贯彻国家课程、地方课程和幼儿园课程三级管理的政策，认真执行国家和地方课程计划，积极开发园本课程，形成适合本园的课程体系。

第二十二条　幼儿园要组织教师开展教学改革，借鉴国内外先进教育理论，积极探索符合素质教育要求的各种教学模式，满足每个幼儿对安全与健康、关爱与尊重的基本需要，并为幼儿提供平等的学习与发展机会；与幼儿阶段的学习特点、身心发展水平相适应，促进幼儿积极、主动地学习；尊重幼儿学习与发展的个体差异，体现个别化教育，努力提高教育教学质量。

第二十三条　本园使用普通话和规范汉字，引导幼儿用普通话表达自己的想法。

第七章　安全卫生保健管理

第二十四条　搞好园内整体规划，从幼儿园实际出发，分步创设符合幼儿特点的净化、美化、绿化、童化的绿色校园，把幼儿园建成孩子的乐园。

第二十五条　严格管理园内环境卫生，建立健全卫生包干的监督评比制度，努力创建卫生整洁的工作、学习和生活环境，确保园内无果壳，纸屑、烟头、痰迹、污迹，公物无损坏。

第二十六条　切实加强安全保卫工作，做好防火、防盗、防电、防毒工作，及时发现和排除各种隐患，确保财产安全和人身安全。严格执行幼儿接送制度，食品、药物的管理制度，防止幼儿触电、砸伤、摔伤、烫伤、食物中毒、吞食异物和将异物放入眼、耳、鼻、口腔内以及交通安全等事故发生，确保幼儿的人身安全。

第二十七条　制定科学合理的幼儿一日生活作息制度。

第二十八条　幼儿园建立幼儿健康检查制度和幼儿健康档案，按规定每年体检一次。

第二十九条 幼儿园统一使用消毒餐具，建立病患儿童隔离制度，积极做好计划免疫和疾病防治工作。

第三十条 为幼儿提供合理膳食，编制营养平衡的幼儿食谱，定期计算幼儿的进食量和营养素摄取量。

第三十一条 保证幼儿随时饮水的条件，培养幼儿良好的大小便习惯，不得限制幼儿大小便的次数、时间等。

第三十二条 幼儿园要逐步改善条件，夏季做好防暑降温工作，冬季做好防寒保暖工作。

第八章 幼儿园的其他管理

第三十三条 本园应依法建立健全各项规章制度，实施依法治园、按章办事。

第三十四条 实行校务公开，民主办园，建设和谐校园。

第三十五条 本园建立园务会议制度。重大问题经园务委员会酝酿，在调查研究、认真听取群众意见的基础上，由园长提交教工代表大会审议讨论决定；与教工福利待遇密切相关的问题，提交教工代表大会（或全体教工会议）讨论通过。

第三十六条 本园由园长室、工会、教研组、后勤组等机构组成管理网络，各机构分工合作、各司其职。

第三十七条 本园在人事管理上遵循如下原则：

（一）本园根据教育行政主管部门核定的编制数额和岗位任职条件以及本园的相关制度聘用教职工，_____年一聘。

（二）本园聘用的教师必须持有相应的教师资格证书；聘用的保育员和医务人员必须具有法律法规规定的相关资格和任职条件。

第九章 幼儿园与家庭

第三十八条 本园建立家长委员会。家长委员会在幼儿园园长指导下工作。其主要任务是，帮助家长了解幼儿园的工作计划和要求，监督幼儿园工作，反映家长的意见和建议，在学校的指导下办好家长学校。

第三十九条 本园每学期召开____次家长委员会会议，介绍幼儿园发展规划、教育教学工作和学校发展中存在的问题以及解决问题的设想、措施，听取家长委员会的意见。

第四十条 本园教师应广泛联系家长，按要求做好家庭访问工作。

第十章 幼儿园与社区

第四十一条 本园应密切同社区的联系与合作、宣传幼儿教育的知识，支持社区开展有益的文化教育活动，争取社区支持和参与幼儿园建设。

第四十二条 本园要依托社区，努力开发社区教育资源，依靠社区开展社会实践活动。本园热情为社区服务，组织教师和幼儿为社区做一些力所能及的事。

第四十三条 依靠居委会（村委会）、派出所开展校园内及周边地区的综合治理工作，优化办园环境。

第十一章　幼儿园的经费管理

第四十四条　本园是_____财政全额拨款单位，建立经费预算和决算审核制度，严格执行有关财务制度。经费的预算和决算，应提交园务委员会或教职工大会审议，并接受财务和审计部门的监督检查。

第四十五条　本园按相关规定定期向教职工公开财务情况，接受全体教职工的监督。

第四十六条　本园对幼儿膳食费实行民主管理制度，保证全部用于幼儿膳食，每月向家长公布账目。

第四十七条　本园不得以培养幼儿某种专项技能为由另外收取费用；亦不得以幼儿表演为手段，进行以营利为目的的活动。

第十二章　办园监督

第四十八条_____对办园实行组织监督。

第四十九条　本园的教职工代表大会对本园实行民主监督，对本园主要领导成员的学习、廉政、实绩等状况实行一年一次的民主评议和考核。

第五十条　本园接受_____人民政府教育督导室的政府监督。

第五十一条　本园接受审计机构的审计，接受上级主管部门的检查监督。

第五十二条　本园接受家长委员会和社区代表的社会监督。

第十三章　附则

第五十三条　本园园址：_____；邮政编码：_____。

第五十四条　本章程经幼儿园教职工大会通过，经_____
_____教育局批准后实施。

第五十五条　本章程的修改权在教职工代表大会（或教职工大会）。修改提议获得参加会议的三分之二及以上的多数票方得以修改，并报_____教育局批准后即生效。

第五十六条　本章程的解释权在本园园务委员会。

资料链接

民办幼儿园章程样本①

_____幼儿园章程

第一章　总则

第一条　为全面贯彻党和国家的教育方针，依法自主办学，依据《中华人民共和国教育法》《中华人民共和国民办教育促进法》《中华人民共和国民办教育促进法实施条例》《民办非企业园登记暂行条例》和有关的法律法规，制定本章程。

_____

①　参见《民办幼儿园办学章程参考样本》，http：//www.doc88.com/p-1601948142635.html，2017－07－31。

第二条　幼儿园名称：＿＿＿＿＿＿＿＿＿＿＿幼儿园。

第三条　幼儿园地址：＿＿＿＿＿＿＿＿＿＿＿＿＿。

第四条　幼儿园的性质：本园为利用非财政经费、自愿举办、对学前幼儿实施保育和教育的机构，是从事非营利性社会服务活动的民办非企业单位。

第五条　办园理念与办园目标：＿＿＿＿＿＿＿＿＿＿＿＿＿。

第六条　本园的培养目标是：促进幼儿身体正常发育和机能的协调发展，增强体质，促进心理健康；培养幼儿良好的生活习惯、卫生习惯和参加体育活动的兴趣；发展幼儿智力，培养正确运用感官和运用语言交往的基本能力，增进对环境的认识，培养有益的兴趣和求知欲望、初步的动手探究能力；萌发幼儿爱祖国、爱家乡、爱集体、爱劳动、爱科学的情感，培养诚实、自信、友爱、勇敢、勤学、好问、爱护公物、克服困难、讲礼貌、守纪律等良好的品德行为和习惯，以及活泼开朗的性格；培养幼儿初步感受美和表现美的情趣和能力。

第七条　办园特色：＿＿＿＿＿＿＿＿＿＿＿＿＿。

第八条　本章程中的各项条款与法律法规、规章不符的，以法律法规和规章的规定为准。

第二章　举办者、开办资金和办学结构

第九条　本园的举办者是＿＿＿＿＿＿＿。

举办者享有下列权利：

（一）了解本园的经营状况和财务状况；

（二）推荐董（理）事；

（三）有权查阅董（理）事会会议记录和本园财务会计报告。

第十条　本园开办资金：＿＿＿＿＿＿万元；出资者：＿＿＿＿＿＿，金额：＿＿＿＿＿＿。

第十一条　本园的办学结构：

（一）办学规模：（1）本园占地面积＿＿＿＿＿＿平方米；（2）建筑面积＿＿＿＿＿平方米；（3）幼儿园户外活动面积＿＿＿＿＿平方米；（4）审批部门核准在园学生人数为＿＿＿＿＿＿人，共＿＿＿＿个班。

（二）办学层次：幼儿园。

（三）办学形式：本园招生对象为3～6岁的幼儿，提供小、中、大班全日制学前教育。

第三章　组织管理制度

第十二条　幼儿园依法设立董（理）事会，董（理）事会每届＿＿＿＿年，董（理）事会是幼儿园的决策机构。

第十三条　幼儿园董（理）事会人员数量在＿＿＿＿＿人以上，成员主要由三部分人组成，即举办者或者其代表、园长、教职工代表。其中，三分之一以上的董（理）事应当具有五年以上教育教学经验。

第十四条 董(理)事会成员应当热爱幼儿教育事业，品行良好，具有政治权利和完全民事行为能力。

第十五条 首届董(理)事、董(理)事长由举办者推选产生；董(理)事长的更换由董(理)事会投票选举，全体董(理)事过半数通过。更换董(理)事由董(理)事长提名，经三分之二以上董(理)事会组成人员同意通过。

第十六条 董(理)事每届任期为_____年。董(理)事任期届满可以连选连任。

第十七条 董(理)事会行使下列职权：

(一)聘任和解聘园长；

(二)修改幼儿园章程和制定幼儿园的规章制度；

(三)制定幼儿园发展规划，批准年度工作计划；

(四)筹集办学经费，审核预算、决算；

(五)决定教职工的编制定额和工资标准；

(六)决定幼儿园的分立、合并和终止；

(七)决定本园内部机构设置；

(八)决定其他重大事项。

第十八条 董(理)事会每年至少召开_____次会议，有下列情况之一的召开临时会议：

(一)董(理)事长认为必要时；

(二)经三分之一以上董(理)事会组成人员提议时。

第十九条 董(理)事会设董(理)事长1名，副董(理)事长__名。

第二十条 副董(理)事长协助董(理)事长工作，董(理)事长不能行使职权时，由董(理)事长指定的副董(理)事长代其行使职权。

第二十一条 董(理)事长行使下列职权：

(一)召集和主持董(理)事会；

(二)检查董(理)事会决议的实施情况；

(三)代表幼儿园签署有关文件；

(四)法律法规和有关教育法规规定的义务和责任。

第二十二条 董(理)事会实行一人一票制和按出席会议董(理)事人数，少数服从多数的原则；当赞成票和反对票相等时，由董(理)事长做出最后决定。但讨论以下重大事项时，应当经三分之二以上组成人员同意方可通过：

(一)聘任、解聘园长；

(二)修改幼儿园章程；

(三)制定幼儿园发展规划；

(四)审核预算、决算；

(五)决定幼儿园的分立、合并、终止等其他重要变更事项。

第二十三条 召开董(理)事会议，董(理)事长或者其指定人员于会议召开____

日前通知全体董(理)事,并将会议时间、地点、内容等一并告知董(理)事。董(理)事因故不能出席会议时,可书面委托其他董(理)事代为出席董(理)事会议。委托书必须载明授权范围。

第二十四条 出席董(理)事会的人数须占全体董(理)事人数的二分之一以上,会议做出的决议方为有效。

第二十五条 董(理)事会议对所议事项制作会议记录,出席会议的董(理)事须在会议记录上签名。董(理)事会记录由董(理)事长指定的人员存档保管。

第二十六条 幼儿园设园长1人,园长由董(理)事会聘任或解聘。

第二十七条 园长对董(理)事会负责,并行使以下职权:

(一)执行幼儿园董(理)事会的决定;

(二)实施发展规划,拟订年度工作计划、财务预算和幼儿园规章制度;

(三)聘任和解聘幼儿园工作人员,或对其实施奖惩;

(四)组织保育教育、科学研究,保证保育教育质量;

(五)负责幼儿园日常管理工作;

(六)负责幼儿园安全、卫生、保健管理工作。

第二十八条 园长在行使职权时,不得变更董(理)事会的决议和超越授权范围。

第四章 法定代表人

第二十九条 董(理)事长为幼儿园的法定代表人。

第三十条 有下列情形之一的,不得担任本园的法定代表人:

(一)无民事行为能力或者限制民事行为能力的;

(二)正在被执行刑罚或者正在被执行刑事强制措施的;

(三)正在被公安机关或者国家安全机关通缉的;

(四)因犯罪被判处刑罚,执行期满未逾5年,或者因犯罪被判处剥夺政治权利,执行期满未逾5年的;

(五)担任因违法被撤销登记的民办非企业单位的法定代表人,自该单位被撤销登记之日起未逾3年的;

(六)个人所负数额较大的债务到期未清偿的;

(七)法律、法规规定不得担任法定代表人的其他情形。

第五章 保育教育管理

第三十一条 按照《中华人民共和国教育法》《幼儿园管理条例》和《幼儿园工作规程》等法律法规组织保育教育活动,进行保育教育管理。在执行国家课程方案的前提下,幼儿园有教材选用、课程设置的自主权。

第三十二条 坚持以幼儿为本,面向全体幼儿,科学地做好保育和教育工作,实施德、智、体、美等方面全面发展的教育,促进幼儿身心和谐发展。

第三十三条 以游戏为基本活动形式,科学地安排和选择教育内容与方法,不开展违背幼儿教育规律、有损于幼儿身心健康的活动。

第三十四条 本园严禁体罚和变相体罚幼儿。

第六章 资产、财务管理及劳动用工制度

第三十五条 幼儿园资产来源：本园由举办者_____以_____形式共计出资_____人民币，于_____年___月___日前足额缴资。本园所有资产来源合法，资产的使用应当符合章程规定的要求和业务范围。

第三十六条 幼儿园的办学资金主要用于幼儿园的校园校舍建设、保育教育设备购置、教职员工工资和福利、缴纳社会保险费、教师培训、教育教研活动、招生宣传、备用流动资金等。任何部门和个人不得侵占、私分或挪用幼儿园的资产。

第三十七条 幼儿园严格按照国家有关规定向学生收取各项费用，收取的费用用于保育教育活动和改善办学条件，坚持专款专用，不得挪作他用。

第三十八条 幼儿园配备具有专业资格的会计人员，会计人员不得兼任出纳，会计人员必须进行会计核算，实行会计监督。会计人员调动工作或离职时，必须与接管人员办清交接手续。

第三十九条 幼儿园建立严格的财务管理制度，保证会计资料合法、真实、准确、完整，并依法执行国家税收政策；每个会计年度结束后，将财务会计报告交审批机关备案。

第四十条 幼儿园的资产管理必须执行国家规定的财务管理制度，接受政府财税部门的监督，接受法定审计机构的年度审计。

第四十一条 举办者或法定代表人变更之前必须进行财务审计。

第四十二条 本园按照《民办非企业单位登记管理暂行条例》的规定，自觉接受登记管理机关组织的年度检查。

第四十三条 本园劳动用工、社会保险制度按国家法律法规及国务院劳动保障行政部门的有关规定执行。

第七章 办学结余及分配

第四十四条 非营利性民办幼儿园的举办者不得取得办学收益，幼儿园的办学结余全部用于办学。营利性民办幼儿园的举办者可以取得办学收益，幼儿园的办学结余依照公司法等有关法律、行政法规的规定处理。

第四十五条 办学结余是指幼儿园扣除办学成本等之后形成的年度净收益，是扣除社会捐助、国家资助的资产，并依法从年度净收益中按不低于25％比例预留发展基金以及按照国家有关规定提取其他必需的费用后的余额。

第四十六条 取得办学收益的时间在每个会计年度结束时。

第四十七条 幼儿园提取的发展基金，用于幼儿园的建设、维护和教学设备的添置、更新等。

第四十八条 出资人取得办学收益的比例由董事会依法决定，经三分之二以上董事会组成人员同意方可通过。在确定取得办学收益比例决定做出之日起15日内，将该决定和向社会公布的与其办学水平、教育质量有关的材料、财务状况报审批机关备案。

第八章　终止程序及终止后资产处理

第四十九条　本园有下列情形之一的，应当终止：

（一）根据董（理）事会会议决定自行解散的；

（二）无法按照章程规定的办学宗旨继续开展保育教育活动的；

（三）发生分立、合并的；

（四）出现法律法规规定的其他应当终止的情形的。

第五十条　本园终止，应当在董（理）事会表决通过后 15 日内，报业务主管单位审查同意。

第五十一条　本园办理注销登记前，应当在登记管理机关、业务主管单位和有关机关的指导下成立清算组织，清理债权债务，处理剩余财产，完成清算工作。

剩余财产，应当按照有关法律法规的规定处理。清算期间，不进行清算以外的活动。

本园应当自完成清算之日起 15 日内，向登记管理机关办理注销登记。

第五十二条　本园自登记管理机关发出注销登记证明文件之日起，即为终止。

第九章　附　则

第五十三条　本章程的修改，须在董（理）事会表决通过后 15 日内，报业务主管单位审查同意，自业务主管单位审查同意之日起 30 日内，报登记管理机关核准。

第五十四条　本章程经＿＿＿＿年＿＿月＿＿日董（理）事会表决通过。

第五十五条　本章程的解释权属董（理）事会。

第五十六条　本章程自登记管理机关核准之日起生效。

第三节　幼儿园的权利和义务

一、幼儿园的权利和义务概述

权利和义务是一切法律法规的核心内容，法律法规的运行过程均是围绕着权利和义务展开的。权利和义务共同构成法律关系的内容要素，二者间的关系主要体现在：一是相互依存，义务的存在以权利的存在为前提，享有权利的同时必须履行义务；二是相互独立，权利和义务不可混淆，不得超出各自的范围和限度；三是在一定条件下可以相互转化，权利可以转化为义务，义务也可以转化为权利。例如，我国宪法中规定公民有受教育的权利和义务，这就说明接受教育既是我国公民的权利，但在一定条件下也可以转化为我国公民的义务。

法律权利是指国家通过法律规定，对法律关系主体可以自主决定做出某种行为或者不做出某种行为的许可和保障。其特点表现为：一是国家保障性，法律权利由法律规范所规定，得到国家的认可和保障，即当法律关系主体的权利受到侵害时，国家通过运用强制力制裁侵害行为来保障权利主体法律权利的实现；二是自主性，法律权利的实现取决于权利主体按照自己的意愿决定是否实施行为；三是利益性，权利是为了保护一定的利益所采取的法律手段，可以保护本人、他人、集体或国家的利益；四是关联性，权利主体的法律权利总是与义务主体的法律义务相关联，离开义务，权利也就无法得到保障。

法律义务是指法律关系主体依法应当承担的某种必须履行的责任，即法律关系主体必须做出一定行为或不得做出一定行为的约束。其特点表现为：一是未然性，法律义务规定的是义务主体在未来必须做出或者不做出一定的行为，从而保障权利主体的权利得以实现；二是强制性，义务人不得随意转让义务，否则国家将强制义务人履行义务；三是承担责任性，义务人若因拒绝履行相应的法律义务，产生了一定的违法后果，则依法应当承担相应的法律责任。

幼儿园作为开展学前教育活动的学校和其他教育机构，应当享有学前教育法规规定的法律权利，并承担相应的法律义务。由于幼儿园的法律地位具有主体资格多重性的特点，因而幼儿园以不同的主体身份参与不同的法律关系，所享有的权利和承担的义务也不同。以法人身份作为民事法律关系主体参加民事活动时，幼儿园享有民事权利和承担民事义务；以行政相对人身份作为行政法律关系主体参与到行政管理活动时，幼儿园则享有行政法上规定的权利并履行相应的义务。

二、幼儿园的基本权利

《教育法》第二十九条对学校和其他教育机构的权利做了具体规定，赋予了学校和其他教育机构在法律上享有实现其办学宗旨、独立自主进行教育教学管理、实施教育活动的资格和能力，通常也称之为办学自主权。《教育法》中规定学校和其他教育机构享有的权利共有九项，结合幼儿园作为学前教育机构的特殊性，本书将幼儿园的基本权利概括为八项。

(一)按照章程自主管理的权利

举办幼儿园必须依法制定章程。幼儿园一经登记注册后，章程作为规定幼儿园的性质和办学宗旨、培养目标、办园特色、内部管理体制及资金、资产使用和内部管理等基本问题的基础性文件，便成为幼儿园依法按照章程实施自主管理活动的重要依据。幼儿园的依法设立使其取得了法律上的独立人格，有权按照章程制定具体的管理规章制度和发展规划，建立规范有序的运行机制，不受他人非法干涉，自主组织实施管理活动。

(二)组织实施教育保育活动的权利

幼儿园是对学龄前幼儿进行保育和教育的机构，有权依照国家的教育方针，结合本园章程规定的办学宗旨和主要任务制订保育教育计划，决定具体的教学方法和课程标准以及教材的选用等，依法行使幼儿园从事教育活动的权利，自主地组织、实施本园的教育保育活动。

(三)招收学生的权利

幼儿园通过对幼儿实施教育保育活动贯彻国家教育方针，向社会公众提供教育服务。要完成这一任务，幼儿园必须依据本园的办学条件和能力制定具体的招生办法，确定招生的范围和数量，发布招生广告等确保招收到足够数量的学生。新修订的《幼儿园工作规程》对于幼儿园招收学生的时间和方式作了具体的规定："幼儿园每年秋季招生。平时如有缺额，可随时补招。"

(四)对学生进行学籍管理的权利

幼儿园既是教育保育活动的实施者，同时也是学生的管理者，有权利对招收的学生进行相应的管理活动。根据主管部门的有关规定，学前教育机构有权制定幼儿入园与报名注册的管理办法，建立包括幼儿名册、幼儿登记表、幼儿健康档案等在内的幼儿学籍管理档案，依法对在本园接受学前教育的幼儿进行教育和管理，实现幼儿园教育机构的管理职能。

(五)聘任教师及其他职工，实施奖励或者处分的权利

幼儿园开展保育教育和管理活动，需要有教师和其他职工负责组织实施。新修订的《幼儿园工作规程》规定："幼儿园按照国家相关规定设园长、副园长、教师、保育员、卫生保健人员、炊事员和其他工作人员等岗位，配足配齐教职工。""对认真履行职责、成绩优良的幼儿园教职工，应当按照有关规定给予奖励。对不履行职责的幼儿园教职工，应当视情节轻重，依法依规给予相应处分。"幼儿园可以按照国家有关教师及其他职工管理的法律规定和主管部门的有关规定，依据本园的章程，制定本园教师和其他职工的聘任和管理办法，决定对教师及其他职工的聘任或者解聘；根据教师和其他职工的工作情况，决定给予奖励或者处分。

(六)管理、使用本单位设施和经费的权利

幼儿园对其活动室、卫生间、保健室、厨房、办公室等园舍用房，户外活动场地以及相应配备的游戏和体育设施，桌椅、盥洗卫生用具、玩教具、图书和乐器等设备，依法筹措、依法依规收费所得的办园经费享有管理和使用权，但在对本园的设施和经费进行管理和使用时必须符合规定的使用范围，不得挪作他用。

(七)拒绝任何组织和个人对教育保育活动非法干涉的权利

幼儿园要维护正常的教育保育活动，必须有效地拒绝任何来自机关、企事业单

位、社会团体和个人对幼儿园工作的非法干涉行为。对幼儿园的非法干涉行为主要指行为人违背法律法规和有关规定，做出的不利于幼儿园开展教育保育活动的行为，包括侵占幼儿活动用房和场地，干扰幼儿园教育保育活动的开展，乱收费、乱罚款、乱摊派等行为。幼儿园有权拒绝任何非法干涉行为，必要时可要求相关部门及时查处和制止非法干涉行为。

(八)法律法规规定的其他权利

除上述权利外，幼儿园享有的权利还应包括现行法律法规规定的其他权利。这是对其他合法权利的概括性规定，进一步明确了幼儿园的法律主体地位。

三、幼儿园的基本义务

权利和义务相互依存，《教育法》规定了学校和其他教育机构的权利，同时也规定了学校和其他教育机构必须履行的义务。与权利相对应，《教育法》第三十条所规定的六个方面的义务，是学校和其他教育机构在实现其办学宗旨、独立自主进行教育教学管理、实施教育活动中所必须履行的，但并非其全部义务。本书结合幼儿园的特殊性，将其六方面的义务概括如下。

(一)遵守宪法和法律法规

首先，这项义务是我国宪法的要求。《宪法》第五条规定："一切国家机关和武装力量、各政党和各社会团体、各企业事业组织都必须遵守宪法和法律。一切违反宪法和法律的行为，必须予以追究。任何组织或者个人都不得有超越宪法和法律的特权。"幼儿园作为实施学前教育的学校和其他教育机构，必须履行遵守宪法和法律的义务。

其次，这项义务是我国《教育法》及其他教育法律法规的要求。幼儿园除了遵守宪法外，还要严格遵守国家教育法律法规以及规章中针对学校和其他教育机构规定的法定义务，以保障其办学宗旨的实现和教育保育活动的实施。

(二)贯彻国家的教育方针，执行国家教育保育标准，保证教育保育质量

首先，这项义务要求幼儿园在实施教育保育活动过程中，必须贯彻国家的教育方针，即《教育法》的第五条规定："教育必须为社会主义现代化建设服务、为人民服务，必须与生产劳动和社会实践相结合，培养德、智、体、美等方面全面发展的社会主义建设者和接班人。"并结合幼儿身心发展的特点和规律，实施全面发展的教育，促进幼儿的身心和谐发展。

其次，这项义务要求幼儿园不断改善物质条件，为幼儿提供符合法律法规要求的、安全且卫生的园舍和活动场所；不断提高管理水平和加强教职工队伍建设，保障教育保育活动质量的提升；按照新修订的《幼儿园工作规程》中确立的保育和教育

的主要目标，严格执行促进幼儿德、智、体、美全面发展的教育保育标准。

(三)维护幼儿、教师及其他职工的合法权益

幼儿园作为开展学前教育活动的社会组织，有责任维护本园的幼儿、教师及其他职工的合法权益，一方面，幼儿园自身不得侵害幼儿、教师及其他职工的合法权益，例如，不得拒绝符合入学条件的幼儿入园，不得单方面解聘正在休产假的教师等；另一方面，当幼儿、教师及其他职工的合法权益受到幼儿园以外的组织或个人侵犯时，幼儿园有义务积极协助有关部门维护其合法权益。

(四)以适当方式为幼儿的监护人了解幼儿的身心发展及其他有关情况提供便利

幼儿的监护人通常是指幼儿的父母，父母死亡或者丧失监护能力的，应当基于血缘关系由关系密切的成年亲属担任，或者由幼儿父母所在单位或住所地的居民委员会、村民委员会或民政部门担任监护人。幼儿园应当通过建立家长联系制度、召开家长会议、接待家长来访、设立家长开放日、成立家长委员会等适当的方式，为幼儿的监护人了解幼儿的在园表现及身心发展等情况提供便利，不得阻碍幼儿监护人行使其知情权。

(五)遵照国家有关规定收取费用并公开收费项目

幼儿园应当严格按照省级教育行政部门根据当地经济发展水平、办园成本等实际情况会同有关部门制定的项目和标准收取费用，并依法实行收费公示制度，把收费项目和标准向家长公示；不得以任何名义收取与幼儿入园挂钩的赞助费，不得以培养幼儿专项技能、组织或参与竞赛等为由，另行收取费用；不得以营利为目的组织幼儿表演、竞赛等活动。

(六)依法接受监督

幼儿园作为独立的法人和行政管理相对人，应当依法接受来自行政部门、司法部门、社会组织和个人的监督。不同的监督手段，可以有效地督促幼儿园贯彻国家教育方针，执行国家教育法律法规，依法使用经费和资产，依法、依规建立安全、卫生责任制度，依法组织开展教育保育活动，使幼儿园能够达到国家规定的教育保育目标，顺利完成办园任务。

第四节　民办幼儿园的基本法律问题

一直以来，我国学前教育坚持公办和民办"双管齐下"。要解决入园难、入园贵的问题，就要使不同办学形式的幼儿园都发挥出各自的办学优势。随着民办幼儿园

的迅速发展，民办幼儿园已经成为促进我国学前教育发展的中坚力量。

2003 年 9 月颁布实施的《民办教育促进法》对民办教育的概念进行了明确规定，该法第二条规定："国家机构以外的社会组织或者个人，利用非国家财政性经费，面向社会举办学校以及其他教育机构的活动，适用本法。"2004 年 4 月实施的《中华人民共和国民办教育促进法实施条例》（以下简称《民办教育促进法实施条例》）第二条规定："国家机构以外的社会组织或者个人可以利用非国家财政性经费举办各级各类民办学校；但是，不得举办实施军事、警察、政治等特殊性质教育的民办学校。民办教育促进法和本条例所称国家财政性经费，是指财政拨款、依法取得并应当上缴国库或者财政专户的财政性资金。"上述法律条文从举办者、经费来源等方面对民办教育进行了规定，其中理应包含民办幼儿园。然而，在学前教育的办学实践中，由于我国经济组织形式的多元化，学前教育领域出现了公办私营、股份合作制等多种办园模式，而这种政府举办和非政府举办的融合模式的出现使得民办幼儿园的定义难上加难。

2016 年 11 月，第十二届全国人民代表大会常务委员会第二十四次会议通过了《全国人民代表大会常务委员会关于修改〈中华人民共和国民办教育促进法〉的决定》，该决定自 2017 年 9 月 1 日起施行。

一、民办幼儿园的性质

关于民办幼儿园的性质，一直以来都不太明确。《民办教育促进法》第三条规定："民办教育事业属于公益性事业，是社会主义教育事业的组成部分。"同时，该法第五条规定："民办学校与公办学校具有同等的法律地位，国家保障民办学校的办学自主权。国家保障民办学校举办者、校长、教职工和受教育者的合法权益。"从上述法律规范的适用对象来看，民办幼儿园应包括在其中，但在实际操作中，法人、合伙或者个人举办民办幼儿园进行登记注册时，却是依据《民办非企业单位登记管理暂行条例》第五条的规定，即"国务院民政部门和县级以上地方各级人民政府民政部门是本级人民政府的民办非企业单位登记管理机关（以下简称登记管理机关）。国务院有关部门和县级以上地方各级人民政府的有关部门、国务院或者县级以上地方各级人民政府授权的组织，是有关行业、业务范围内民办非企业单位的业务主管单位（以下简称业务主管单位）。法律、行政法规对民办非企业单位的监督管理另有规定的，依照有关法律、行政法规的规定执行"。依此规定，国务院民政部门和县级以上地方各级人民政府民政部门是本级人民政府的民办非企业单位登记管理机关，举办民办幼儿园并不是到教育行政机关进行登记。从此意义上来说，民办幼儿园的法律地位是"民办非企业单位"，但这一定性是否准确反映了民办幼儿园的法律属性呢？值得商榷。

首先，"民办非企业单位"是否具备法人资格呢？依据《民法通则》第三十六条之规定："法人是具有民事权利能力和民事行为能力，依法独立享有民事权利和承担民事义务的组织。法人的民事权利能力和民事行为能力，从法人成立时产生，到法人终止时消灭。"同时，该法将法人按其财产来源和成立目的的不同，分为企业法人、机关法人、事业单位法人和社会团体法人。通常我们把公立学校、幼儿园归为事业单位法人，即国家为了社会公益目的，由国家机关举办或者其他组织利用国有资产举办的，依法取得法人资格的，从事教育、科技、文化、卫生等活动的社会服务组织。民办幼儿园，因其资金来源的不同，无法以事业单位法人来进行登记，而"民办非企业单位"则依据《民办非企业单位登记管理暂行条例》第二条的规定："本条例所称民办非企业单位，是指企业事业单位、社会团体和其他社会力量以及公民个人利用非国有资产举办的，从事非营利性社会服务活动的社会组织。"由此可见，"民办非企业单位"是非营利性社会组织，主要从事社会服务活动。所以，按照我国民法现有的法人分类，民办幼儿园既不能成为事业单位法人，也不能成为以营利为目的的企业法人，因为其法人性质的不明确，导致其民事法律行为的合法性依据不足，同时导致一些民办幼儿园借"民办非企业单位"之名，大行企业之实，使得民办幼儿园作为社会主义教育事业的一部分与公益性这一初衷渐行渐远。

其次，按照"民办非企业单位"登记的幼儿园实则与《民办教育促进法》相抵触。修订后的《民办教育促进法》第十条明确规定："举办民办学校的社会组织，应当具有法人资格。举办民办学校的个人，应当具有政治权利和完全民事行为能力。民办学校应当具备法人条件。"《民办教育促进法实施条例》第四条还规定："国家机构以外的社会组织或者个人可以单独或者联合举办民办学校。"《民办非企业单位登记管理暂行条例》第十二条规定："准予登记的民办非企业单位，由登记管理机关登记民办非企业单位的名称、住所、宗旨和业务范围、法定代表人或者负责人、开办资金、业务主管单位，并根据其依法承担民事责任的不同方式，分别颁发《民办非企业单位（法人）登记证书》、《民办非企业单位（合伙）登记证书》、《民办非企业单位（个体）登记证书》。"由此，我们可以得出结论：个人和合伙举办的民办幼儿园不得登记为法人团体，不具有法人资格。这样一来，个人和合伙举办的民办幼儿园怎样才能拥有与公立幼儿园同样的法律地位？我们不难发现，"民办非企业单位"因其法人属性的不明确，处于非常尴尬的境地，极有可能从成立之初就具有了非法性，而这一非法性产生的根源，是法律规定之间的冲突。

那么，如何来厘清和界定民办幼儿园的性质呢？2016年11月通过的《全国人民代表大会常务委员会关于修改〈中华人民共和国民办教育促进法〉的决定》解决了多年来困扰民办学校的非驴非马的尴尬境地。如上文所述，在现行《民办教育促进法》的框架下，绝大多数民办学校都登记为民办非企业法人，从法理上讲都是非营利性质的。但民办非企业法人的制度设计不配套，导致民办学校在社保、税收、财政扶持、收费、土地、贷款等方面的政策不完整、不匹配，有些方面执行事业单位法人的政策，有些方面执行企业法人的政策，从而使得民办学校在办学过程中，常常无所适从，出现政策相互矛盾的问题。而本次修改中的一项重要内容就是对民办教育实行分类管理，将民办学校分为营利性和非营利性两类。新修订的《民办教育促进法》第十九条规定:"民办学校的举办者可以自主选择设立非营利性或者营利性民办学校。但是,不得设立实施义务教育的营利性民办学校。非营利性民办学校的举办者不得取得办学收益,学校的办学结余全部用于办学。营利性民办学校的举办者可以取得办学收益,学校的办学结余依照公司法等有关法律、行政法规的规定处理。民办学校取得办学许可证后,进行法人登记,登记机关应当依法予以办理。"这一规定明确开放了营利性民办学校的设立。这样一来,根据民办学校举办者的选择,民办学校可以登记为以公益为目的的事业单位法人,也可以登记为营利性的企业法人。国家对民办学校实施分类管理,首先,可以使民办学校的法人属性、产权归属等方面存在的问题和矛盾,在法律层面得以澄清和解决;其次,有利于按照民办学校的法人属性,分类落实财政、税收、土地等方面的扶持政策;再次,有利于拓展民办教育发展空间,增加民办教育举办者的政策选择范围。

总之,明晰民办学校的法人属性,非营利性民办学校可以获得政府更多扶持,提高办学质量,培育一批高水平的民办学校;营利性民办学校则利用市场机制,创新教育产品,增加教育供给,共同促进教育事业的健康、有序发展。

二、民办幼儿园的法人治理结构

法人治理结构的概念,最早是由公司法人治理结构发展而来的。公司法人治理结构是指为实现公司经营目标,在公司股东成员、董事会成员、经理人员和监事会成员以及其他利益相关者之间(公司所有权与经营权之间),基于权利、责任和利益而形成相互制衡关系的机构性制度框架。

民办幼儿园作为一个法人组织,同样涉及治理结构的问题。民办幼儿园的法人治理结构是指民办幼儿园为了实现办学目标,在举办者、决策者、管理者和教职员工之间基于权利、责任而建立的,涉及学校运营与权利分配的机制和组织结构。关于民办学校的法人治理结构,新修订的《民办教育促进法》第二十条规定:"民办学校应当设立学校理事会、董事会或者其他形式的决策机构并建立相应的监督机制。民办学校的举办者根据学校章程规定的权限和程序参与学校的办学和管理。"第二十一条规定:"学校理事会或者董事会由举办者或者其代表、校长、教职工代表等人员组成。其中三分之一以上的理事或者董事应当具有五年以上教育教学经验。学校理事会或者董事会由五人以上组成,设理事长或者董事长一人。理事长或者董事长、董事名单报审批机关备案。"由此可以看出,我国法律为民办幼儿园设计的法人治理结构是董(理)事会领导下的园长负责制。在这种法人治理结构中,幼儿园的重大决策均由董(理)事会决定,园长作为幼儿园的法定代表人,对幼儿园董(理)事会负责。这种规范的法人治理结构与民办教育发展初期的家族式管理和中期不规范的董事会领导下的园长负责制相比,具备很大的优势,更趋成熟。

家族式管理的学校治理模式主要表现为学校的创办者、决策者和管理者均由家族或家庭成员担任,创办者即是园长,行使决策权、指挥权、人事管理权和财务管理权等。这种模式的民办幼儿园资金来源主要依赖于创办者,因此办园资金有限,投资规模较小,资金的持续投入和稳定性大打折扣。

民办学校发展中期出现的不规范的董事会领导下的园长负责制,主要存在于20世纪90年代中期。在这类治理模式中,董事会机构虽然存在,但并没有清晰的职权职责的规定,园长与董事会的关系没有厘清,园长既是重大事务的决策者,同时又是该决策的执行者。这种治理模式容易形成"一言堂",对组织的长远发展不利。

三、民办幼儿园的教师与学生

(一)民办幼儿园的教师

民办幼儿园教师是指在民办幼儿园中从事幼儿教育教学工作,通过劳动获得所任职幼儿园支付的劳动报酬的幼儿教师。在民办幼儿园中从事保健医生、厨师、保育员、保安等职务的工作人员不属于民办幼儿园教师的范畴,应当归为幼儿园的其他工作人员。

高质量的教育是幼儿健康成长的重要保证,而影响幼儿园教育质量的关键是教师,一支稳定的、高素质的教师队伍是提高民办幼儿园办学质量、促进其稳定发展的重要保障和动力。但是,一直以来,教师队伍不稳定、教师素质不高已经成为民办幼儿园发展过程中的瓶颈问题。因此,在对幼儿园所实施的管理中,幼儿教师是主要的管理对象。如何运用科学的管理方式,充分调动和发挥幼儿教师的积极性和创造性,是对幼儿园管理者的最大考验。

新修订的《民办教育促进法》第二十八条规定:"民办学校的教师、受教育者与公办学校的教师、受教育者具有同等的法律地位。"但在现实中,民办幼儿园教师和公办幼儿园教师在薪酬、福利待遇、培训机会等方面存在显著差距,这直接导致民办幼儿园教师缺乏身份认同,并进一步影响了民办幼儿园教师队伍的专业性和稳定性。这一问题解决的关键,在于如何使民办幼儿园教师和公办幼儿园教师实现同等待遇,真正享有同等权利,这是提高民办幼儿园教师队伍稳定性的极大的制度保障。

近年来,我国已经有许多地方在这方面进行了有益的尝试。其中,"温州模式"备受瞩目。从2011年至2012年,温州市先后出台了包括《关于实施国家民办教育综合改革试点加快教育改革与发展的若干意见》及14项配套实施办法、政策在内的一系列文件,简称"1+14"文件。这些文件所构成的政策体系,旨在从民办教育分类管理、投资者合理回报、民办教师身份等方面入手,破除束缚民办教育发展的诸多政策障碍。按照文件规定,对民办学校提出分类登记及管理办法:非营利性全日制民办学校按民办事业单位法人登记管理;营利性的全日制民办学校按企业法人登记管理；民办学校可以自愿申报法人类别。根据相关政策，民办学校在登记为民办事业单位法人之后，可以享受多项政策倾斜。资金方面可以享受到政府购买教育服务的补助政策，土地方面能以行政划拨方式提供土地使用权，在收费上可以由学校按不高于当地上一年度生均教育事业费3倍的标准进行优质优价的自主收费。此外，在办学有结余的前提下，可以从办学结余中提取一定比例的经费，用于奖励出资人。"1＋14"文件中的《关于进一步加强民办学校教师队伍建设的实施办法》解决了民办教师的许多问题。按照该办法，民办教师的工资有了指导线，社会保障方面也不再与公办教师实行"双轨制"，在职称评聘和教育培训等方面与公办教师享受同等待遇，过去由于保障差、待遇低而导致的民办学校教师流动性强的问题得到了有效解决。不仅如此，该办法使《民办教育促进法》中的有关规定得到了较好的落实，例如，民办学校聘任的教师应当具有国家规定的任教资格；民办学校应当对教师进行思想品德教育和业务培训；民办学校应当依法保障教职工的工资、福利待遇，并为教职工缴纳社会保险费；民办学校教职工在业务培训、职务聘任、教龄和工龄计算、表彰奖励、社会活动等方面依法享有与公办学校教职工同等权利等。

(二)民办幼儿园的学生

新修订的《民办教育促进法》第三十三条规定："民办学校依法保障受教育者的合法权益。民办学校按照国家规定建立学籍管理制度，对受教育者实施奖励和处分。"幼儿园的教育对象是3周岁以上的学龄前幼儿，处于这一阶段的幼儿正开始学习自理，学习养成良好的生活、卫生习惯，学习自己照顾自己。但是，他们还不能脱离成人的照顾，尤其是幼儿园小班的孩子，在生活上更需要依赖于成人。成人需要提醒他们喝水、如厕，提醒他们随感觉的冷热穿脱衣服，还要给他们进行健康检查，做预防接种，保护他们的身体健康等。因此，幼儿在园的进餐、盥洗、午睡等都是幼儿教师工作的重要部分。幼儿的保育是幼儿园工作的重要组成部分，而幼儿的保育中包含着教育，教育中蕴含着保育。

民办幼儿园也不例外。不同的是，对于民办幼儿园来说，生源是其办学的生命线。特别是近几年，民办幼儿园数量不断增加，再加上优质的公立教育资源也来抢分一杯羹，使得民办幼儿园的竞争日趋激烈。一方面家长对孩子接受优质学前教育的需求呈多元化态势，却苦于没有优质的幼儿园提供相应的教育而导致"入园难"；而另一方面，民办幼儿园为了寻求自身生存和发展而不断努力变革，竭尽全力吸引生源却依旧"招生难"。因此，民办幼儿园要不断提升自身教育教学质量，提供多元化的教育服务产品，满足家长和学生不同层次的需求，这样才能在日趋激烈的办学竞争中脱颖而出。

四、民办幼儿园的资产与财务管理

新修订的《民办教育促进法》第三十五条规定："民办学校应当依法建立财务、会计制度和资产管理制度，并按照国家有关规定设置会计账簿。"一个幼儿园同任何一个家庭或者商业机构一样，需要有规范有效的资金管理，否则就难以生存下去。资产与财务管理直接关系到民办幼儿园的生存和发展，筹集足够的办园资金并拥有稳定的经费来源，是举办幼儿园的一个基本条件。《幼儿园管理条例》第十条规定："举办幼儿园的单位或者个人必须具有进行保育、教育以及维修或扩建、改建幼儿园的园舍与设施的经费来源。"新修订的《幼儿园工作规程》第四十六条规定："幼儿园的经费由举办者依法筹措，保障有必备的办园资金和稳定的经费来源。"由此可见，民办幼儿园发展中最为重要的一个问题是能否筹集到充足的资金并对其进行合理的使用。

在市场经济条件下，民办幼儿园的投资者和管理者通常不是同一个人。投资者虽因其投资而拥有幼儿园的资产，但却不一定能成为幼儿园从事教育活动的管理者。新修订的《民办教育促进法》第三十六条规定："民办学校对举办者投入民办学校的资产、国有资产、受赠的财产以及办学积累，享有法人财产权。"第三十七条规定："民办学校存续期间，所有资产由民办学校依法管理和使用，任何组织和个人不得侵占。"有的研究者以民办幼儿园的资金来源和产权归属为依据，把民办幼儿园的举办人（投资人）分为集体企业法人、非公有制企业法人、社会团体法人、非国有事业单位法人、农村集体经济组织和公民个人；根据其投资人的不同类型，从而将民办幼儿园大致分为国有民办型、民办公助型、民办民有型、股份制办园型和私立型幼儿园五种类型。但无论哪种资产类型的幼儿园，其收费和教职员工的薪酬都是民办幼儿园财务管理的主要内容。新修订的《民办教育促进法》第三十九条规定："民办学校资产的使用和财务管理受审批机关和其他有关部门的监督。民办学校应当在每个会计年度结束时制作财务会计报告，委托会计师事务所依法进行审计，并公布审计结果。"

（一）民办幼儿园财务管理的基本方式

1. 预算

预算是以财务形式表述年度目标的计划，是幼儿园财务管理中最重要的一环，也是幼儿园最重要的文案工作。预算的制定必须建立在幼儿园的发展目标基础之上，既要切合实际，又要紧紧围绕年度目标，而且参与的人员越多，往往越能得到满意的结果。民办幼儿园中的每一位成员如果都把自己的切身利益与预算方案的制定联系起来，就能让方案更加合理和科学。

2. 资金收入

民办幼儿园的资金除去举办人的投资外，主要来源就是学生家长缴纳的费用。

因此，民办幼儿园在制定收费标准时，既要考虑所收费用能够支持办学过程中的预期花销，否则幼儿园就无法经营下去，同时，又要考虑本地的消费水平和其他幼儿园的收费标准，以免使自己在同类竞争中处于劣势。

新修订的《幼儿园工作规程》第四十六条规定："幼儿园的经费由举办者依法筹措，保障有必备的办园资金和稳定的经费来源。按照国家和地方相关规定接受财政扶持的提供普惠性服务的国有企事业单位办园、集体办园和民办园等幼儿园，应当接受财务、审计等有关部门的监督检查。"第四十七条规定："幼儿园收费按照国家和地方的有关规定执行。幼儿园实行收费公示制度，收费项目和标准向家长公示，接受社会监督，不得以任何名义收取与新生入园相挂钩的赞助费。幼儿园不得以培养幼儿某种专项技能、组织或参与竞赛等为由，另外收取费用；不得以营利为目的组织幼儿表演、竞赛等活动。"因此，除了保证教学费用以外，学生的教材费、伙食费和交通费（涉及校车接送的）等，幼儿园可以根据实际费用使用情况，在与家长充分协商后，通过家长委员会提出意见和建议。新修订的《幼儿园工作规程》第五十四条规定："幼儿园应当成立家长委员会。家长委员会的主要任务是：对幼儿园重要决策和事关幼儿切身利益的事项提出意见和建议；发挥家长的专业和资源优势，支持幼儿园保育教育工作；帮助家长了解幼儿园工作计划和要求，协助幼儿园开展家庭教育指导和交流。家长委员会在幼儿园园长指导下工作。"

3. 资金支出

新修订的《幼儿园工作规程》第四十八条规定："幼儿园的经费应当按照规定的使用范围合理开支，坚持专款专用，不得挪作他用。"第四十九条规定："幼儿园举办者筹措的经费，应当保证保育和教育的需要，有一定比例用于改善办园条件和开展教职工培训。"第五十条规定："幼儿膳食费应当实行民主管理制度，保证全部用于幼儿膳食，每月向家长公布账目。"对于民办幼儿园来说，教职员工的薪酬是最主要的资金支出项目，平均占总支出的 $65\%\sim80\%$。这包括了民办幼儿园所有员工的工资，即管理人员（院长及其助理）、教职员（教师、保育员）以及非教职员（保健医生、厨师、保安、司机、修理工）。目前，我国民办幼儿园教职员工的薪酬水平总体偏低，哪怕在保教学费较高的幼儿园，教职员工的工资也难以和公办幼儿园的教职员工达到同一水平。

（二）民办幼儿园财务管理工作存在的问题

1. 民办幼儿园收费备受争议

新修订的《民办教育促进法》第三十八条规定："民办学校收取费用的项目和标准根据办学成本、市场需求等因素确定，向社会公示，并接受有关主管部门的监督。非营利性民办学校收费的具体办法，由省、自治区、直辖市人民政府制定；营利性民办学校的收费标准，实行市场调节，由学校自主决定。民办学校收取的费用应当主要用于教育教学活动、改善办学条件和保障教职工待遇。"《民办教育促进法实施条例》第三十五条规定："民办学校对接受学历教育的受教育者收取费用的项目和标准，应当报价格主管部门批准并公示；对其他受教育者收取费用的项目和标准，应当报价格主管部门备案并公示。具体办法由国务院价格主管部门会同教育行政部门、劳动和社会保障行政部门制定。"

由此可以看出，政府对于民办幼儿园的收费管理是宽松的，民办幼儿园的具体收费由幼儿园自主决定，只需向教育局和物价局备案即可，无须审批。这样的放手政策使得民办幼儿园的费用收取随意性大，部分举办者为了追求利益巧设名目，收取各种费用，而且标准不一，如赞助费、住宿费、暖气费、空调费等。有的幼儿园把正常的教学活动改为各种特色班，另行收取兴趣班费用，而且各种收费连年走高，使家长苦不堪言，有部分贫困幼儿因此难以入园就学。这种现状使得幼儿教育奢侈化，脱离了我国目前的国情。

与民办幼儿园高收费问题同时存在的，还有一个超低收费的现象。在经济不发达地区及城市郊区，民办幼儿园普遍存在收费低的现象。这类民办幼儿园主要面向农村人口和进城务工人员子女，虽然解决了贫困人员子女的入学问题，但带来了重重隐患。为了维持运转，这类幼儿园不得不降低成本，于是，幼儿园的硬件设施、安全措施、伙食标准，甚至教师工资被大打折扣。幼儿园家长对此很无奈，但认为聊胜于无。事实上，这是无法保证孩子的身心健康的。

2. 民办幼儿园教师薪酬不合理

民办幼儿园教师薪酬偏低是一个普遍现象，也是制约民办幼儿园发展的瓶颈。不合理的薪酬管理会导致民办幼儿园无法留住优秀的幼教人才，无法建立一支稳定的、高素质的教师队伍。因此，许多幼儿园都会以薪酬作为重要条件，吸引、留住需要的人才。由此可知，合理的薪酬制度，不仅关系教师个人的切身利益，也直接影响民办幼儿园的教学质量和长远发展。

五、政府对民办幼儿园的扶持与监督

(一)政府对民办幼儿园的扶持

新修订的《民办教育促进法》第四十五条规定："县级以上各级人民政府可以设立专项资金，用于资助民办学校的发展，奖励和表彰有突出贡献的集体和个人。"由此可见，政府对于民办教育采取扶持的态度。从理论上而言，政府对幼儿教育负有不可推卸的责任，因为幼儿教育事业具有社会公共性和社会公益性，而这种特性决定了幼儿园非企业的性质。同时，从另一个角度讲，民办幼儿园的健康发展，是帮助政府解决公办幼儿园资源紧张，群众面对的"入园难""入园贵"问题。所以，政府也是受益者之一，理应为幼儿园分担资金压力。但在现实中，由于教育经费紧张，政府对幼儿教育的投入明显不足，对民办幼儿园的资助更是少之又少。大部分民办幼儿园主要靠对入园幼儿的收费来维持运转。新修订的《民办教育促进法》第四十七条规定："民办学校享受国家规定的税收优惠政策；其中，非营利性民办学校享受与公办学校同等的税收优惠政策。"依据该规定，民办幼儿园应享受税收优惠政策，政府也可以对其免于征税。但尽管如此，《中华人民共和国营业税暂行条例实施细则》第二十二条对此又有明确的规定："条例第八条规定的部分免税项目的范围，限定如下：……（三）第一款第（四）项所称学校及其他教育机构，是指普通学校以及经地、市级以上人民政府或者同级政府的教育行政部门批准成立、国家承认其学员学历的各类学校。"即政府只对从事学历教育的学校免于征税。于是，很多地方政府便以幼儿教育不属于学历教育为由而对民办幼儿园征收营业税。这些做法加重了民办幼儿园的负担，从而间接地导致了民办幼儿园乱收费现象的蔓延。

故此，认真贯彻《民办教育促进法》，政府承担起对民办幼儿园的扶持义务，是发展民办幼儿教育的重要一环。新修订的《民办教育促进法》第四十六条规定："县级以上各级人民政府可以采取购买服务、助学贷款、奖助学金和出租、转让闲置的国有资产等措施对民办学校予以扶持；对非营利性民办学校还可以采取政府补贴、基金奖励、捐资激励等扶持措施。"第五十一条规定："新建、扩建非营利性民办学校，人民政府应当按照与公办学校同等原则，以划拨等方式给予用地优惠。新建、扩建营利性民办学校，人民政府应当按照国家规定供给土地。教育用地不得用于其他用途。"新修订的法律中增加了政府扶持民办学校的方式和途径。这次修订，其实也是对很多地方有益尝试的认可。2004 年 1 月 9 日《春城晚报》报道了昆明市教育局重金奖励民办学校："为鼓励和支持民办教育的发展，2003 年，昆明市教育局从教育经费中拿出了 150 万元作为民办教育专项发展经费，对年检评选获得一、二、三等奖的先进民办中小学每所分别给予 3 万元、2 万元和 1 万元的奖励；对获得一、二、三等奖的民办幼儿园每所分别给予 5000 元、4000 元和 3000 元的奖励。同时，对其他年检合格的民办中小学每所奖励 5000 元。据悉，2003 年是昆明市对民办学校奖励规模最大、面最宽的一年。今后，这一奖项还将继续。"之前提到的"温州模式"，根据当地相关政策，使民办学校在登记为民办事业单位法人之后，可以享受多项政策倾斜。除温州外，许多地方政府根据本地情况进行了有益的尝试。例如，上海在其地方政策里，为民办学前教育的发展提供了很多有力的支持。早在 2011 年 9 月，上海就已经开始实施"教育券"，通过国家购买学前教育的方式，对本市的民办幼儿园加大补贴和扶持的力度，鼓励、支持民办幼儿园的健康发展，成了《民办教育促进法》施行情况较好的城市之一。

（二）政府对民办幼儿园的监督

我国民办幼儿园数量的不断增多，一方面解决了许多孩子的入园问题，免除了家长的后顾之忧，但另一方面，因为幼儿园的办学质量良莠不齐，导致不断出现危害幼儿安全和健康的事件。校车事故、虐童事件、喂药事件层出不穷，使得民办幼儿园一次次地站在了风口浪尖之上，饱受争议；同时，再一次把政府对幼儿园的监管问题摆到了重要的位置。对于民办幼儿园的监管，法律其实早有规定。新修订的《民办教育促进法》第四十条规定："教育行政部门及有关部门应当对民办学校的教育教学工作、教师培训工作进行指导。"第四十一条规定："教育行政部门及有关部门依法对民办学校实行督导，建立民办学校信息公示和信用档案制度，促进提高办学质量；组织或者委托社会中介组织评估办学水平和教育质量，并将评估结果向社会公布。"同时，该法第四十三条规定："民办学校侵犯受教育者的合法权益，受教育者及其亲属有权向教育行政部门和其他有关部门申诉，有关部门应当及时予以处理。"可见，法律赋予了教育行政部门和有关部门对民办幼儿园实施监管的权利。所谓有关部门，包括民办幼儿园从创办开始需要接触的各类行政机关，如工商部门、消防部门和卫生部门。但是，现实中，在对民办幼儿园审批之后，各类行政职能部门常常疏于监管。例如，虐童事件若不是幼儿父母意外察觉，整个事件依然不会曝光。换言之，该恶性事件并不是相关监管部门的主动监督而发现的。这种情况暴露出政府相关部门的监管处于缺位状态。

对民办幼儿园的监督，首先，应该从源头做起，即提高民办幼儿园的准入门槛，严格审批制度；其次，应该及时对开办过程中的民办幼儿园的办学环境、硬件设施、安全防范、财务管理、师资力量等进行严格监督，对不符合条件的民办幼儿园应该限期整改，整改不到位的要坚决取缔。

六、民办幼儿园的变更与终止

(一)民办幼儿园的变更

民办幼儿园在设立之后，可能会因为某些原因导致分立和合并。申请分立或合并的幼儿园，在对财务进行清算后，由学校理事会或者董事会报审批机关批准。新修订的《民办教育促进法》第五十三条规定："申请分立、合并民办学校的，审批机关应当自受理之日起三个月内以书面形式答复；其中申请分立、合并民办高等学校的，审批机关也可以自受理之日起六个月内以书面形式答复。"该法第五十五条进一步规定："民办学校名称、层次、类别的变更，由学校理事会或者董事会报审批机关批准。申请变更为其他民办学校，审批机关应当自受理之日起三个月内以书面形式答复；其中申请变更为民办高等学校的，审批机关也可以自受理之日起六个月内以书面形式答复。"

(二)民办幼儿园的终止

新修订的《民办教育促进法》第五十六条规定："民办学校有下列情形之一的，应当终止：（一）根据学校章程规定要求终止，并经审批机关批准的；（二）被吊销办学许可证的；（三）因资不抵债无法继续办学的。"第五十七条规定："民办学校终止时，应当妥善安置在校学生。实施义务教育的民办学校终止时，审批机关应当协助学校安排学生继续就学。"第五十八条规定："民办学校终止时，应当依法进行财务清算。民办学校自己要求终止的，由民办学校组织清算；被审批机关依法撤销的，由审批机关组织清算；因资不抵债无法继续办学而被终止的，由人民法院组织清算。"

基于新修订的《民办教育促进法》对民办学校的分类管理，该法第五十九条针对民办学校终止后财产的处理作了规定："对民办学校的财产按照下列顺序清偿：（一）应退受教育者学费、杂费和其他费用；（二）应发教职工的工资及应缴纳的社会保险费用；（三）偿还其他债务。非营利性民办学校清偿上述债务后的剩余财产继续用于其他非营利性学校办学；营利性民办学校清偿上述债务后的剩余财产，依照公司法的有关规定处理。"

终止的民办学校，由审批机关收回办学许可证和销毁印章，并注销登记。

第五章　幼儿园与教师

第一节　幼儿园教师的法律地位

教育的发展离不开教师，教师在人类文明的传播、民族文化的传承和学生的全面发展中具有不可替代的重要作用。作为学前教育法律关系的主体之一，教师在学前教育领域中具体负责教育教学活动的组织和实施，承担着教书育人，培养社会主义事业建设者和接班人、提高全民族素质的重要使命。幼儿教师的素质直接决定着我国学前教育的办学质量，因此，建设高素质专业化幼儿教师队伍是党和政府的重要工作任务和目标。

一、教师的法律概念和职业特征

（一）教师的法律概念

《教师法》第三条规定："教师是履行教育教学职责的专业人员，承担教书育人，培养社会主义事业建设者和接班人、提高民族素质的使命。教师应当忠诚于人民的教育事业。"这一规定指明了教师的法律内涵。

第一，教师是专业人员，即从事某项专业技术工作的人。同医生、注册会计师一样，教师是拥有某种专业技能并从事专门职业活动的专业人员。按照《教师法》第三条的表述，教师是"履行教育教学职责的专业人员"，其专业性体现在接受过相应专业的教育，具备相应学科专业知识，取得相应学历，考取相应教师资格，这是教师的身份特征。

第二，教师是直接承担教育教学工作职责、教书育人的专业人员，这是教师最本质的职业特征。《教师法》第二条规定："本法适用于在各级各类学校和其他教育机构中专门从事教育教学工作的教师。"原国家教委 1995 年 10 月发布的《国家教委关于〈中华人民共和国教师法〉若干问题的实施意见》中明确规定："《教师法》第二条所称'教师'是指：各级人民政府举办的幼儿园，普通小学，特殊教育学校，工读学校，技工学校，普通中学，职业中学，中等专业学校，全日制普通高等学校，高等职业学校，成建制初、中、高等成人学校的教师。少（青）年宫、少年之家、少年科技站、电化教育机构中的教师，省、市（地）、县级的中小学教研室的教育教学研究人员，学校中具备教师资格、具有教师职务、担负教育教学工作的管理人员或者其他专业技术人员，属于《教师法》的适用范围。除以上二款规定以外的其他教育机构的教师、学校和其他教育机构中的教育教学辅助人员，地方人民政府可根据实际情况，参照《教师法》的有关规定执行。"根据《教育法》第三十六条规定："学校及其他教育机构中的管理人员，实行教育职员制度。学校及其他教育机构中的教学辅助人员和其他专业技术人员，实行专业技术职务聘任制度。"这些人员可以分别被纳入教育职员或者其他相应专业技术职员类别。

基于这一特征，《教师资格条例》和《〈教师资格条例〉实施办法》对教师职业资格提出了相应的要求：一是学历要求，教师必须达到所从事的教学岗位规定的相应学历；二是教育教学能力的要求，教师要具备承担教育教学工作所必需的基本素质和能力；三是职业资格要求，教师必须依法取得国家认可的教师资格；四是教师要具备与其职业相称的其他相关能力，如关爱学生、爱护幼儿以及良好的身体素质和心理素质等。

第三，教师的责任是"教书育人，培养社会主义事业建设者和接班人、提高民族素质"。这也是《教师法》赋予教师的使命。它首先要求教师承担起对学生个体培养的责任，在教育教学过程中，既要"教书"，更要"育人"，既要向学生传授系统的科学文化知识，也要注意培养学生的思想道德品质；其次要求教师承担起提高整个中华民族素质的历史责任，为国家富强、民族振兴，培养德、智、体、美等方面全面发展的社会主义建设者和接班人。

（二）教师的职业特征

根据《教育法》和《教师法》的规定，幼儿教师是指履行幼儿教育教学职责的专业人员，他们承担着为人民服务，与生产劳动和社会实践相结合，培养德、智、体、美等方面全面发展的社会主义建设者和接班人的职责。

教师这一职业，具有如下职业特征。

第一，教师职业具有完成岗位职责的全面性和发展性。教师要使自己的学生获得全面、充分、和谐的发展，不仅要向学生传授科学文化知识，更要注重培育学生良好的思想道德品质。并且为了适应国家经济社会文化发展的要求，教师必须不断学习和更新知识，掌握本学科最新发展动态，并在教学中及时传授给学生，只有这样才能满足学生将来胜任所从事岗位职业发展的需要。

第二，教师职业具有工作方式的个体性和独立性。虽然教师会集体备课、相互学习，但更多是独立地开展工作。虽然教师的工作时间、工作任务和教学内容是固定的，但备课质量和教学效果却极具个人特征。对教学内容的再创造、对教学方法的再突破，既是教师的权利，也是教师工作创造性的体现。

第三，教师职业具有工作对象的个体性和发展性。教师面对的是活生生的、成长中的个人，每个学生都有自己的个体特征和差异，其发展潜力和需求都各有不同，教师需要因材施教；同时，每一名学生个体的各方面素质均处于不断发展、成长变化之中，教师必须关注学生个体的发展，运用全面和发展的眼光看待学生，悉心帮助和指导学生，努力成为学生的良师益友。

第四，教师职业具有工作价值的周期性和间接性。教师的工作价值要转化为学生身心全面、健康、和谐地发展，以及学生将来对社会所做出的贡献。这往往不是一朝一夕能够看到成果的，需要学生完成规定的学制时间和课程学习，取得合格的学习成果，掌握某项专业基本理论和基本技能，在自己的工作岗位上对社会做出贡献。

第五，教师职业具有工作成果的集成性和社会性。任何一个学生的成长和成功都不可能是某一个教师培养的结果，它是实施教育活动的主体的集体智慧，以及各种教育因素共同作用的结果。同时，教师工作的出发点和落脚点都是引导学生立足社会、服务社会、建设好国家和社会。学校教育质量和教育效果的评价最终也是由学生在国家政治、经济和社会文化发展中所起的积极作用决定的。

由于学前教育教育对象的特殊性，幼儿教师有着其独特的职业特征，具体而言，有以下六个特征：工作负荷过重、高情感投入、技能多样性、安全责任重、收入与发展不满意、缺乏家长和社会支持。这些特征是由幼儿教师独特的工作属性决定的。

二、教师与教育行政机关的关系

教育行政机关是依宪法、组织法的规定而设置的，依法享有并行使国家教育行政权，负责对国家各项教育事务进行组织、管理、监督和指挥的国家机关。教师作为教育体系中的一员，是教育行政机关的行政相对人。例如，在教师准入制度中，教师资格的认定，就是由教育行政机关来执行的。《教师法》第十一条明确规定"取得幼儿园教师资格，应当具备幼儿师范学校毕业及以上学历"，同时规定"不具备本法规定的教师资格学历的公民，申请获取教师资格，必须通过国家教师资格考试"。幼儿教师资格考试，由县以上人民政府教育行政部门组织实施，一年举行一次。《教师法》第十三条规定："中小学教师资格由县级以上地方人民政府教育行政部门认定。中等专业学校、技工学校的教师资格由县级以上地方人民政府教育行政部门组织有关主管部门认定。普通高等学校的教师资格由国务院或者省、自治区、直辖市教育行政部门或者由其委托的学校认定。具备本法规定的学历或者经国家教师资格考试合格的公民，要求有关部门认定其教师资格的，有关部门应当依照本法规定的条件予以认定。取得教师资格的人员首次任教时，应当有试用期。"从以上法律规定中可以得知，教育行政机关拥有行政确认权。《教育法》第十四条规定："受到剥夺政治权利或者故意犯罪受到有期徒刑以上刑事处罚的，不能取得教师资格；已经取得教师资格的，丧失教师资格。"由此可见，教育行政机关可以对已经具有教师资格但违反了相关法律规定的人员行使行政处罚权，剥夺其教师资格。因此，无论哪种情况，教师在该法律关系中均是相对于行政主体（教育行政部门）而存在的另一方，即行政相对人。这是一种外部行政法律关系，故而当教师个人对教育行政机关的行政行为有异议，认为其侵犯了自己的合法权益时，可以通过行政复议和行政诉讼来谋求法律救济。

此外，各地教育行政机关还对教师负有教育培训的义务。《教师法》第十九条规定："各级人民政府教育行政部门、学校主管部门和学校应当制定教师培训规划，对教师进行多种形式的思想政治、业务培训。"

三、幼儿园与教师的关系

《幼儿园管理条例》第二十三条规定："幼儿园的教师、医师、保健员、保育员和其他工作人员，由幼儿园园长聘任，也可由举办幼儿园的单位或个人聘任。"这一规定赋予了幼儿园根据国家相关法律法规，自主聘任管理教职工的权利。因此，对于本园教师的聘任、奖励和处分等具体的管理活动，幼儿园可依据自身的办学条件、能力和实际编制情况，自主制定本园的教职工聘任办法。

同时，新修订的《幼儿园工作规程》第四十条规定：幼儿园园长负责按照有关规定聘任、调配教职工，指导、检查和评估教师以及其他工作人员的工作，并给予奖惩；负责教职工的思想工作，组织业务学习，并为他们的学习、进修、教育研究创造必要的条件；关心教职工的身心健康，维护他们的合法权益，改善他们的工作条件。由以上规定可以看出，除了有对教师进行聘任和管理的权利之外，幼儿园还有维护教师的合法权益，并为教师的职业发展创造良好的环境的义务，这包括幼儿园自身不能侵犯教师权益，例如，不得克扣、拖欠教师工资。同时，当其他社会组织和个人侵犯了教师的合法权益时，幼儿园作为聘任方，应以合法方式，积极协助有关部门查处违法行为人，以维护受聘教师的合法权益。而幼儿园教师应该认真履行受聘人的职责，贯彻国家的教育方针，遵守规章制度，执行幼儿园的保教工作计划，履行教师聘约，完成保教工作任务；不断地提升自己的专业知识、专业能力、师德师风和教育教学水平。

第二节 幼儿园教师的权利和义务

一、幼儿园教师的权利

《教育法》第三十三条规定："教师享有法律规定的权利，履行法律规定的义务，忠诚人民教育事业。"可见，教师的权利和义务是对立统一的，是基于教师这一职业的性质，由法律和相关教育法规所设定的。

(一)教育法律法规赋予教师的权利

一般而言，权利与自由相关。从通常的角度看，权利是法律赋予权利主体作为或不作为的许可、认定及保障，因此也称为权益，即法律所保护的利益，故又称"法益"。《教师法》第七条规定："教师享有下列权利：（一）进行教育教学活动，开展教育教学改革和实验；（二）从事科学研究、学术交流，参加专业的学术团体，在学术活动中充分发表意见；（三）指导学生的学习和发展，评定学生的品行和学业成绩；（四）按时获取工资报酬，享受国家规定的福利待遇以及寒暑假期的带薪休假；（五）对学校教育教学、管理工作和教育行政部门的工作提出意见和建议，通过教职工代表大会或者其他形式，参与学校的民主管理；（六）参加进修或者其他方式的培训。"

基于以上对权利的理解，幼儿教师的权利是指幼儿教师依法享有的自由与权益。一般而言，幼儿教师的权利主要包括两类：一类是教师作为普通公民享有的《宪法》赋予公民的基本权利，如政治权利和自由、宗教信仰自由、人身自由、社会经济权利、社会文化权利及获得权利救济的权利等；另一类是基于教师这一职业身份，即教师作为公民应享有的权利之外的职业特殊权利，这类特殊权利是与其作为教师的职业特点相关的，是从事其他职业的人员所不享有的。根据《教育法》和《教师法》，我国幼儿教师具有以下基本权利。

1. 教师有权进行保育教育活动、开展保育教育改革和实验

这项权利简称教育教学权，是幼儿教师最重要的一项权利。幼儿教师要珍惜这一权利。在教育教学过程中，幼儿教师可以依据国家有关幼儿教育的政策、幼儿园课程的计划、教学大纲等具体要求，结合幼儿自身的特点进行改革和实验，因地制宜地开展教育活动；可以从实际情况出发，整合教育内容和调整教学进度，通过教学改革和实验去尝试新的教学手段和方式，有计划地组织课堂教学，从而提高教学质量。幼儿教师的教育教学权不得被侵犯和非法剥夺。并且，为了保证教师能实际行使这一权利，《教师法》第九条规定："为保障教师完成教育教学任务，各级人民政府、教育行政部门、有关部门、学校和其他教育机构应当履行下列职责：（一）提供符合国家安全标准的教育教学设施和设备；（二）提供必需的图书、资料及其他教育教学用品；（三）对教师在教育教学、科学研究中的创造性工作给以鼓励和帮助；（四）支持教师制止有害于学生的行为或者其他侵犯学生合法权益的行为。"

此外，教师只有在教师资格有效期间才能享有这一权利，也即不具备教师资格的人不得行使该项权利，或者原来具有教师资格，但尚未受聘或已辞聘的，也不得行使该项权利。

2. 教师有权从事科学研究、学术交流，参加专业的学术团体，在学术活动中充分发表意见

这项权利简称学术研究权。学术研究权是教师作为专业技术人员所享有的一项基本权利。这项权利能够促进幼儿园教师自我提升，提高自己的专业水平。通过科学研究，教师能对工作实践进行总结，促进教学内容的优化和整合，能及时对教学方法进行更新，从而提高自身的理论水平和教学效果。因此，教师在完成保教工作任务的前提下，有权从事科学研究、论文撰写、著书立说等创造性活动。同时，为了更好地和同行进行知识、经验的交流，教师有参加相关的学术交流以及参加专业的学术团体并在其中兼任工作的权利，有在学术活动中充分发表自己的学术观点和意见的权利。

3. 教师有权指导幼儿的学习和发展，评定幼儿的成长发展

这项权利简称管理幼儿权。幼儿教师作为幼儿园组织教育教学活动的主体，在保教过程中，有权因材施教，依据幼儿的身心发展特点提供适宜的教育和帮助，促进其身心和谐发展；有权依据幼儿的行为表现对幼儿的身心发展水平进行科学的、客观公正的评价，而不是用单一的标准评价不同的幼儿。

4. 教师有权按时获取工资报酬，享受国家规定的福利待遇以及寒暑假期的带薪休假

这项权利简称获取报酬待遇权。这是教师应当享有的一项维持自身和家庭生存与发展的物质权益，是宪法赋予公民的劳动报酬权及休息权的具体化。这项权利具体表现为：幼儿教师有权要求所在幼儿园根据国家法律的规定和教师聘用合同的约定，按时、足额地支付工资报酬，即包括基础工资、职务工资、课时津贴、教龄津贴、班主任津贴和奖金在内的工资收入；幼儿园不得非法拖欠、克扣幼儿教师的工资；幼儿教师有权享受国家规定的医疗、住房、退休等方面的各种福利待遇以及寒暑假期的带薪休假。

5. 教师有权对幼儿园教育教学、管理工作和教育行政部门的工作提出意见和建议

这项权利简称民主管理权。幼儿教师通过教职工代表大会或者其他形式，参与幼儿园的民主管理，这是幼儿教师行使民主权利的重要形式。教职工代表大会是幼儿教师行使民主权利、参与幼儿园民主管理和民主监督的基本形式，是幼儿园管理体制中的重要组成部分。幼儿教师可以通过教职工代表大会参与幼儿园的民主管理，讨论幼儿园发展中的重大事项，促进幼儿园的民主建设。

6.教师有权参加进修或者其他方式的培训

这项权利简称进修培训权。各级政府和教育行政部门及幼儿园必须结合社会和幼儿园的发展需要，不断改善和提升幼儿教师队伍的素质，提高幼儿教师的专业水平。幼儿教师有权参加进修和接受其他多种形式的培训，以提高自身的教育理念和专业素养，从而保障教育教学的质量。

(二)教师权利的法律保障

任何法律法规，在赋予公民权利的同时，如果不规定相应的法律责任，那么这些权利就形同虚设，无法真正实现。为了切实保障教师权利，相关法律明确了侵犯教师合法权益的行为主体所要承担的法律责任。《教师法》第三十五条规定："侮辱、殴打教师的，根据不同情况，分别给予行政处分或者行政处罚；造成损害的，责令赔偿损失；情节严重，构成犯罪的，依法追究刑事责任。"由此规定可以看出，法律保障教师的人身权利不受侵害。《教师法》第三十六条规定："对依法提出申诉、控告、检举的教师进行打击报复的，由其所在单位或者上级机关责令改正；情节严重的，可以根据具体情况给予行政处分。国家工作人员对教师打击报复构成犯罪的，依照刑法第一百四十六条的规定追究刑事责任。"这是对教师的民主管理权的保障。《教师法》第三十八条规定："地方人民政府对违反本法规定，拖欠教师工资或者侵犯教师其他合法权益的，应当责令其限期改正。违反国家财政制度、财务制度，挪用国家财政用于教育的经费，严重妨碍教育教学工作，拖欠教师工资，损害教师合法权益的，由上级机关责令限期归还被挪用的经费，并对直接责任人员给予行政处分；情节严重，构成犯罪的，依法追究刑事责任。"这是对幼儿教师的报酬待遇权的保障。上述行为中，情节严重，构成犯罪的，应当受到刑事法律的制裁。

二、幼儿园教师的义务

任何职业角色，在享受权利的同时，必须履行相应的义务。仅就教师的特定义务而言，教师的义务是指依照《教育法》《教师法》及相关法律法规，教师从事教育教学必须承担的责任，表现为教师在教育教学活动中必须做出一定行为或不得做出一定行为的约束。

(一)教育法律法规规定的教师的义务

《教师法》第八条规定："教师应当履行下列义务：(一)遵守宪法、法律和职业道德，为人师表；(二)贯彻国家的教育方针，遵守规章制度，执行学校的教学计划，履行教师聘约，完成教育教学工作任务；(三)对学生进行宪法所确定的基本原则的教育和爱国主义、民族团结的教育，法制教育以及思想品德、文化、科学技术教育，组织、带领学生开展有益的社会活动；（四）关心、爱护全体学生，尊重学生人格，促进学生在品德、智力、体质等方面全面发展；（五）制止有害于学生的行为或者其他侵犯学生合法权益的行为，批评和抵制有害于学生健康成长的现象；（六）不断提高思想政治觉悟和教育教学业务水平。"

幼儿教师既要享受法律赋予的权利，也要履行法律规定的义务。相关的教育法律法规在规定了幼儿教师所享有的权利的同时，也规定了幼儿教师所应履行的义务，主要内容如下。

1. 遵守宪法、法律和职业道德，为人师表

幼儿教师作为一名普通公民，必须遵守我国的宪法和法律，依法执教，做守法公民。此外，在教学活动中，教师应培养幼儿初步的法律意识，帮助幼儿建立法制观念，引导幼儿成为知法、懂法、守法的合格公民。除了遵守法律的相关规定，教师还应该遵守相应的职业道德。"学为人师，行为世范"，教师作为人类灵魂的工程师要时刻牢记自己的使命，教师职业的特殊性使得教师的职业道德比其他任何职业的职业道德都更具示范性；为人师表是对教师的特定要求，因为教师作为幼儿接受教育的启蒙者，其一言一行都会对幼儿产生潜移默化的影响，所以教师本人必须做出表率。

2. 贯彻国家的教育方针，遵守规章制度，执行幼儿园的保教工作计划，履行教师聘约，完成保教工作任务

保教工作是幼儿教师最基本的职责之一。幼儿教师在工作中，必须全面贯彻党和国家的教育方针，正如《教育法》第五条规定："教育必须为社会主义现代化建设服务、为人民服务，必须与生产劳动和社会实践相结合，培养德、智、体、美等方面全面发展的社会主义建设者和接班人。"同时，幼儿教师要遵守幼儿园各项规章制度并履行教师聘约中所规定的教育教学工作职责，顺利完成每学期的工作任务，更好地对国家的教育事业履行责任，对学校、幼儿和家长负责。

3. 对幼儿进行爱国主义、民族团结教育，法制教育以及思想品德、文化、科学技术教育，组织、带领学生开展有益的社会活动

这是对幼儿教师所从事的教育教学工作内容的规范。这一义务要求教师激发幼儿的求知欲望，对幼儿进行爱国主义、民族团结教育，培养幼儿爱集体、爱祖国的情感，激发幼儿参加有益活动的兴趣，让幼儿在学习活动中学会尊重、礼让、协作与分享，养成良好的思想品德和行为习惯。

4. 关心、爱护全体幼儿，尊重幼儿人格，促进幼儿在品德、智力、体质等方面全面发展

幼儿教师是一种高情感投入的职业，爱心是该职业最基本的道德品质。在教育教学中，幼儿教师必须平等地关心、爱护每一名幼儿，无论什么时候，因何种原因，都不应忽视任何一个幼儿，更不能利用教师的权威体罚或者变相地体罚幼儿。幼儿是独立的个体，教师要尊重其人格和尊严，要尊重幼儿的身心发展特点，尊重幼儿的个性特点，尊重幼儿的意愿和想法，为其营造一个宽松、和谐的成长环境。总之，尊重幼儿意味着在教育教学活动中，将幼儿的利益最大化作为幼儿园工作的首要考虑。

5. 制止有害于幼儿的行为或者其他侵犯幼儿合法权益的行为，批评和抵制有害于幼儿健康成长的现象

幼儿是祖国的未来，幼儿时期是一个人健康成长的关键时期。因此，维护幼儿的合法权益在幼儿园的保教工作中至关重要。要坚决批评、抵制有害于幼儿的行为，确保幼儿的健康成长。新修订的《幼儿园工作规程》第二十八条规定："幼儿园应当为幼儿提供丰富多样的教育活动……教育活动的组织应当灵活地运用集体、小组和个别活动等形式，为每个幼儿提供充分参与的机会，满足幼儿多方面发展的需要，促进每个幼儿在不同水平上得到发展。"第三十一条规定："幼儿园的品德教育应当以情感教育和培养良好行为习惯为主，注重潜移默化的影响，并贯穿于幼儿生活以及各项活动中。"第三十三条规定："幼儿园不得提前教授小学教育内容，不得开展任何违背幼儿身心发展规律的活动。"

6. 不断提高思想政治觉悟和教育教学业务水平

作为履行幼儿教育教学职责的专业人员，幼儿教师要确保自己有较高的思想政治觉悟，这就需要不断地学习，不断提高自身的政治理论水平；同时，还要不断地提高自己的专业素质和专业能力，并把这些贯彻到自己的工作实践中去，以期更好地发展幼儿教育、提高国民素质。

此外，新修订的《幼儿园工作规程》从岗位职责的角度规定了幼儿教师在教育教学活动中的工作职责。新修订的《幼儿园工作规程》第四十一条规定："幼儿园教师对本班工作全面负责，其主要职责如下：（一）观察了解幼儿，依据国家有关规定，结合本班幼儿的发展水平和兴趣需要，制订和执行教育工作计划，合理安排幼儿一日生活；（二）创设良好的教育环境，合理组织教育内容，提供丰富的玩具和游戏材料，开展适宜的教育活动；（三）严格执行幼儿园安全、卫生保健制度，指导并配合保育员管理本班幼儿生活，做好卫生保健工作；（四）与家长保持经常联系，了解幼儿家庭的教育环境，商讨符合幼儿特点的教育措施，相互配合共同完成教育任务；（五）参加业务学习和保育教育研究活动；（六）定期总结评估保教工作实效，接受园长的指导和检查。"

（二）教师不履行义务的法律责任

如前所述，只规定义务而不规定罚则的话，义务也就形同虚设。因此，相关法律对于教师不履行义务的法律后果作了规定。

《教师法》第三十七条规定："教师有下列情形之一的，由所在学校、其他教育机构或者教育行政部门给予行政处分或者解聘：（一）故意不完成教育教学任务给教育教学工作造成损失的；（二）体罚学生，经教育不改的；（三）品行不良、侮辱学生，影响恶劣的。教师有前款第（二）项、第（三）项所列情形之一，情节严重，构成犯罪的，依法追究刑事责任。"

不按法律规定履行义务的幼儿教师，轻则会受到行政处分，重则会受到行政处罚，若情节严重，构成犯罪的，将会被依法追究刑事责任。

第三节　教师管理法律制度

为了确保教师权利和义务的实现，我国《教师法》设定了教师资格制度、教师职务制度、教师聘任制度、教师培训和培养制度以及教师考核、奖励制度等各项教师管理制度。

一、教师资格制度

《教师法》第十条规定："国家实行教师资格制度。中国公民凡遵守宪法和法律，热爱教育事业，具有良好的思想品德，具备本法规定的学历或者经国家教师资格考试合格，有教育教学能力，经认定合格的，可以取得教师资格。"教师资格制度是国家对教师职业实行的一种法定的职业许可制度，它规定了从事教师职业必须具备的基本条件，是国家依法治教的一项重要举措。

（一）教师资格的分类

1995年国务院颁布的《教师资格条例》第四条规定："教师资格分为：（一）幼儿园教师资格；（二）小学教师资格；（三）初级中学教师和初级职业学校文化课、专业课教师资格（以下统称初级中学教师资格）；（四）高级中学教师资格；（五）中等专业学校、技工学校、职业高级中学文化课、专业课教师资格（以下统称中等职业学校教师资格）；（六）中等专业学校、技工学校、职业高级中学实习指导教师资格（以下统称中等职业学校实习指导教师资格）；（七）高等学校教师资格。成人教育的教师资格，按照成人教育的层次，依照上款规定确定类别。"由此可以看出，幼儿园教师同其他类型的教师一样，只有在具备幼儿园教师资格之后，才能被聘任并从事幼儿园教育教学工作。换句话说，没有取得幼儿园教师资格的人，是不允许从事幼儿园教师工作的。

（二）教师资格条件

《教师法》第十条规定："国家实行教师资格制度。中国公民凡遵守宪法和法律，热爱教育事业，具有良好的思想品德，具备本法规定的学历或者经国家教师资格考试合格，有教育教学能力，经认定合格的，可以取得教师资格。"这就是说，要取得教师资格需具有的条件包括：具有中国国籍，"中国公民"是取得教师资格的首要条件；具有良好的思想品德，良好的政治思想素质和道德修养是取得教师资格的重要条件；具有教育教学能力，教育教学能力是取得教师资格、完成教学任务的必备要件；具备规定的学历或者通过了国家教师资格考试。

《教师法》第十一条对取得教师资格应当具备的学历作了进一步规定："取得教师资格应当具备的相应学历是：（一）取得幼儿园教师资格，应当具备幼儿师范学校毕业及其以上学历；（二）取得小学教师资格，应当具备中等师范学校毕业及其以上学历；（三）取得初级中学教师、初级职业学校文化、专业课教师资格，应当具备高等师范专科学校或者其他大学专科毕业及其以上学历；（四）取得高级中学教师资格和中等专业学校、技工学校、职业高中文化课、专业课教师资格，应当具备高等师范院校本科或者其他大学本科毕业及其以上学历；取得中等专业学校、技工学校和职业高中学生实习指导教师资格应当具备的学历，由国务院教育行政部门规定；（五）取得高等学校教师资格，应当具备研究生或者大学本科毕业学历；（六）取得成人教育教师资格，应当按照成人教育的层次、类别，分别具备高等、中等学校毕业及其以上学历。不具备本法规定的教师资格学历的公民，申请获取教师资格，必须通过国家教师资格考试。国家教师资格考试制度由国务院规定。"

（三）教师资格考试和教师资格认定

《教师法》第十一条第二款规定："不具备本法规定的教师资格学历的公民，申请获取教师资格，必须通过国家教师资格考试。国家教师资格考试制度由国务院规定。"《教师资格条例》第八条规定："不具备教师法规定的教师资格学历的公民，申请获得教师资格，应当通过国家举办的或者认可的教师资格考试。"同时，该法第九条规定："教师资格考试科目、标准和考试大纲由国务院教育行政部门审定。"

提高教育质量、真正落实素质教育的关键在于教师。国家实行教师资格制度，是为了提高教师素质，加强教师队伍建设。对于学前教育来说，开展幼儿园教师资格考试，能够完善并更加严格地实施幼儿园教师职业准入制度，这有助于促进幼儿园教师的专业化，同时加强对幼儿园教师管理的科学化和规范化，有力地保障幼儿园教师队伍的整体素质。

《教师资格条例》第九条第二款规定："教师资格考试试卷的编制、考务工作和考试成绩证明的发放，属于幼儿园、小学、初级中学、高级中学、中等职业学校教师资格考试和中等职业学校实习指导教师资格考试的，由县级以上人民政府教育行政部门组织实施；属于高等学校教师资格考试的，由国务院教育行政部门或者省、自治区、直辖市人民政府教育行政部门委托的高等学校组织实施。"同时，《教师资格条例》第十条规定："幼儿园、小学、初级中学、高级中学、中等职业学校的教师资格考试和中等职业学校实习指导教师资格考试，每年进行一次。参加前款所列教师资格考试，考试科目全部及格的，发给教师资格考试合格证明；当年考试不及格的科目，可以在下一年度补考；经补考仍有一门或者一门以上科目不及格的，应当重新参加全部考试科目的考试。"由此可见，幼儿园教师资格考试，是由县级以上人民政府教育行政部门组织实施的，一年举行一次。考试科目全部及格的，发给教师资格考试合格证明；当年考试不及格的科目，可以在下一年度补考；经补考仍有一门或者一门以上科目不及格的，应当重新参加全部考试科目的考试。

然而，考试合格者并不意味着当然地取得教师资格，要取得教师资格还必须遵守国家法定的程序，经过法定机构的认定。《教师法》第十三条规定："中小学教师资格由县级以上地方人民政府教育行政部门认定。中等专业学校、技工学校的教师资格由县级以上地方人民政府教育行政部门组织有关主管部门认定。普通高等学校的教师资格由国务院或者省、自治区、直辖市教育行政部门或者由其委托的学校认定。具备本法规定的学历或者经国家教师资格考试合格的公民，要求有关部门认定其教师资格的，有关部门应当依照本法规定的条件予以认定。"对此，《教师资格条例》第十三条也作了进一步规定："幼儿园、小学和初级中学教师资格，由申请人户籍所在地或者申请人任教学校所在地的县级人民政府教育行政部门认定。高级中学教师资格，由申请人户籍所在地或者申请人任教学校所在地的县级人民政府教育行政部门审查后，报上一级教育行政部门认定。中等职业学校教师资格和中等职业学校实习指导教师资格，由申请人户籍所在地或者申请人任教学校所在地的县级人民政府教育行政部门审查后，报上一级教育行政部门认定或者组织有关部门认定。"

可见，取得幼儿教师资格需要遵循国家规定的相关程序，必须经过法定机构的认定，具体程序如下。

1. 申请人提出申请

教育行政部门和受委托的高等学校于每年春季、秋季各受理一次教师资格认定申请，具体受理期限由教育行政部门或者受委托的高等学校规定，并以适当形式公布。申请人应当在规定的受理期限内提出申请。

申请认定幼儿教师资格，需要提交相应的材料。《教师资格条例》第十五条规定："申请认定教师资格，应当提交教师资格认定申请表和下列证明或者材料：（一）身份证明；（二）学历证书或者教师资格考试合格证明；（三）教育行政部门或者受委托的高等学校指定的医院出具的体格检查证明；（四）户籍所在地的街道办事处、乡人民政府或者工作单位、所毕业的学校对其思想品德、有无犯罪记录等方面情况的鉴定及证明材料。申请人提交的证明或者材料不全的，教育行政部门或者受委托的高等学校应当及时通知申请人于受理期限终止前补齐。教师资格认定申请表由国务院教育行政部门统一格式。"

教育部 2000 年 9 月颁布的《〈教师资格条例〉实施办法》第十二条规定："申请认定教师资格者应当在规定时间向教师资格认定机构或者依法接受委托的高等学校提交下列基本材料：（一）由本人填写的《教师资格认定申请表》（见附件一）一式两份；

（二）身份证原件和复印件；（三）学历证书原件和复印件；（四）由教师资格认定机构指定的县级以上医院出具的体格检查合格证明；（五）普通话水平测试等级证书原件和复印件；（六）思想品德情况的鉴定或者证明材料。”

对于申请教师资格认定的人员的普通话水平，该办法第八条作了明确规定，即"普通话水平应当达到国家语言文字工作委员会颁布的《普通话水平测试等级标准》二级乙等以上标准。少数方言复杂地区的普通话水平应当达到三级甲等以上标准；使用汉语和当地民族语言教学的少数民族自治地区的普通话水平，由省级人民政府教育行政部门规定标准"。此外，该办法在第十四条中规定："普通话水平测试由教育行政部门和语言文字工作机构共同组织实施，对合格者颁发由国务院教育行政部门统一印制的《普通话水平测试等级证书》。"

2. 教育行政部门的审查受理

《教师资格条例》第十六条规定："教育行政部门或者受委托的高等学校在接到公民的教师资格认定申请后，应当对申请人的条件进行审查；对符合认定条件的，应当在受理期限终止之日起30日内颁发相应的教师资格证书；对不符合认定条件的，应当在受理期限终止之日起30日内将认定结论通知本人。非师范院校毕业或者教师资格考试合格的公民申请认定幼儿园、小学或者其他教师资格的，应当进行面试和试讲，考察其教育教学能力；根据实际情况和需要，教育行政部门或者受委托的高等学校可以要求申请人补修教育学、心理学等课程。"

3. 发放证书

申请人符合认定条件的，由受理申请的当地教育行政部门向其颁发由国务院教育行政部门统一印制的幼儿教师资格证书。该证书在全国范围内适用。

（四）教师资格的丧失

虽然教师资格证书在全国范围内适用并且终身有效，但这并不说明已经取得的教师资格不会丧失。

《教师法》第十四条规定："受到剥夺政治权利或者故意犯罪受到有期徒刑以上刑事处罚的，不能取得教师资格；已经取得教师资格的，丧失教师资格。"《教师资格条例》第十八条进一步规定："依照教师法第十四条的规定丧失教师资格的，不能重新取得教师资格，其教师资格证书由县级以上人民政府教育行政部门收缴。"

同时，《教师资格条例》第十九条对应予撤销教师资格的情形作了具体规定："有下列情形之一的，由县级以上人民政府教育行政部门撤销其教师资格：（一）弄虚作假、骗取教师资格的；（二）品行不良、侮辱学生，影响恶劣的。被撤销教师资格的，自撤销之日起5年内不得重新申请认定教师资格，其教师资格证书由县级以上人民政府教育行政部门收缴。"

二、教师职务制度

《教师法》第十六条规定："国家实行教师职务制度，具体办法由国务院规定。""教师职务是根据学校教学、科研等实际工作需要设置的有明确职责、任职条件和任期，并需要具备专门的业务知识和相应的学术（技术）水平才能担负的专业技术工作岗位。"①因此，教师职务制度是国家对教师岗位设置、各级岗位任职条件和取得该岗位职务的程序等方面内容的规定。

《小学教师职务试行条例》第二条规定："小学教师职务是根据学校的教育教学工作需要设置的工作岗位。小学教师职务设：小学高级教师、小学一级教师、小学二级教师、小学三级教师。各级教师职务应有定额。小学高级教师为高级职务，小学一级教师为中级职务，小学二级教师和小学三级教师为初级职务。"

幼儿园教师的职务制度没有单独的条例，但《小学教师职务试行条例》在附则中对其进行了明确规定。《小学教师职务试行条例》第十七条规定："本条例适用于全国小学、幼儿园、盲聋哑学校小学部和弱智儿童学校（班）及省、地、县教研室和校外教育机构。原则上也适用于其他类型的初等学校，实施办法另订。幼儿园各级教师职务的任职条件，由各省、自治区、直辖市参照本条例，自行拟定。"可见，幼儿园教师的职务制度，即关于幼儿园教师的职务系列、任职条件及职务的评审，由各省、自治区、直辖市自行规定。

三、教师聘任制度

教师资格是从事教师工作的必备条件，但这并不意味着有了教师资格就一定能够从事教育教学工作，教师资格证的持有人只有被学校或其他教育机构聘任后，才能成为教师。《教师法》第十七条规定："学校和其他教育机构应当逐步实行教师聘任制。教师的聘任应当遵循双方地位平等的原则，由学校和教师签订聘任合同，明确规定双方的权利、义务和责任。实施教师聘任制的步骤、办法由国务院教育行政部门规定。"

（一）教师聘任制度的含义

教师聘任制度是以签订聘任合同的方式确定学校与教师基本人事关系的一种制度。教师聘任制是指学校和教师在双方平等自愿的前提下，确定双方的权利和义务，由学校或教育行政部门根据教育教学需要设置工作岗位，以签订聘任合同的方式聘请具有教师资格的公民担任教师职务的一项制度。教师聘任制的实施，打破了长久

---

① 孙葆森：《教育法学基础》，86页，长春，吉林教育出版社，2000。

以来存在的岗位职务终身制，有利于促进教师队伍的公平竞争和优胜劣汰，使少数不适合教学的工作人员产生紧迫感，同时让在岗教师也提高对自己的要求，进而使教师队伍得到优化。教师聘任制度的含义包括以下内容。

第一，聘任应当在双方平等自愿的前提下进行。学校和教师双方法律地位平等，在平等协商的条件下达成一致的意思表示。学校自主选择能胜任教育教学工作岗位的专业人才，教师同样有权选择适合自己专业发展和业务能力提高的学校。

第二，聘任是一种确立学校与教师之间的法律关系的法律行为。聘任合同一旦签订，便具有法律效力，双方均可享有合同中约定的权利和义务，并受法律保护；同时双方都应该履行合同所约定的义务，按照合同的约定来进行续聘、解聘和辞聘等。

第三，聘任合同必须以书面形式签订。公立幼儿园属于事业单位，2002年人事部在发布的《关于在事业单位试行人员聘用制度的意见》中指出，聘用合同由聘用单位的法定代表人或者其委托人与受聘人员以书面形式订立。聘用合同必须具备下列条款：聘用合同期限；岗位及其职责要求；岗位纪律；岗位工作条件；工资待遇；聘用合同变更和终止的条件；违反聘用合同的责任。经双方当事人协商一致，可以在聘用合同中约定试用期、培训和继续教育、知识产权保护、解聘提前通知时限等条款。

(二)教师聘任的形式

教师聘任制依其聘任主体所实施的行为可分为以下几种形式。

其一，招聘。即学校面向社会公开、择优选拔具有教师资格的专业人员。

其二，续聘。即在聘任合同期满后，学校与教师继续签订聘任合同。

其三，解聘。即学校因某种原因不适宜继续聘任教师，双方解除聘任合同关系。

其四，辞聘。即教师主动请求学校解除聘任关系的一种法律行为。

四、教师培训培养制度

《教育法》第三十五条规定："国家实行教师资格、职务、聘任制度，通过考核、奖励、培养和培训，提高教师素质，加强教师队伍建设。"可见，教师培训培养制度的实施旨在提高在职教师的思想政治素质和教学科研等业务水平，以适应现代社会快速的发展和知识的更新，提高教师素质。

(一)教师培训培养的主体

《教师法》第十八条规定："各级人民政府和有关部门应当办好师范教育，并采取措施，鼓励优秀青年进入各级师范学校学习。各级教师进修学校承担培训中小学教师的任务。非师范学校应当承担培养和培训中小学教师的任务。各级师范学校学生享受专业奖学金。"由此可见,法律要求各级政府承担组织教师培训的责任。《教师法》第二十条规定:"国家机关、企业事业单位和其他社会组织应当为教师的社会调查和社会实践提供方便,给予协助。"结合之前对教师义务的规定,教师有"不断提高思想政治觉悟和教育教学业务水平"的义务,可见,教师培养培训的主体包括各级人民政府、教育行政主管部门、学校、社会相关组织及教师本人。

(二)教师培训培养的内容

《教师法》第十九条规定:"各级人民政府教育行政部门、学校主管部门和学校应当制定教师培训规划,对教师进行多种形式的思想政治、业务培训。"由此可知,教师作为以传授知识和技能为工作内容的专业人员,其自身的思想政治素质、职业道德品质、知识结构和业务水平尤为重要,需要不断更新和提高。因此,教师进修或培训的内容包括:思想政治培训、职业道德培训以及专业知识和业务技能培训。

学前教育是终身学习的开端,针对学前教育的师资培养问题,《国务院关于当前发展学前教育的若干意见》明确指出:"完善学前教育师资培养培训体系。办好中等幼儿师范学校。办好高等师范院校学前教育专业。建设一批幼儿师范专科学校。加大面向农村的幼儿教师培养力度,扩大免费师范生学前教育专业招生规模。积极探索初中毕业起点五年制学前教育专科学历教师培养模式。重视对幼儿特教师资的培养。建立幼儿园园长和教师培训体系,满足幼儿教师多样化的学习和发展需求。创新培训模式,为有志于从事学前教育的非师范专业毕业生提供培训。三年内对1万名幼儿园园长和骨干教师进行国家级培训。各地五年内对幼儿园园长和教师进行一轮全员专业培训。"

五、教师考核、奖励制度

(一)教师的考核制度

《教师法》第二十二条规定:"学校或者其他教育机构应当对教师的政治思想、业务水平、工作态度和工作成绩进行考核。教育行政部门对教师的考核工作进行指导、监督。"

根据这一规定,教师考核的具体内容包括政治思想、业务水平、工作态度、工作成绩,也即德、能、勤、绩四个方面。

第一,政治思想。政治思想主要考核教师的思想、政治表现和职业道德,考核内容包括热爱祖国、遵守宪法和法律、拥护党的方针和政策、依法执教、爱岗敬业、为人师表等。

第二,业务水平。业务水平主要考核教师的专业知识水平和业务技术水平两方面，考核内容包括教师的文化知识、教育知识、专业知识、教育教学能力、组织辅导能力和科研能力等。

第三，工作态度。工作态度主要考核教师的勤奋敬业精神、工作积极性、责任感和遵守劳动纪律情况，考核内容主要在教师履行教育教学任务中体现。

第四，工作成绩。工作成绩主要考核教师的工作实绩，考核内容包括教师在履行岗位工作职责过程中取得的成绩，即教育教学和科研活动中取得的成果和做出的贡献。

《教师法》第二十三条规定："考核应当客观、公正、准确，充分听取教师本人、其他教师以及学生的意见。"这一规定明确了教师考核要遵循一定的考核原则，即需要坚持客观性原则、公正性原则和准确性原则，同时还要广泛听取意见，保证考核的民主程序。

教师考核结果是受聘任教、晋升工资、实施奖惩的重要依据。

(二)教师的奖励制度

教师的奖励制度是一种激励机制，旨在鼓励我国教师长期从事教育事业，提升教育教学质量。我国通过一系列法律法规的颁布施行，确立了教师奖励制度。

《教师法》第三十三条规定："教师在教育教学、培养人才、科学研究、教学改革、学校建设、社会服务、勤工俭学等方面成绩优异的，由所在学校予以表彰、奖励。国务院和地方各级人民政府及其有关部门对有突出贡献的教师，应当予以表彰、奖励。对有重大贡献的教师，依照国家有关规定授予荣誉称号。"第三十四条明确规定："国家支持和鼓励社会组织或者个人向依法成立的奖励教师的基金组织捐助资金，对教师进行奖励。"

《教学成果奖励条例》第三条规定："各级各类学校、学术团体和其他社会组织、教师及其他个人，均可以依照本条例的规定申请教学成果奖。"第十三条规定："教学成果奖的奖金，归项目获奖者所有，任何单位或者个人不得截留。"第十四条规定："获得教学成果奖，应当记入本人考绩档案，作为评定职称、晋级增薪的一项重要依据。"

《教师和教育工作者奖励规定》第二条规定："国务院教育行政部门对长期从事教育教学、科学研究和管理、服务工作并取得显著成绩的教师和教育工作者，分别授予'全国优秀教师'和'全国优秀教育工作者'荣誉称号，颁发相应的奖章和证书；对其中作出贡献者，由国务院教育行政部门会同国务院人事部门授予'全国模范教师'和'全国教育系统先进工作者'荣誉称号，颁发相应的奖章和证书。"同时，该规定还对教师奖励的内容、条件和形式等方面作了详细规定，例如，"教师奖励工作应坚持精神奖励与物质奖励相结合的原则"。

第六章　幼儿园与学生

第一节　幼儿园学生的法律地位

一、幼儿园学生的含义

学生作为教育法律关系的主体，不仅是教师教育的主要对象，也是各项教学活动的参与者和接受者。在学前教育阶段，幼儿园学生的法律地位及其与幼儿园等教育机构所形成的法律关系相较于成年人而言更为复杂。因此，在探讨幼儿园学生的法律地位之前，我们有必要在新形势下重新界定幼儿园学生的含义。

《后汉书·灵帝纪》记载："光和元年……始置鸿都门学生。"后李贤注解为："鸿都，门名也，于内置学，时其中诸生……至千人焉。"唐代诗人韩愈在《请复国子监生徒状》中也提到"国子馆学生三百人"。在现代汉语词典中，学生是指所有在校学习的人。2015年12月27日新修订的《教育法》第九条规定："中华人民共和国公民有受教育的权利和义务。公民不分民族、种族、性别、职业、财产状况、宗教信仰等，依法享有平等的受教育的机会。"

综上所述，幼儿园学生应当包括三层含义：第一，幼儿园学生与所有成年公民一样享有一国公民的同等法律地位；第二，幼儿园学生是各类学前教育机构中已经注册并接受教育管理的受教育主体；第三，幼儿园的任务是贯彻国家的教育方针，按照保育与教育相结合的原则，遵循幼儿身心发展的特点和规律，实施德、智、体、美等方面全面发展的教育，促进幼儿身心和谐发展。由此分析，幼儿园学生是指在我国各级各类幼儿园及其他学前教育机构中接受保育和教育的适龄学生。

二、我国现行法律对学生法律地位的界定

(一)法律主体的法律地位概述

法律主体的法律地位，可以理解为法律主体在法律上的人格或者权利能力的范围，具体是指法律关系中的主体享受权利与承担义务的资格，也意含法律主体在法律关系中所处的位置，常用来反映法律权利和法律义务相适应的状态和程度。在我国，各种法律关系中主体的法律地位最终应当通过国家法律法规的明确规定而加以定型化。同一法律主体由于同时参与不同的法律关系而获得不同的法律地位，因此，在不同的法律关系中，同一法律主体具备的权利能力或主体资格也会有所差异。

(二)幼儿园学生参与教育活动形成的法律关系

新修订的《幼儿园工作规程》第四条规定："幼儿园适龄幼儿一般为3周岁至6周岁。"这些幼儿园学生既是国家的普通公民，又是家庭中未成年成员，更是幼儿园教育机构中接受教育的主体，因此，这一群体的法律地位也因其身份的重叠性、年龄的特殊性而具有更加复杂的一面，对于其法律地位的理解，也需要先了解幼儿园学生因社会角色的不同所形成的各种法律关系，从而在不同的法律关系中理解与定位该群体的法律地位。概括起来，幼儿园学生参与教育活动所形成的主要法律关系包括三个方面：作为普通公民与社会形成的基本法律关系；作为未成年人，特别是无民事行为能力人所形成的特殊群体法律关系；作为幼儿园教育管理的主要对象与幼儿园所形成的教育管理法律关系。

第一，在作为普通公民与社会所形成的法律关系中，幼儿园学生尚属未成年人，因此我国宪法和法律中凡是未对年龄进行限制的权利幼儿园学生均应享有。例如，《宪法》第三十六条规定："中华人民共和国公民有宗教信仰自由。"第三十七条规定："中华人民共和国公民的人身自由不受侵犯。"第三十八条规定："中华人民共和国公民的人格尊严不受侵犯。"第四十六条规定："中华人民共和国公民有受教育的权利和义务。"从上述权利可看出，幼儿园学生作为社会的普通公民，与其他成年公民享有同样的法律地位。

第二，在作为未成年人所形成的特殊群体法律关系中，幼儿园学生不仅是国家发展的希望，更是每个家庭重要的情感纽带。这一阶段的学生正处于身体快速成长、开始初步认识社会的发展阶段，但由于年幼，其身心又很容易遭受侵害，所以为保护未成年人的合法权益，我国在《宪法》《刑法》《教育法》等多项法律法规中都详细规定了家庭、学校、社会应该如何保护未成年人的健康成长，也专门制定颁布了《未成年人保护法》。尽管如此，在现实生活中，幼儿园学生的合法权益受到侵害的事例仍然大量存在。

早在 20 世纪 80 年代，国际社会对于未成年人的保护运动就拉开了序幕。特别是 1989 年 11 月召开的联合国第四十四届大会，制定并通过了《儿童权利公约》。该公约第 1 条规定"儿童系指 18 周岁以下的任何人"，这一条款将儿童的范围进行了限定。接下来，公约还将儿童的各项基本权利进行了归纳，包括姓名权、国籍权、生存权、受教育权、不受剥削和虐待等，并且提出，这些应该与生俱来的权利不应受到来自种族、肤色、性别、语言、宗教信仰、政治主张等的影响。除此之外，该公约最为人称道的是用发展的眼光提出并确立了儿童权利保护的四项基本原则，即儿童最大利益原则、尊重儿童生存发展权利的原则、无歧视原则、尊重儿童观点的原则，以及儿童的生存权、受保护权、发展权、参与权四项基本权利。这些原则和基本权利的确定都为各国在开展保护儿童活动中提供了具体方向与重要指导。

迄今为止，该公约已获得一百九十余个国家的签署和批准，是国际社会规范儿童权利内容最全面、最为国际社会认可的具有法律效力的文件，为各国政府保护儿童权利确立了最低标准和基本行为准则。我国政府于 1990 年 8 月 29 日正式签署这一公约，成为该公约的第 105 个签约国，同时声明我国将根据《儿童权利公约》的规定确保儿童的权利得到保障，并严格按照公约规定履行各项法律义务。这一行动也标志着我国首次将儿童作为未成年人的法律地位确定下来，并按照国际惯例来确认和保护未成年人的合法权益。

第三，在作为幼儿园教育管理的主要对象与幼儿园所形成的教育管理法律关系中，幼儿园学生与幼儿园、教师之间分别构成了教育管理法律关系。其中，幼儿园负责提供开展正常教学活动所需要的软件、硬件设施，是开展学前教育的主要教学机构；幼儿园教师按照教学计划及进度对幼儿园学生开展日常教学活动，是学前教育活动实施的主体；幼儿园学生则需要按照幼儿园及教师的要求参与各项教育教学活动，并服从园方及教师的管理。在教育管理的各项活动中，幼儿园学生的法律地位及具体的权利义务都在我国《教育法》《未成年人保护法》和新修订的《幼儿园工作规程》等法律法规中进行了详细的规定。例如，《未成年人保护法》第三条规定："未成年人享有生存权、发展权、受保护权、参与权等权利，国家根据未成年人身心发展特点给予特殊、优先保护，保障未成年人的合法权益不受侵犯。未成年人享有受教育权，国家、社会、学校和家庭尊重和保障未成年人的受教育权。未成年人不分性别、民族、种族、家庭财产状况、宗教信仰等，依法平等地享有权利。"新修订的《幼儿园工作规程》第六条规定："幼儿园教职工应当尊重、爱护幼儿，严禁虐待、歧视、体罚和变相体罚、侮辱幼儿人格等损害幼儿身心健康的行为。"

第二节　幼儿园学生的权利和义务

一、幼儿园学生的法律权利

(一)法律权利的含义

幼儿园学生通常为 3～6 周岁的儿童，属于无民事行为能力人的范畴，因此幼儿园等学前教育机构除承担基本的教育管理责任之外，同时肩负着复杂和繁重的保障幼儿人身、财产安全的责任，这便决定了幼儿园学生法律权利的特殊性。

为将幼儿园学生到底具有哪些权利探讨清楚，我们首先应该从权利的概念与内涵进行剖析。在不同的文化背景下，不同学者对权利内涵的论述也往往存在差别，概括起来，对权利的理解大致可以划分为以下三种观点：第一种是以卢梭为代表的自然权利说；第二种是以边沁为代表的权利利益说；第三种是以庞德为代表的社会利益说。除这三种观点外，我国法学界中较为主流的观点是将权利概括为通过法律的确认和规定，法律关系主体可以自主决定为或不为某种行为的许可和保障手段，或者可理解为权利享有者可以自己做出一定的行为，也可以要求他人做出或不做出一定的行为。在此处，权利与义务是一对相互对应的法律概念。从这一界定可以看出，这一观点更多的是将权利利益说和社会利益说相结合，认为权利既是公民的个人利益，公民只有在履行自己义务的前提下主张权利，社会的秩序、自由、利益才能够得到保障。

(二)学生法律权利的含义

我们可以根据上述观点来分析学生法律权利的含义。学生既是普通的公民，其中又有很大一部分是成长中的儿童，因此，其法律权利的界限是复杂而宽泛的。从广义上来说，学生的法律权利应该包含三个层次：第一，对于年满十八周岁的学生而言，应该享有《宪法》赋予公民的各项法律权利，包括人格尊严权、人身自由权、文化教育权等，我们可以将其称为人之为人的权利；第二，对于未满十八周岁的学生而言，其身心的健康发展及合法权益还受到《未成年人保护法》的保护，我们可以将其称之为人之为儿童的权利；第三，对于学生这一特定的社会角色，《教育法》《义务教育法》等法律法规也对受教育者的权利进行了规定，我们可以将其称之为人之为学生的权利。从狭义上看，学生的法律权利特指学生因其受教育者的身份而享有的教育法律法规所规定的权利。《教育法》第四十三条规定："受教育者享有下列权利：(一)参加教育教学计划安排的各种活动，使用教育教学设施、设备、图书资料；

（二）按照国家有关规定获得奖学金、贷学金、助学金；（三）在学业成绩和品行上获得公正评价，完成规定的学业后获得相应的学业证书、学位证书；（四）对学校给予的处分不服向有关部门提出申诉，对学校、教师侵犯其人身权、财产权等合法权益，提出申诉或者依法提起诉讼；（五）法律、法规规定的其他权利。"

综上所述，学生的权利应该是一个复合的概念。我国长期的教育理念是较为注重要求学生遵守校纪校规、履行各项义务，而对于学生法律权利的主张和享有却较为漠视。因此，在各类新闻媒体的报道中，人们经常能够看到学生的人格尊严权、人身自由权等受到侵害的事例。随着社会的不断进步及依法治教工作地不断推进，无论是教育机构还是教师，都应该充分了解、尊重学生的法律权利，保障学生能够合法行使自身的权益；在传授知识技能、教育培养学生的过程中注重其身心的健康发展，帮助其成为一个有独立人格、明确自我意识的权利主体，为更好地适应民主、文明的社会做好准备。

（三）幼儿园学生法律权利的具体内容

1. 幼儿园学生作为普通公民的基本权利及其内涵

（1）平等权

平等权既是我国公民的一项基本权利，同时对于学生而言也具有更加丰富的含义。关于保障幼儿园学生平等权的法则，我们可以在《教育法》中找到相应的规定："受教育者在入学、升学、就业等方面依法享有平等权利。学校和有关行政部门应当按照国家有关规定，保障女子在入学、升学、就业、授予学位、派出留学等方面享有同男子平等的权利。"据此，可以将幼儿园学生平等权的内涵分为两个层次来理解：其一，每一个受教育者都应该在学生生涯发展的每一阶段平等地享有接受教育的权利，特别是在入学、升学、进入社会参加集体劳动等环节，学生接受教育的权利均应当受到法律的保护。其二，女性学生应该与男性学生一样享有平等的受教育权。我国很多农村及经济不发达的地区，由于受到封建传统文化影响及家庭经济水平限制，重男轻女的性别歧视仍然存在，这些地区的适龄女性接受教育的比例通常会低于男性，而且接受教育的年限也较短。这种情况下，在法律中明确对女性接受教育的权利进行保护就显得尤为重要。

（2）受教育权

受教育权是指公民享有从国家接受文化教育的机会和获得受教育的物质帮助的权利。适龄幼儿园学生接受正规教育不仅是其学习科学知识、掌握专业技术能力的必要途径，也是国家培养人才、造就劳动生产力的重要保障。因此，我国很早就将受教育权作为公民的基本权益之一纳入了宪法的规定。《宪法》第四十六条规定："中华人民共和国公民有受教育的权利和义务。"该法条主要对公民所享有的受教育权进行了确认。除此之外，《教育法》还明确要求学生应该因接受教育获得合理的物质帮助，包括：接受帮助以实现其教育权；享受免费教育制度；享受合理的受教育成本负担制度；享受奖学金、助学金、贷学金等扶持制度等。

因此，学生家长、各级各类教育机构及其他社会组织，都应该按照宪法及法律的规定，为适龄学生接受教育创造最佳条件，切实保障幼儿园学生的受教育权，为幼儿园学生的成长与发展做出积极贡献。

（3）生命健康权

生命健康权是指公民对自己的生命安全、身体组织、器官的完整和生理机能以及心理状态的健康所享有的权利，是公民享有的最基本的人权，包括生命权、身体权和健康权。

生命健康权作为一项基本人权，对于幼儿园学生而言则具有更加重要的意义。幼儿园学生均属未成年人，身体和心理都处于快速发育和成长阶段，在身体机能和认知水平方面天然的属于弱势群体，其生命健康权非常容易受到侵害，因此，法律法规明确将保护未成年人的生命健康权放在重要位置。《儿童权利公约》第六条明确指出："每个幼儿均有固有的生命权。生命权是自然人维护其生命安全利益的权利，主要表现为生命安全维护权，当他人非法侵害自身生命安全时，有权依法自卫和请求司法保护。凡致人死亡的非法行为均属侵害生命权的行为。"我国《宪法》第四十九条规定："婚姻、家庭、母亲和儿童受国家的保护……禁止破坏婚姻自由，禁止虐待老人、妇女和儿童。"《未成年人保护法》中更是从家庭、学校、社会、司法保护四个方面详细规定了对于未成年人生命健康权给予保护的具体内容。

尽管如此，在现实生活中，侵害幼儿生命健康权的事例仍然十分常见。与幼儿园幼儿园学生伤害事故类似的是，2014年9月26日，某市一小学发生踩踏事故，造成6人死亡、26人受伤，死伤者均为低年级的学生。经事故调查组调查认定，该事故是一起校园安全责任事故。

经调查，该踩踏事故是由该小学一名体育教师将两块体育教学用的海绵垫子临时靠墙放置于学生午休宿舍一楼过道处所引起的。事故发生当日，学校起床铃响以后，学生起床返回各班教室上课。在下楼过程中，靠墙的其中一块海绵垫平倒于楼道内造成通道不畅，先下楼的学生在通过海绵垫时跌倒，后续下楼的大量学生不明情况，继续向前拥挤造成相互叠加、挤压，最终导致了学生严重伤亡事件的发生。事件发生后，共有七名相关责任人受到处分。其中，该小学校长本应当对学校教育设施安全、规章制度的落实负有领导、督促之责，却疏于领导、监督，没有采取有效措施预防和消除存在的安全隐患，酿成学生踩踏事故，具有不可推卸的领导责任；分管后勤和安全工作的副校长，在组织开展学校安全工作时，对校园楼道内存在的安全隐患没有组织辨识和排查，对此次事故的发生负有直接责任；放置海绵垫的体育教师，在组织田径训练后，将海绵垫置于一楼楼道处，对海绵垫失于监管，对此次事故的发生负有直接责任。为此，三人均被判处一年至两年不等的有期徒刑。

案件的审查处理已告一段落，但在这一事件中，六朵含苞待放的花朵就此陨落，六个美满幸福的家庭就此破碎，造成这样无法挽回的严重后果的正是学校领导和教师安全意识不强，没有及时发现安全隐患，对有可能引发的结果及法律制裁缺乏正确的认识，以及相关制度及监督机制不健全所致。

为避免出现类似案件，幼儿园等学前教育机构应该加强对幼儿教师的法律教育、职业教育以及品德教育，不断完善幼儿园管理制度，尽量避免幼儿园学生的人身伤害事故发生，让幼儿园学生在一个安全、温馨的环境中学习和成长。

（4）人格尊严权

法律上的人格，就是指一个公民作为人所必须具有的资格，它是公民作为权利和义务主体的自主的资格，主要包括姓名、名誉、荣誉、肖像、隐私等相关权利。其中，姓名权是指公民有权决定、使用和依法改变自己的姓氏名称，其他任何人不得干涉、滥用和假冒公民的姓名；名誉权是指公民享有自己的名声并享有维护其名声不受侵害的权利；肖像权是指公民有自主地制作、占有和使用自己肖像的权利；隐私权是指公民依法享有私人生活安宁和私人信息保密的权利。

维护和保障好每一位公民的人格尊严权，不仅是一个国家法治进步的体现，也是公民享有其他政治、经济权利的基础。为此，我国早在1982年的《宪法》中就对公民的人格尊严权进行了明确规定，即"中华人民共和国公民的人格尊严不受侵犯。禁止用任何方法对公民进行侮辱、诽谤和诬告陷害"。

幼儿园学生虽为未成年人，但作为我国公民同样应该享有公民人格尊严权的全部内容，其包括姓名权、肖像权、名誉权、荣誉权、隐私权等在内的各项人格尊严权均应该得到幼儿园教师及其他教育管理者的充分尊重和保护。

（5）人身自由权

人身自由权，是指公民的人身（包括肉体和精神）不受非法限制、搜查、拘留和逮捕的权利。这是宪法赋予我国公民最基本的权利，也是最为重要的一项权利。在我国，1954年通过的《宪法》就对人身自由权进行了明确规定，《宪法》规定："中华人民共和国公民的人身自由不受侵犯。任何公民，非经人民检察院批准或者决定或者人民法院决定，并由公安机关执行，不受逮捕。禁止非法拘禁和以其他方法非法剥夺或者限制公民的人身自由，禁止非法搜查公民的身体。"随后，1978年《宪法》、1982年《宪法》，直至2014年新修订的《宪法》中，都将公民的人身自由权作为一项重要权利加以确认。根据《宪法》有关的规定，公民的人身自由权应该包括三层次含义。一是任何人都不得侵犯其他公民的人身自由权。公民的人身自由是其参加各种社会活动、参加国家政治文化生活、享有其他权利的前提和先决要件，如果一个公民失去了人身自由，那其他权利也就无从谈起。二是在逮捕公民的过程中，逮捕的程序应有严格的限定和要求。根据宪法规定，全国人民代表大会常务委员会于1954年12月制定并颁布了《中华人民共和国逮捕拘留条例》，该条例对于公安机关按照人民检察院、人民法院的决定搜查、逮捕、拘留的程序做出了严格、具体的规定，其目的就是为了规范执法程序，最大限度地确保公民的人身自由权不受任何机关或个人的侵犯。三是非法拘禁、非法剥夺或限制他人人身自由、搜查公民身体的行为均属侵犯他人人身自由的具体表现。非法拘禁是指违反法律规定的程序，以拘留、监禁的方法剥夺或限制公民的人身自由；非法搜查公民身体，是指司法机关违反法律规定的程序或者依法不享有搜查权的组织和个人，对公民的身体强行进行搜查。对此，我国刑法及刑事诉讼法也对非法搜查、非法拘禁等行为进行了定罪量刑。

（6）宗教信仰自由

宗教作为一种社会意识形态，存在于人类社会发展的各个阶段、各个地区。虽就本质而言，宗教与马克思主义唯物观是相悖的，但作为一种历史现象，它必将经历产生、发展、灭亡的过程，而且对于有宗教信仰的公民只能采取教育引导的方式宣传马克思主义唯物观，不能以强迫、歧视、束缚等方式限制公民的信仰自由，因此，我国仍然将公民的信仰自由作为一项基本的公民权利纳入宪法的规定当中。在宪法规定中，宗教信仰自由包括：第一，每个公民都有按照自己的意愿信仰宗教的自由，也有不信仰宗教的自由；第二，公民有信仰这种宗教的自由，也有信仰那种宗教的自由；第三，在同一宗教里，公民有信仰这个教派的自由，也有信仰那个教派的自由；第四，公民有过去不信教而现在信教的自由，也有过去信教而现在不信教的自由。

对于幼儿园学生而言，他们认识、了解社会宗教文化的能力十分有限，且其本身的宗教信仰大多受原生家庭或监护人的影响。但即便如此，作为我国的公民，幼儿园学生的信仰自由仍然是其基本权利之一，仍然需要也必须得到他人的尊重。无论是幼儿园学生的父母及其他监护人、幼儿园教师还是其他教育管理者，都不能侵犯幼儿宗教信仰自由的权利。

（7）隐私权

个人隐私权，也叫个人私生活秘密权，属于公民的人格权利，是指公民依法享有私人生活安宁和私人信息保密的权利。隐私权的真谛是私生活的自由与安宁，保护正常生活不受干扰，内心世界不被侵扰。2017年3月15日，由中华人民共和国第十二届全国人民代表大会第五次会议通过的《民法总则》，自2017年10月1日起施行。新修订的《民法总则》第一百一十一条规定："自然人的个人信息受法律保护。任何组织和个人需要获取他人个人信息的，应当依法取得并确保信息安全，不得非法收集、使用、加工、传输他人个人信息，不得非法买卖、提供或者公开他人个人信息。"

公民的隐私权包括三个方面：第一，公民的住宅属于公民个人的生活领域，未经本人允许，任何人不得擅自侵入或非法监听、监视，执法人员不得无视法定程序非法搜查；第二，公民有权对个人信息保密，例如，依法不公开自己的身体状况、家庭关系、储蓄密码等，并禁止他人非法搜集、传播和利用自己的私人信息；第三，公民有权对个人通信内容保密，对于信件、电话、传真、电子邮件等禁止他人擅自查看、刺探或公开。公民有权自己决定利用自己的个人信息从事有益于社会的活动，如将自己特殊的生活经历写成自传，公开自己的信件等。从宏观角度来看，个人隐私权是衡量一个国家个人地位和尊严的重要标志，法律保护公民的隐私权，能够促进社会和谐，维护社会安定。因此，尊重他人的隐私权，不仅是公民应有的道德品质，也是公民应当遵循的公共生活准则。

目前，我国宪法中尚未明确规定公民的隐私权，但宪法规定的公民的基本权利中就包括了对于公民隐私权的保护。例如，《宪法》第四十条中做了如下阐释："中华人民共和国公民的通信自由和通信秘密受法律的保护。除因国家安全或者追查刑事犯罪的需要，由公安机关或者检察机关依照法律规定的程序对通信进行检查外，任何组织或者个人不得以任何理由侵犯公民的通信自由和通信秘密。"该规定同样适用于保护公民的个人隐私。

综上所述，对于幼儿园学生，社会各界要自觉提高自身的法律素质和道德修养，做到依法自律、绝不侵犯未成年人的隐私权；幼儿园、学校、教师也应该加强法制教育，提高教师的法律素质，尊重和保护学生的隐私权。

2. 我国受教育者享有的权利

我国受教育者享有的权利是《教育法》赋予我国所有正在接受正规学制教育的学生所享有的权利，因此，同样应该适用于幼儿园学生。但是，由于幼儿园学生接受学前教育的特殊性，幼儿园学生享有的法律权利与其他学制阶段的学生有所差异。《教育法》第四十二条规定："受教育者享有下列权利：（一）参加教育教学计划安排的各种活动，使用教育教学设施、设备、图书资料；（二）按照国家有关规定获得奖学金、贷学金、助学金；（三）在学业成绩和品行上获得公正评价，完成规定的学业后获得相应的学业证书、学位证书；（四）对学校给予的处分不服向有关部门提出申诉，对学校、教师侵犯其人身权、财产权等合法权益，提出申诉或者依法提起诉讼；（五）法律、法规规定的其他权利。"

（1）参加教育教学计划安排的各种活动，使用教育教学设施、设备、图书资料

受教育者不仅是教育机构开展各项教育教学活动的接受者，也是各类教育教学设施等的主要使用者。因此，一切为培养、教育学生而开设的课堂教育教学、讨论观摩及实习、见习等活动，都应该按照法律的要求合理组织学生参加，这也是学生接受和获取知识的主要途径。除此外，我国《义务教育法》第十六条还规定："学校建设，应当符合国家规定的办学标准，适应教育教学需要；应当符合国家规定的选址要求和建设标准，确保学生和教职工安全。"因此，教育机构为拓展、充实学生的教育教学活动而建造的教学辅助设施，如图书馆、实验室等，以及购置的各项教学资料，如图书、实验器材等，均应按照教学活动的需要提供给学生使用，以确保教学质量的提升及教育活动的顺利实施。

（2）按照国家有关规定获得奖学金、贷学金、助学金

奖学金、贷学金、助学金主要指对在校学生的经济奖励与帮助。目前，我国绝大部分学校及其他教育机构都已经设立了奖、助学金制度。

奖学金是提供给特定学生的金钱奖励，颁发对象为学业成绩优异、操行良好或

课外活动（如体育、艺术）等方面表现杰出的学生。例如，目前高校设立的奖学金主要包括两个层次：第一，本、专科生奖学金，具体为优秀学生奖学金、专业奖学金、定向奖学金三类。其中，优秀学生奖学金主要用于鼓励德、智、体、文艺等方面全面发展的品学兼优的学生；专业奖学金则多用于奖励报考农林、师范、民族、体育等特殊专业，并被录取的学生；定向奖学金是有关部门或地区为鼓励毕业后自愿到经济困难、少数民族边疆地区工作，或自愿从事煤炭、矿业、石油、地质等艰苦行业的学生而专门设立的。第二，研究生奖学金，具体为研究生普通奖学金和研究生优秀奖学金。研究生普通奖学金是在校研究生可以获得的最为普遍的奖学金，凡达到基本条件的硕士研究生和博士研究生，均可享受普通奖学金；研究生优秀奖学金是专门奖励优秀硕士研究生或博士研究生的奖学金，享受该奖学金的研究生不仅要具备普通奖学金所要求的基本条件，还需要在专业学习和科学研究中成绩突出。这样，符合条件的研究生就可以同时享受普通奖学金和优秀奖学金。

贷学金主要指国家实行的对家庭经济困难的学生发放无息贷款，学生所贷钱款在毕业后通过分期付款的形式偿还，对于毕业后自愿到艰苦地区工作和考上研究生的学生，其贷款可全部或部分免于偿还的制度。目前，该制度主要适用于我国各高校。

从20世纪80年代开始，我国就开始对贷学金制度进行探索。直到1986年，国家教委、财政部发布《关于发布〈普通高等学校本、专科学生实行奖学金制度试行办法〉和〈普通高等学校本、专科学生实行贷款制度试行办法〉的通知》；1987年，国家教委、财政部发布《关于重新印发〈普通高等学校本、专科学生实行奖学金制度的办法〉和〈普通高等学校本、专科学生实行贷款制度的办法〉的通知》；1999年5月，中国人民银行、教育部、财政部颁发《关于国家助学贷款的管理规定（试行）》；1999年7月，教育部、财政部发布《关于继续执行〈普通高等学校本、专科学生实行贷款制度的办法〉的通知》，对国家贷款制度给予了详细的规定。中国人民银行、教育部、财政部颁发的《关于国家助学贷款的管理规定（试行）》中规定：国家助学贷款是以帮助学校中经济确实困难的学生支付在校期间的学费和日常生活费为目的，运用金融手段支持教育，资助经济困难学生完成学业的重要形式。国家本着"有借有还"的原则，为帮助经济确有困难的本、专科学生解决全部或部分在校期间的基本生活、学习费用，为学生提供贷款。凡是符合规定条件的学生都可以申请贷学金，这是学生的一项权利，任何组织和个人不得拒绝或歧视。

助学金是一种对家庭经济困难的学生进行综合性资助的方式，常以学生家庭收入水平为依据进行发放，可帮助学生支付在校学费、住宿费、生活费、学杂费等，除国家助学金外，常由各级地方政府、教育机构、企业或个人提供。《义务教育法》第四十四条第二款规定："各级人民政府对家庭经济困难的适龄儿童、少年免费提供教科书并补助寄宿生生活费。"高等学校助学金主要面向在校贫困家庭学生。《国家助学奖学金管理办法》第二条第三款规定："国家助学金的资助对象为高校中家庭经济特别困难的全日制本专科学生。国家助学金以资助家庭经济特别困难学生的生活费为目的，标准为每人每月 150 元，每年按 10 个月发放，每年资助约 53.3 万名学生。"国家助学金向农林、水利、师范、民族、地质、矿产、石油、航海等专业的学生占在校生比例较大的高校适当倾斜。除国家助学金以外，学校应当设立勤工助学金，学生经济确有困难，可以通过参加勤工俭学活动，获得相应的报酬，以保证完成学业。凡是符合规定的学生都有权参加勤工俭学活动，并获得一定的劳动报酬，任何单位和个人不得克扣或拖欠学生的助学金。

近年来，我国社会经济不断发展提升、教育改革不断深化，然而各级各类学校中仍有大量的家庭经济困难学生。做好家庭经济困难学生资助扶助工作，确保学生不因贫困而辍学，是新时代下社会主义教育事业的首要目标，也是教育工作中践行社会主义核心价值观的重要内容。特别是自《国家中长期教育改革和发展规划纲要（2010—2020 年）》发布以来，我国出台了一系列学生资助政策，各级各类资助范围不断扩大、资助领域不断延伸、资助形式日趋丰富、资助标准不断提高。目前，全国范围内已初步建立起家庭经济困难学生资助体系。2011 年，全国学生资助资金总额近 900 亿元，资助学生达 7600 万人次，基本实现了党中央"不让一名学生因家庭经济困难而失学"的庄严承诺。

（3）获得公正评价和证书

学生按照学校及其他教育机构开设的教学活动进行学习、完成考核，教师对学生的学习情况、学业成绩进行公正、合理、及时的反馈和评价，这既是学生的一项基本权利，也是教学机构应该履行的义务之一。目前，学前教育阶段由于其学习的特殊性暂未对幼儿园教师关于学生的学业评价做出明确要求，但按照《小学生日常行为规范》《中学生日常行为规范》《高等学校学生行为准则》等规定，任何一个阶段的学生都有权在德、智、体、美等方面获得公正合理的客观评价，而教育工作人员也应该实事求是地对学生进行评价。

除了获得公正评价的权利之外，学生还享有在完成规定的学业后获得相应的学业证书、学位证书的权利。学业证书是学校或者其他教育机构依法颁发给学生，证明学生完成学业情况的凭证，通常分为毕业证书、结业证书和肄业证书。国家实行教育考试制度，经国家批准或认可的学校及其他教育机构可以依照国家的有关规定，对学完教育教学计划规定的全部课程、考试、考核及格或者修满学分，或者是达到一定学术、专业技术水平的学生颁发相应的学历证书、学位证书或其他学业证书。高等学校学生有权依照《学位条例》中的相关规定获得自己应当获得的学位证书。

（4）提出申诉或依法提起诉讼

申诉是指公民、法人或其他组织，认为对某一问题的处理结果不正确，而向有关机关申述理由并要求重新审查、做出重新处理的法律行为。在实际生活中，学生均可能因为违反校纪校规而受到学校或其他教育机构的处罚，但如果学生或者其监护人认为学校的处罚不得当，学生或者其监护人可以按程序提起申诉，要求学校给予解释说明，并重新做出合理的处理。提起诉讼，则指当事人向具有管辖权的法院起诉另一方当事人以解决纠纷的法律行为。诉讼可以分为民事诉讼和刑事诉讼两类。如仅涉及民事纠纷，可以由一方当事人起诉对方当事人；如涉及刑事纠纷，则由检察机关提起公诉。无论是申诉还是提起诉讼，在校学生或其监护人都可通过以上两种途径维护和保障自身的合法权益。

然而，现实中我们也经常看到学校或教师侵犯学生人身权、财产权的现象，例如，侵犯学生人身权益的体罚、身心侮辱、变相体罚等，侵犯学生财产权益的私自罚款、没收学生个人财物等。对于这些行为，我国多部法律法规都有明确规定，例如，《义务教育法》第二十九条规定："教师应当尊重学生的人格，不得歧视学生，不得对学生实施体罚、变相体罚或者其他侮辱人格尊严的行为，不得侵犯学生合法权益。"《教师法》第三十七条规定："教师有下列情形之一的，由所在学校、其他教育机构或者教育行政部门给予行政处分或者解聘：（一）故意不完成教育教学任务给教育教学工作造成损失的；（二）体罚学生，经教育不改的；（三）品行不良、侮辱学生，影响恶劣的。"《未成年人保护法》第六十条规定："违反本法规定，侵害未成年人的合法权益，其他法律、法规已规定行政处罚的，从其规定；造成人身财产损失或者其他损害的，依法承担民事责任；构成犯罪的，依法追究刑事责任。"第六十三条规定："学校、幼儿园、托儿所教职员工对未成年人实施体罚、变相体罚或者其他侮辱人格行为的，由其所在单位或者上级机关责令改正；情节严重的，依法给予处分。"

（5）法律规定的其他权利

除上述四项基本权利之外，学生还享有法律规定的多项权利。例如，《宪法》第十九条第二款规定："国家举办各种学校，普及初等义务教育，发展中等教育、职业教育和高等教育，并且发展学前教育。"又如，《义务教育法》中规定了流动人口子女特别是进城务工的农民工子女享有平等的接受义务教育的权利等。这些权利规定都说明了国家十分重视学生的合法权益并给予充分保障。因此，各级各类教育机构都应该在发展教育、开展教学活动的同时注重保障学生的合法权益，为其身心的健康发展保驾护航。

二、幼儿园学生的法律义务

幼儿园学生作为尚年幼的未成年人，由于不具备民事行为能力，因此在园的法律义务与成年人不尽相同。目前，我国尚无法律法规对于幼儿园学生的法律义务进行明确规定，但可参照《教育法》第四十四条的规定："受教育者应当履行下列义务：（一）遵守法律、法规；（二）遵守学生行为规范，尊敬师长，养成良好的思想品德和行为习惯；（三）努力学习，完成规定的学习任务；（四）遵守所在学校或者其他教育机构的管理制度。"

按照上述规定，幼儿园学生应在父母及教师的引导教育下了解、遵守国家的各项法律法规；遵守幼儿园学习纪律和作息制度；热爱父母与家人、尊敬师长、团结其他幼儿园学生；养成良好的思想品德和行为习惯；努力配合幼儿园教师完成好各项教学活动。

三、国际儿童权利保护公约解读

进入 20 世纪以来，国际社会上保护儿童权利的运动逐渐拉开了序幕。1925 年，在瑞士日内瓦召开的"儿童幸福国际大会"，通过了《日内瓦保障儿童宣言》。这一宣言是近代人类历史上对于儿童权利国际保护运动的起点。然而，这一宣言对于儿童权利的理解还较为局限，仅将使儿童免于贫困、饥饿、疾病以及剥削等作为保护的主要内容。在此基础上，1959 年，联合国根据《世界人权宣言》的主要精神制定并通过了《儿童权利宣言》。这一文件首次将儿童权利与成年人的人权相等同，从更加宏观的视角开始研究儿童权利的核心，并将儿童最大利益纳入其中，成为国际社会保护儿童权利的重要进步，但这一文件却最终没能以公约的形式确定下来，因此在国际社会上并没有明确的法律效力。随着国家人权意识的发展与提高，联合国历经十年的酝酿，终于在 1989 年 11 月 20 日通过了《儿童权利公约》。迄今为止，世界上绝大部分国家都已成为该公约的缔约国，我国政府也在 1990 年 8 月签署了《儿童权利公约》。该公约也是签署国家最多、接受程度最高、最为重要的关于儿童权利保护的国际文件。

公约将儿童最大利益原则、尊重儿童生存发展权利的原则、无歧视原则以及尊重儿童观点的原则确定为公约的四大原则，其中尤其强调，儿童最大利益原则不仅是四项原则之一，更是制定该公约的基本理念，其内容可以理解为关于儿童的一切行为，不论是公立或私立社会福利机构、法院、行政当局或立法机构执行，均应以儿童的最大利益为一种首要考虑。

除此外，公约还概括总结出了儿童的四项基本权利。一是儿童的生存权，具体包括：儿童有获得姓名、国籍的权利；儿童有知道谁是其父母并受父母照料的权利；儿童享有可达到最高标准的健康的权利；儿童享有足够的食物和安定的住所的权利。二是儿童的受保护权，具体包括：儿童的隐私、家庭、住宅或通信不受任意或非法干涉的权利；儿童的名誉或荣誉不受非法攻击的权利；保护儿童免受父母或其他人任何形式的身心摧残、凌辱、忽视、虐待或剥削，包括性侵犯；脱离家庭环境的儿童有权利得到特别的保护和协助，包括被安排寄养、监护、收养或安置在育儿机构；防止以任何目的或形式诱拐、买卖或贩运儿童。三是儿童的发展权，具体包括：儿童享有接受一切形式的教育（正规和非正规教育）的权利；各国政府能够保证给予儿童的身体、心理、精神、道德与社会交往得以发展的支持条件。四是儿童的参与权，具体包括：儿童有对影响儿童的一切事项自由发表自己的意见的权利；儿童有自由发表言论的权利；儿童有寻求接受和传递各种信息和思想的自由；有参与社会、经济、宗教、政治、文化及家庭生活的权利。

从上述内容不难看出，该公约之所以获得了国际社会绝大部分国家的认可，与其对于儿童权利保护的科学性、全面性、前瞻性密不可分。从实际情况看来，尽管还有很多国家在切实执行该公约的过程中与公约要求存在很大差距，但这并不影响我们确定儿童权利保护的方向和内容。我国作为缔约国之一，虽在儿童权利保护方面取得了较为明显的成绩与进步，但在很多教育、经济落后的地区，我国对于儿童权利的保护还有许多需要改进与完善的地方。

第三节　幼儿园与学生的法律关系

一、幼儿园与学生法律关系界定

目前，我国学者对于幼儿园与幼儿园学生的法律关系存在不同的认识。曾经出现的认可度较高、较为主流的观点是监护关系说，即幼儿园与幼儿园学生之间存在的是监护法律关系。这一观点是较为早期的传统理念，持这一观点的学者还将这种监护关系划分为"监护转移说""监护代理说"和"委托监护说"。"监护转移说"是指家长作为幼儿园学生的法定监护人，当其将学生送入学校学习时，家长的监护责任就随之转移至学校，从而学校成为未成年学生的监护责任的主体；"监护代理说"认为，家长虽然是幼儿园学生的法定监护人，但幼儿园在法律上承担着监护学生的义务，幼儿园代替家长履行了监护职责，因此，幼儿园应该是学生在园期间的监护代理人；"委托监护说"则认为，基于幼儿在园接受教育、看管这一事实，幼儿园与幼儿园学生应该是一种委托监护的关系，学生在园期间，幼儿园学生家长将自己的监护权委托给幼儿园，因此，当园方出现因管理不当造成幼儿人身、财产安全伤害事故时，园方理应承担相应的民事赔偿责任，甚至刑事责任。

然而，随着我国《学生伤害事故处理办法》《侵权责任法》和新修订的《幼儿园工作规程》的颁布与实施，认为幼儿园与学生是监护关系的观点明显不再成立。《学生伤害事故处理办法》第七条明确规定："学校对未成年学生不承担监护责任。"新颁布的《民法总则》第二十七条规定："父母是未成年子女的监护人。未成年人的父母已经死亡或者没有监护能力的，由下列有监护能力的人按顺序担任监护人：（一）祖父母、外祖父母；（二）兄、姐；（三）其他愿意担任监护人的个人或者组织，但是须经未成年人住所地的居民委员会、村民委员会或者民政部门同意。"这一规定就将未成年人的监护人范围、层次以及意外情况进行了充分地说明。不难看出，幼儿园并不能被纳入未成年人的监护责任主体范围。

新修订的《幼儿园工作规程》第三条规定："幼儿园的任务是：贯彻国家的教育方针，按照保育与教育相结合的原则，遵循幼儿身心发展特点和规律，实施德、智、

113

体、美等方面全面发展的教育，促进幼儿身心和谐发展。"《侵权责任法》第三十八条规定："无民事行为能力人在幼儿园、学校或者其他教育机构学习、生活期间受到人身损害的，幼儿园、学校或者其他教育机构应当承担责任，但能够证明尽到教育、管理职责的，不承担责任。"这些规定除对幼儿园等教育机构的具体工作职能进行了限定外，也对其应该保障未成年人的人身、财产权利做出了要求。

我们认为，从幼儿园等教育机构的教育任务、教育功能、教育职责、法律责任追究等方面来看，将幼儿园与幼儿园学生之间的法律关系界定为教育管理关系是较为恰当的，家长仍然是幼儿园学生的主要监护人，而幼儿园也应在法律法规的要求下完善管理制度、提高教育质量，确保学生在接受教育的同时身心得以健康、良好地发展，切实保障幼儿园学生的合法权益。

二、入园幼儿易受侵犯的权利分析

入园幼儿在幼儿园等学前教育机构学习、生活期间，由于生理、心理的弱小性等特点，加之幼儿园的教师及其他工作人员法律意识薄弱，幼儿园规章制度不健全，会发生入园幼儿的人身和财产权利被侵犯的现象。

(一)侵犯入园幼儿园学生的人身权利

1. 体罚、变相体罚幼儿园学生

在探讨这个问题之前，我们有必要先对体罚的概念进行界定。体罚，指教师以学生身体和心理作为处罚对象，以使受罚者感到痛苦为目的，损害学生身心健康的非法惩处手段。教师作为教育管理的主体，其主要的工作职责与内容就是对学生进行科学知识的传授、良好品德的示范，以及行为规范的引导。而对于认知能力及自我控制能力尚浅的幼儿园学生而言，他们在学习过程中反复出现认知、态度或行为上的错误都是其学习成长的必经过程。因此，在教育过程中，教师不可避免的会对学生所犯的错误进行矫正。然而，这种矫正行为是有维度的，其目的应该是帮助学生认识错误、减少或避免重复犯错，其实施的方法、原则或程度都应该以达到这一教育管理的目的为前提，而不应对学生的学习积极性、自尊心等产生不良作用，更不能对其人身健康产生实际损害，否则，这种矫正行为就极有可能演变为体罚或变相体罚。对于这一问题，许多法律法规中都有明确的禁止性要求，例如，修订后的《未成年人保护法》第二十一条规定："学校、幼儿园、托儿所的教职员工应当尊重未成年人的人格尊严，不得对未成年人实施体罚、变相体罚或者其他侮辱人格尊严的行为。"《义务教育法》第二十九条规定："教师应当尊重学生的人格，不得歧视学生，不得对学生实施体罚、变相体罚或者其他侮辱人格尊严的行为，不得侵犯学生合法权益。"

2. 歧视幼儿园学生

禁止歧视幼儿是指不能因其国籍、种族、性别、宗教等因素而歧视任何一个儿童，应给予幼儿充分地尊重，其法理基础是幼儿应该享有同成人一致的平等权。

关于禁止歧视幼儿，《儿童权利公约》规定："缔约国应遵守本公约所载列的权利，并确保其管辖范围内的每一个儿童均享受此种权利，不因儿童或其父母或法定监护人的种族、肤色、性别、语言、宗教、政治或其他观点、民族、族裔或社会出身、财产、伤残、出生或其他身份而有任何歧视。""缔约国应采取一切适当措施确保儿童得到保护。不应该基于儿童父母、法定监护人或家庭成员的身份、活动、所表达的观点或信仰而受到一切形式的歧视或惩罚。"这一规定作为保护儿童权利的四项基本原则之一被放到了公约的首要位置，并作为尊重和保护儿童的一项重要内容。对此，我国《未成年人保护法》第三条也规定："未成年人不分性别、民族、种族、家庭财产状况、宗教信仰等，依法平等地享有权利。"

3. 评价幼儿的评语偏激，对学生实施"软暴力"

获得公正而合理的评价不仅是幼儿的合法权益之一，也是帮助幼儿进步成长的重要辅助手段。幼儿教师应当公正、公平地对待幼儿，努力保证儿童不因年幼而受到成人的歧视、剥夺、虐待、侮辱和其他不平等的待遇，不因教师的个人喜好厚此薄彼，不应因为儿童年幼而使用讽刺、挖苦性的语言来侮辱幼儿，更不应因幼儿没有抵抗还击能力而将其作为发泄怨气或打击报复的对象，避免对幼儿的身心造成不良影响。

(二)侵犯入园幼儿园学生的财产权利

财产权是公民、法人对其所拥有的财产依法进行占有、使用、收益及处分的权利，任何人不得以任何理由非法侵犯他人的财产权。新修订的《民法总则》第一百一十三条规定："民事主体的财产权利受法律平等保护。"教师侵犯入园幼儿园学生财产权的主要表现形式包括：非法向幼儿园学生收取相关费用，违规收取学生或家长的礼品，损坏或没收学生财物，违规罚款等。幼儿园学生在园学习期间，幼儿园及教师应该严格遵守相关的法律法规，建立并完善园内财务制度，杜绝各种侵犯学生财产权利的行为。

三、我国未成年学生的法律保护

保障儿童的合法权益，不仅是国家的重要使命，是每个家庭、教育机构的法定责任，也是每个公民的基本义务。对于儿童权利的探索与保护，我国也先后经历过萌芽、曲折发展及转型确定的历史发展过程。特别是1990年8月我国政府签署了第44届联合国大会通过的《儿童权利公约》，至此，儿童作为权利主体的地位首次以法律的形式确定了下来。《儿童权利公约》明确指出："儿童因身心尚未成熟，在其出生以前和以后均需要特殊的保护和照料，包括法律上的适当保护。"据此，我国以《宪法》为核心，陆续制定并颁布了《未成年人保护法》《幼儿教师职业道德规范》《义务教育法》等，专门用以保护未成年人的各项法律权益，形成了较为完备的法律体系。

(一)家庭保护

家庭是社会生活的最小单位，是在婚姻或血缘关系基础之上建立起来的社会生活的组织形式，它不仅承担着繁衍后代的职责，还肩负有抚养、教育、保护后代的社会职责。

我国《未成年人保护法》第二章明确规定了家庭对于未成年人应当提供的保护的具体内容：

第十条 父母或者其他监护人应当创造良好、和睦的家庭环境，依法履行对未成年人的监护职责和抚养义务。

禁止对未成年人实施家庭暴力，禁止虐待、遗弃未成年人，禁止溺婴和其他残害婴儿的行为，不得歧视女性未成年人或者有残疾的未成年人。

第十一条 父母或者其他监护人应当关注未成年人的生理、心理状况和行为习惯，以健康的思想、良好的品行和适当的方法教育和影响未成年人，引导未成年人进行有益身心健康的活动，预防和制止未成年人吸烟、酗酒、流浪、沉迷网络以及赌博、吸毒、卖淫等行为。

第十二条 父母或者其他监护人应当学习家庭教育知识，正确履行监护职责，抚养教育未成年人。

有关国家机关和社会组织应当为未成年人的父母或者其他监护人提供家庭教育指导。

第十三条 父母或者其他监护人应当尊重未成年人受教育的权利，必须使适龄未成年人依法入学接受并完成义务教育，不得使接受义务教育的未成年人辍学。

第十四条 父母或者其他监护人应当根据未成年人的年龄和智力发展状况，在作出与未成年人权益有关的决定时告知其本人，并听取他们的意见。

第十五条 父母或者其他监护人不得允许或者迫使未成年人结婚，不得为未成年人订立婚约。

第十六条 父母因外出务工或者其他原因不能履行对未成年人监护职责的，应当委托有监护能力的其他成年人代为监护。

从上述规定中可以看出，父母作为未成年人的法定监护人，对未成年人身心的健康成长承担着极为重要的责任；除了父母之外的其他家庭成员，同样负有协助幼儿父母对未成年人行使保护的责任。因此，父母或其他监护人应不断努力提高自身综合素养，从而以积极的心态、健康的思想、文明的言行、科学的方法抚养和教育未成年人，保护幼儿的合法权利，使其沿着健康的方向成长。

（二）教育机构保护

对于未成年人而言，幼儿园、各级各类中小学是其学习发展的主要教育机构。这些教育机构在提供科学合理的教育教学活动的同时，也应该按照法律的规定充分尊重、保护未成年人的各项合法权益。为此，我国专门制定了《教育法》《义务教育法》《未成年人保护法》《幼儿园工作规程》等法律法规，将各教育机构应如何保护未成年人的合法权益进行了细化。

在学前教育阶段，幼儿园是未成年人主要的教育机构。幼儿园作为专门从事幼儿教育工作的场所，是保护幼儿合法权益的主要部门；幼儿园教师作为幼儿园教育教学活动的主要组织、实施者，承担着保护幼儿权利的更为直接的责任。按照相关法律法规的规定，这两类主体对于幼儿保护的具体内容主要包括：

第一，幼儿教师应为人师表，以自身良好的言行影响和教育学生，对调皮、不听话的幼儿应当耐心教育，不得放任不管或任意剥夺其参加各项活动的权利。

第二，幼儿园要为幼儿提供合格、卫生的教学和生活设施，要保证幼儿活动的安全、饮食的健康，保证幼儿充足的休息时间。

第三，教师应尊重幼儿的合法权益，维护幼儿的合法权利，对于损害幼儿权利的行为，可以通过合法的途径来交涉处理。

第四，幼儿园应与家长密切联系并对家长进行家庭教育方面的指导，共同探讨教育幼儿的有效方法。

第五，对于残障幼儿，教师应采取保护性措施，帮助他们克服学习、生活、文体等方面的困难，教育其他幼儿要尊重他们、关心他们、爱护他们。

幼儿工作者应当尊重幼儿的受教育权，关心爱护幼儿；应当尊重幼儿的人格尊严，不得实施体罚、变相体罚以及侮辱幼儿人格的行为；应为幼儿提供健康、安全的活动器材和教育设施。

我国《未成年人保护法》第三章对学校应如何保障未成年人的权益也进行了详细规定：

第十七条　学校应当全面贯彻国家的教育方针，实施素质教育，提高教育质量，注重培养未成年学生独立思考能力、创新能力和实践能力，促进未成年学生全面发展。

第十八条　学校应当尊重未成年学生受教育的权利，关心、爱护学生，对品行有缺点、学习有困难的学生，应当耐心教育、帮助，不得歧视，不得违反法律和国家规定开除未成年学生。

第十九条　学校应当根据未成年学生身心发展的特点，对他们进行社会生活指导、心理健康辅导和青春期教育。

第二十条　学校应当与未成年学生的父母或者其他监护人互相配合，保证未成年学生的睡眠、娱乐和体育锻炼时间，不得加重其学习负担。

第二十一条　学校、幼儿园、托儿所的教职员工应当尊重未成年人的人格尊严，不得对未成年人实施体罚、变相体罚或者其他侮辱人格尊严的行为。

第二十二条　学校、幼儿园、托儿所应当建立安全制度，加强对未成年人的安全教育，采取措施保障未成年人的人身安全。

学校、幼儿园、托儿所不得在危及未成年人人身安全、健康的校舍和其他设施、场所中进行教育教学活动。

学校、幼儿园安排未成年人参加集会、文化娱乐、社会实践等集体活动，应当有利于未成年人的健康成长，防止发生人身安全事故。

第二十三条　教育行政等部门和学校、幼儿园、托儿所应当根据需要，制定应对各种灾害、传染性疾病、食物中毒、意外伤害等突发事件的预案，配备相应设施并进行必要的演练，增强未成年人的自我保护意识和能力。

第二十四条　学校对未成年学生在校内或者本校组织的校外活动中发生人身伤害事故的，应当及时救护，妥善处理，并及时向有关主管部门报告。

第二十五条　对于在学校接受教育的有严重不良行为的未成年学生，学校和父母或者其他监护人应当互相配合加以管教；无力管教或者管教无效的，可以按照有关规定将其送专门学校继续接受教育。

依法设置专门学校的地方人民政府应当保障专门学校的办学条件，教育行政部门应当加强对专门学校的管理和指导，有关部门应当给予协助和配合。

专门学校应当对在校就读的未成年学生进行思想教育、文化教育、纪律和法制教育、劳动技术教育和职业教育。

专门学校的教职员工应当关心、爱护、尊重学生，不得歧视、厌弃。

第二十六条　幼儿园应当做好保育、教育工作，促进幼儿在体质、智力、品德等方面和谐发展。

(三)社会保护

社会作为一个有机整体，泛指由共同的物质条件而连接起来的有组织、有行为规范的人群，其整体政治、经济、文化的传承与发展都离不开一代又一代的接班人。未成年人成长学习的过程正是在不断地积累科学文化知识和学习职业技能，为社会的发展提供后备力量，只有保护、教育好未成年人，为其成长、发展提供良好的条件、场所及环境，一个国家或社会才能不断进步、不断创新。因此，保障未成年人也是全社会的重要责任。

第一，影视、文化、出版以及其他有关单位和人员，要为幼儿创作、出版、发行、展出、演出、播放适合幼儿特点，并有利于其身心健康的影视、录音、录像、书籍、报刊、图画、文艺节目和其他精神产品。凡提供精神产品的单位和个人，都应对产品内容负责，有不适宜幼儿身心健康发展的，禁止提供。

第二，儿童乐园、公园等公共娱乐场所中为幼儿提供的设施环境，应符合幼儿的特点，保证安全健康；一些需在父母陪同下才可进行的活动项目，应有明显标志，并禁止幼儿单独参与。

第三，社区内的企事业单位要与幼儿园配合，为幼儿园的教育工作提供人力或物质上的帮助，并尽可能地降低收费或免费。

第四，各级工会、妇联、体育协会应把保护幼儿的健康成长列为经常性的工作，经常会同教育部门建立家庭教育指导机构，提供幼儿教育的咨询服务，提供家庭教育的各种指导。

第五，居民委员会、村民委员会应在政府有关部门的指导下，开展保护幼儿的活动，并利用寒暑假，举办有益于幼儿身心健康的文体活动。

第六，公民有义务帮助有困难的幼儿，对于家庭暴力、虐待幼儿的行为，任何公民、组织均有义务向有关部门反映，以保护幼儿的合法权益。

(四)立法保护

对未成年人的家庭保护、学校保护、社会保护都需要通过法律的形式使其得以落实、实施。我国自正式签署《儿童权利公约》以来，先后于 1991 年 9 月 4 日通过了《未成年人保护法》；于 1995 年 3 月颁布了《教育法》；于 1996 年 3 月 9 日颁布了《幼儿园工作规程》，并且历经多次修订形成现在的新修订的《幼儿园工作规程》。除此外，还出台了《幼儿教师日常行为规范》《幼儿园教师专业标准(试行)》等规范教师行为的规章制度。这些法律法规中，都有大量条款对如何保护未成年人的合法权益进行了详尽地解释，也表现出了国家对于保护未成年人的决心与信心。从实际情况来看，虽然我们还经常会听到、看到有关侵犯未成年人合法权益的事例在国家立法的层面、法律监督与法律责任追究的过程中存在很多不足之处，但时代的进步不断在提醒我们更加自觉地保护自己及他人的合法权益，无论是未成年人或成年人，而在此过程中不仅仅是以法律法规为准绳，而是向着一种更加人性、更加民主的方向去保护未成年人的成长与发展。

资料链接

《幼儿园家长安全责任书》[1]

尊敬的各位家长：

幼儿是祖国的未来，家长的希望。幼儿安全不仅是全社会普遍关注的问题，也是幼儿健康发展、快乐成长的基础。感谢您将孩子送到我园就读，并给予我们充分的信任！为使您的孩子能在我园安全、健康、快乐地全面发展，我们根据国家的有关法律法规，制定此安全责任书，具体内容如下。

一、幼儿园安全责任

1. 幼儿园要加强安全工作的组织领导，制定安全规章制度，建立安全工作机

———————

[1] 《幼儿园家长安全责任书》是作者在长期教学与实践过程中总结提炼形成的。

制，健全安全工作标准，落实安全目标责任，加强对园舍、幼儿活动场地、教学设施、生活设施和其他公共设施的安全保卫工作，并在可预见范围内采取必要的安全防护措施。

2. 幼儿园应采取多种形式对幼儿加强思想品德教育、遵纪守法教育、卫生保健教育和交通安全教育等，并要求各班主任根据本班的实际情况，采取各项安全措施，确保幼儿在园安全。

3. 各班主任、任课教师要认真组织幼儿学习幼儿园的安全工作规章制度；经常注意查找、识别班级教育教学、日常管理、体育运动、校外活动中的不安全因素；切实加强安全意识，及时排查安全隐患，做好安全预警防范工作。

4. 各班主任、任课教师要严格要求幼儿遵守幼儿园的安全规章制度和条款；培养幼儿安全意识、自我防范和自救自护能力；在幼儿园统一指挥下，定期组织开展地震、火灾、洪水等应急疏散演练，力求保证幼儿在园的人身安全。

二、家长安全责任

1. 家长接送幼儿入园、离园，请自觉遵守幼儿园的作息时间表，及时接送幼儿入园、离园。

无特殊情况，家长不能随意接幼儿离园；如有特殊情况必须中途早接，家长应向班主任书面说明情况，履行书面请假手续，必要时，需要上报园长批准。

2. 家长须亲自接送幼儿到园或离园，并亲自与班主任在班级"面对面"完成幼儿的交接工作，如有特殊情况请其他家庭成员代为接送的，必须事先明确告知班主任，经班主任确认后方可由其他家庭成员代为接送。

3. 禁止幼儿携带刀具、铁钉、火柴、烟花爆竹、玻璃等危险物品入园。家长在送孩子入园前，应对孩子的书包、口袋进行检查，及时阻止幼儿将危险物品带入园内。

4. 家长接幼儿离开教室后，幼儿停留在园内玩耍的，家长负有监护责任，如发生意外事件，其责任自负。

5. 家长有义务将幼儿的特异体质、特定疾病或异常心理状况等情况明确告诉幼儿园，以便幼儿园针对个别幼儿的特殊情况采取适当的安全防护措施。

6. 为安全起见，幼儿着装应尽量简洁舒适、便于运动。幼儿在园期间最好不穿戴过于复杂的装饰性物品或贵重首饰等，以防丢失或吞食造成意外。

7. 家长应注意幼儿的饮食卫生安全，并配合幼儿园老师教育幼儿不带零食入园、不吃小摊小贩售卖的食品，若幼儿离园后在流动摊贩购买零食食用导致安全事故发生，幼儿园不承担任何责任。

8. 家长在接送幼儿途中应注意交通安全，遵守交通规则，教育幼儿不在路上追逐、打闹、嬉戏，若在接送途中出现安全问题，幼儿园不承担任何责任。

9. 家长应配合幼儿园做好幼儿的安全教育工作，加强对幼儿安全意识的培养，教育幼儿不得动手打人，不做危险或者攻击性动作，不做不安全的游戏。

10. 家长通信联系方式和家庭住址发生变化的，应及时告知班主任老师。

三、给家长的建议

家长的言行是幼儿成长的示范与榜样。在日常生活中，家长应引导和监督幼儿早睡早起、尊师重教、言行举止文明、养成良好的行为生活习惯；在学习过程中，家长应引导幼儿养成专注认真、持之以恒的学习习惯。总之，家长应支持、配合幼儿园的学习管理要求，切实保障幼儿身心的健康、全面发展。

申明：

教育部已于 2002 年 6 月 25 日颁布了《学生伤害事故处理办法》，该办法自 2002 年 9 月 1 日起实施。幼儿在正常活动中出现较大意外事故的，按《学生伤害事故处理办法》处理。

各位家长，幼儿的安全是幼儿园教育工作的重中之重，是构建和谐有序的教育教学环境的必要条件，希望家长积极配合我园的工作，高度重视幼儿安全，自觉遵守以上规定。谢谢您的合作与支持！

幼儿家长签名：　　　　　　　　班主任签名：

家长联系电话：　　　　　　　　幼儿园：（盖章）

第七章 幼儿园依法治园

为贯彻落实党的十八大和十八届三中、十八届四中全会、十八届五中全会精神，进一步落实《国家中长期教育改革和发展规划纲要（2010—2020年）》提出的工作任务，落实《法治政府建设实施纲要（2015—2020年）》要求，2016年1月，教育部发布《依法治教实施纲要（2016—2020年）》，明确提出在我国教育领域全面深入推进依法治教的工作部署，依法治教将成为今后我国教育领域改革和发展的一项长期目标。

第一节 幼儿园依法治园概述

一、依法治教与依法治校

（一）依法治教的概念和政策依据

所谓依法治教，是指全部的教育活动都应当符合国家宪法、法律法规，特别是教育法律法规的规定，所有的教育法律关系主体在从事各类教育活动时都应当遵守和贯彻国家法律法规，特别是教育法律法规的规定和精神。依法治教的本质就是要依据法律来管理和发展教育，把法治思维和法治方式贯穿于教育管理的始终，将教育行政部门的行政管理职能向依法监管、提供服务职能转变，推动和保障教育改革与发展健康有序地进行，从而实现教育发展和管理的法治化。

我国依法治教的基本含义包括：在教育领域以法治思维和法治方式深入推进教育全面综合改革，遵循依法治校的指导思想和基本原则，构建并完善政府依法行政、学校依法办学、教师依法执教、社会依法支持和参与教育治理，全面推进教育治理体系和治理能力现代化。

2010 年 7 月，国务院正式对外发布了《国家中长期教育改革和发展规划纲要（2010—2020 年）》。该规划纲要第二十章"推进依法治教"，从完善教育法律法规、全面推进依法行政、大力推进依法治校、完善督导制度和监督问责机制四个方面阐述了依法治教的治理体系和具体措施，明确将依法治教确定为我国教育改革和发展的未来方向和目标。

2016 年 1 月，教育部正式发布《依法治教实施纲要（2016—2020 年）》，该纲要共分六个部分：

第一部分：总体要求

（一）指导思想

（二）总体目标

（三）基本原则

第二部分：构建完善的教育法律及制度体系

（一）大力加强教育立法工作

（二）积极推动教育地方性法规规章建设

（三）全面提高规章及规范性文件质量

（四）建立规章和规范性文件清理长效机制

第三部分：深入推进教育部门依法行政

（一）依法全面履行教育行政管理职能

（二）推进决策科学化、民主化、法治化

（三）深化教育行政执法体制机制改革

（四）全面推进教育领域信息公开

（五）构建多元参与的教育治理体制

（六）健全教育领域纠纷处理机制

第四部分：大力增强教育系统法治观念

（一）实施教育系统法治观念提升工程

（二）全面加强学生法治教育

（三）积极推进青少年法治教育实践基地建设

（四）健全青少年法治教育支持体系

（五）着力提升中小学法治教育教师专业素质

第五部分：深入推进各级各类学校依法治校

（一）大力推进学校依章程自主办学

（二）积极推进现代学校制度建设

（三）完善师生权益保护机制

（四）全面启动依法治校示范校创建活动

第六部分：健全组织保障和落实机制

（一）加强对依法治教的组织领导

（二）健全教育法治工作队伍

（三）建立学校法律服务和支持体系

（四）构建教育法治智力支持体系

（五）实施要求

落实实施路径，创新工作方法。

明确目标要求，制定实施规划。

完善工作机制，加强评估指导。

该实施纲要是我国依法治教工作部署的实施行动指南，是政府教育行政部门和各级各类学校推进依法治教工作的顶层设计方案，是全面深化教育综合改革和发展的政策指导性文件。

（二）依法治校的概念和政策依据

所谓依法治校，是指政府教育行政机关以及各级各类学校，依照宪法和法律的规定，特别是教育法律法规和规章的规定和精神，运用法治思维和法治方式来治理和管理学校的各项事务，使学校各项工作得以规范化、法治化。依法治校是实施依法治教的关键环节，是依法治教工作的切入点和突破口。

早在 2003 年 7 月，教育部就发布了《关于加强依法治校工作的若干意见》，该意见首次较全面地阐述了我国依法治校的重要性和必要性，明确规定了依法治校的指导思想和工作目标，从转变行政管理职能、加强学校制度建设、推进学校民主管理、加强学校法制教育、严格教师管理、完善学校保护机制六个方面大力推进依法治校工作，强调加强对推进依法治校工作的领导，形成推进依法治校工作的社会共识和社会合力。

2012 年 11 月，教育部正式发布了《全面推进依法治校实施纲要》，该纲要共分九个部分：

第一部分：全面推进依法治校的重要性与紧迫性

第二部分：全面推进依法治校的指导思想和总体要求

第三部分：加强章程建设，健全学校依法办学自主管理的制度体系

第四部分：健全科学决策、民主管理机制，完善学校治理结构

第五部分：依法办学，落实师生主体地位，形成自由平等公正法治的育人环境

第六部分：健全学校权利救济和纠纷解决机制，有效化解矛盾纠纷

第七部分：深入开展法制宣传教育，形成浓厚的学校法治文化氛围

第八部分：加强组织与考核，切实提高依法治校的能力与水平

第九部分：转变政府职能，加强对学校依法治校的保障

该纲要首次全面阐释了依法治校的重要性和紧迫性，指明了依法治校的指导思想和总体要求，从加强学校章程建设，健全学校依法办学的制度体系；健全科学决策、民主管理机制，完善学校治理结构；依法办学，落实师生主体地位，形成自由平等公正法治的育人环境；健全学校权利救济和纠纷解决机制，有效化解矛盾纠纷；

深入开展法制宣传教育，形成浓厚的学校法治文化氛围；加强组织与考核，切实提高依法治校的能力和水平；转变政府职能，加强对学校依法治校的保障七个方面全面阐明了依法治校的内涵结构。依法治校的主体要素和工作内容，对今后开展依法治校工作有重要的指导意义。

二、幼儿园依法治园的概念和基本结构

依法治园是我国各级各类学校全面推进依法治校工作的重要组成部分。幼儿园等幼教机构的从业者由于入职条件、工作岗位的特殊性质、岗位培训的重视程度、从业者职业素质的要求等因素的限制，在依法治园思想理念的树立、体制机制的建设力度、规章制度的健全、工作内容的规程化、检查监督的规范化等方面离依法治校的总体目标还存在较大差距，这也是国家推进依法治校工作的重点和难点。

（一）幼儿园依法治园的概念

幼儿园依法治园是指国家教育行政机关以及各级各类幼儿园，依照宪法和法律的规定，特别是有关学前教育事业发展的教育法律法规和规章的规定和精神，运用法治思维和法治方式来治理和管理幼儿园的各项事务，使幼儿园各项工作得以规范化、法治化。

（二）幼儿园依法治园的基本结构

1. 幼儿园依法治园的主体

法律关系的主体是指法律关系的参与者。依法治园工作的主体就是我国学前教育活动的参与者，它包括政府及其学前教育行政主管部门、各级各类幼儿园、幼教机构、教育者、受教育者以及监护人和其他相关人员和组织。由此，幼儿园依法治园不仅是指以幼儿园为主体的办学机构自身依法办学，还包括政府及其学前教育行政主管部门依法行使管理职责，强调依法行政和依法执政，能够运用法治思维和法治方式管理学前教育事业的健康发展。

2. 幼儿园依法治园的内容

法律关系的内容是指法律关系涉及的权利和义务。学前教育领域涉及的法律关系包括：幼儿园与教育行政主管部门的法律关系；幼儿园与政府其他行政管理部门之间的法律关系；幼儿园与平等主体的企事业单位、公民之间的法律关系；幼儿园与园长、教师及其他工作人员之间的法律关系；幼儿园、园长、教师与学生及其监护人之间的法律关系；幼儿园与其他社会主体发生的法律关系。以上法律关系既涉及管理者与被管理者之间的行政管理法律关系，如学前教育行政主管部门与幼儿园之间行政管理法律关系；又涉及平等主体之间的民事法律关系，如幼儿园从事民事活动产生的法律关

系；同时还会涉及实施犯罪行为而构成的刑事法律关系，例如，幼儿园发生教育设施重大安全事故，则园方必须承担刑事责任，必须追究责任人的刑事责任。

3. 依法治园的客体

法律关系的客体是指法律关系的权利和义务所指向的对象。幼儿园依法治园的客体包括：教育行政主管部门及其他政府部门依法行使管理职权的情况；幼儿园依法治园体制机制的创建情况；幼儿园内部各项管理规章制度的健全和完善情况；教职员工对法律法规和规章制度的学习和领会情况；幼儿园管理规章制度的遵守和执行情况；监督检查机制的健全和运行情况；监督检查结果的运用情况等。

三、依法治国背景下幼儿园依法治园的工作内容

2012 年 11 月，党的十八大明确提出"全面推进依法治国"的基本方略，同时强调"法治是治国理政的基本方式"。2014 年 10 月，党的十八届四中全会审议通过了《中共中央关于全面推进依法治国若干重大问题的决定》。该决定提出："全面推进依法治国，总目标是建设中国特色社会主义法治体系，建立社会主义法治国家。"

依法治国就是依照体现人民意志和社会发展规律的法律治理国家，而不是依照个人意志、主张治理国家；要求国家的政治、经济运作、社会各方面的活动必须依照法律进行，而不受任何个人意志的干预、阻碍或破坏。依法治国是依照宪法和法律来治理国家，是中国共产党领导人民治理国家的基本方略，是发展社会主义市场经济的客观需要，也是社会文明进步的显著标志，还是国家长治久安的必要保障。依法治国，建设社会主义法治国家，是人民当家做主的根本保证。

依法治教是依法治国基本方略在教育领域的具体体现和要求，依法治校是依法治教工作的重要组成部分。当前，全国各地的幼儿园正在积极推进依法治园工作。根据国家依法治教、依法治校的政策法律依据，结合我国学前教育的工作实践，幼儿园依法治园工作应当做好以下几个方面。

（一）大力推进幼儿园依章程自主办学

幼儿园章程是幼儿园依法办学的法定依据，是幼儿园内部管理和治理的法定标准。按照教育部《依法治教实施纲要（2016—2020 年）》的工作部署，地方教育行政主管部门应当积极对本地区幼儿园的章程制定工作提出要求，在专业人士的参与下提出章程修改的指导意见，健全章程审核批准制度，加快推进幼儿园章程建设，到2020 年，全面实现学校按章程自主办学。

（二）建立健全幼儿园各项规章制度，保证各项工作按照制度运行

幼儿园依法治园的前提是建立健全各项规章制度。每个幼儿园必须贯彻执行国家的教育方针和政策，根据本幼儿园的情况制定各项规章制度，健全所有岗位责任

制，制定岗位工作操作规程，确保工作流程清晰、责任到岗、责任到人。幼儿园内部规章制度的制定要遵循学前教育教学的客观规律，不得违反《教育法》《教师法》《幼儿园管理条例》和新修订的《幼儿园工作规程》等法律法规的禁止性规定，注重幼儿园各项规章制度的合理衔接，保证幼儿园各项工作在规章制度的规范下运行。

(三)健全幼儿园各项内部管理制度，依法管理幼儿园各项事务

依法治园就是要求幼儿园在教学、管理和服务等方面实现依法管理，具体内容包括：幼儿园实行园长负责制，幼儿园应当建立园务委员会。园长定期召开园务委员会会议，遇重大问题可临时召集，对规章制度的建立、修改、废除，全园工作计划，工作总结，人员奖惩，财务预算和决算方案，以及其他涉及全园工作的重要问题进行审议。

幼儿园的宏观管理制度应当包括：幼儿园领导制度；幼儿园各类人员岗位责任制度；工作实绩考核制度；工作人员奖惩制度；收费公示制度；信息管理制度等。

幼儿园的微观管理制度应当包括：工作制度——作息制度，教学秩序管理制度，学习制度，园务会议制度等；教育、教研、科研管理制度——教学常规管理制度，教学科研奖励制度，教研活动管理制度，教师业务进修培训制度等；卫生保健制度——幼儿一日生活卫生制度，饮食管理制度，卫生消毒及隔离制度，卫生保健登记统计制度；安全保护制度——园内安全工作领导机构，门卫制度，安全巡查检查制度，消防安全制度，用水(电、气)安全制度，食堂采购、索证、登记制度，学生安全信息通报制度，住宿学生安全管理制度，接送车辆安全管理制度，校车驾驶人员安全管理制度，安全教育培训制度，安全事故应急预案及演练制度，药物管理制度，幼儿接送制度；财产管理和财务制度——幼儿园经费预算制度，财务报账制度，财务审计制度；幼儿园与家长联系制度——家长开放日制度，园级家长工作，年级家长工作，班级家长工作；幼儿园与社区联系制度等。

(四)高度重视幼儿园安全工作，完善师生权益保障机制

按照国务院教育督导办公室印发的《中小学(幼儿园)安全工作专项督导暂行办法》的要求，高度重视幼儿园安全工作，配合当地教育行政主管部门做好幼儿园安全工作组织管理、制度建设、预警防范、教育演练、重点治理和事故处理等方面的工作，对照《中小学(幼儿园)安全工作专项督导评估指标体系》中的 15 项二级指标逐一落实，进一步提高幼儿园应对安全问题的能力。积极引导幼儿园通过人民调解途径解决学生人身伤害事故纠纷，实现及时高效地公平、公正调处纠纷，化解与学生家长的矛盾。

(五)争创依法治园示范园，带动幼儿园依法治园工作的广泛深入推进

根据《依法治教实施纲要(2016—2020 年)》的工作部署，教育部制定发布依法治

校评价体系和考核办法，指导全国各地全面启动依法治校考核机制和各级依法治校示范校创建活动。创新考核办法，建立学校自查、专家评审、行政部门复查以及第三方评估、社会评价等多元考核机制，通过创建和评审，形成一批高标准的依法治园的示范学校。

第二节　幼儿园依法治园的管理规章制度

幼儿园依法治园是我国依法治国基本方略在学前教育领域的具体体现，是国家教育领域依法治教的重要组成部分。实现幼儿园依法治园工作目标的前提条件是科学制定幼儿园各项管理工作的规章制度，以保证幼儿园各项工作在依法管理的前提下健康运行。

一、幼儿园管理规章制度的含义和制定原则

(一)幼儿园管理规章制度的含义

管理规章制度是指一定的社会组织根据管理工作的需要，采用条文的形式固定下来，用于规范组织的各项工作及组织成员行为的各种规则、章程和制度的总称。管理规章制度是保证组织正常活动和完成组织任务的基本准则。

幼儿园管理规章制度是指为了实现幼儿园确定的发展目标，对园内各项工作和各类工作人员所规定的必须遵守的工作规程和工作行为准则。在依法治园前提下幼儿园制定的管理规章制度，就是幼儿园内部的"法则"，是幼儿园内部的管理规则，是全体教职员工在园内必须掌握和遵循的具体工作制度。

(二)幼儿园管理规章制度制定的原则

幼儿园管理规章制度的制定是幼儿园管理中的一项基础性工作，是一项严肃而又复杂、细致的工作，应遵循的原则有以下四项。

1. 遵循国家法律政策的原则

幼儿园规章制度的制定首先要遵循国家法律政策的规定，必须符合党的教育方针政策精神，不得违背教育行政主管部门颁布的规章所规定的内容。幼儿园的规章制度必须体现社会主义的办学方向，幼儿园的发展规划及其教师的行为准则必须符合办人民满意的教育这一办学方向，不能偏离教育的公共性和公益性，更不能以营利为目的举办教育机构。

2. 符合学前教育办学规律的原则

幼儿园管理规章制度的内容必须符合学前教育的发展规律，具有科学性和进步

性，要充分体现学前教育工作的本质属性。例如，新修订的《幼儿园工作规程》第三十一条规定："幼儿园的品德教育应当以情感教育和培养良好行为习惯为主，注重潜移默化的影响，并贯穿于幼儿生活以及各项活动中。"第三十三条规定："幼儿园不得提前教授小学教育内容，不得开展任何违背幼儿身心发展规律的活动。"这是根据我国学前教育办学实践总结出来的，所有幼儿园制定规章制度必须遵照执行。幼儿园管理规章制度所规定的内容，既要符合国家学前教育办学的基本规律，又要兼顾本地的学前教育发展现状，同时应当引导学前教育未来的发展方向。当学前教育管理规章制度不适应当前国家学前教育发展的新要求时，幼儿园需要以科学的态度及时进行补充、修订和完善。

3. 保持相对稳定的原则

幼儿园的管理规章制度在实施过程中，在一定时期、一定条件下要保持相对的稳定性。经过一段时间的运用，幼儿园教职员工在熟悉了岗位职责、规章制度的具体要求后，便能够自觉遵守工作纪律，养成良好的工作习惯，形成科学合理的工作流程和操作规程，工作节点环环相扣，岗位职责明晰，责任到岗、责任到人，从而能够保证幼儿园教育教学活动的有序规范开展。

4. 充分行使教职工民主管理权利的原则

幼儿园管理规章制度的制定和实施的过程是全体教职工充分行使民主管理权利的过程。幼儿园管理规章制度的制定过程，就是广大教职工充分了解国家政策法律规定精神，理解和领会学前教育的办学规律，明晰不同人员的岗位责任和工作规程的过程。在全体教职工达成共识基础上，充分发挥民主讨论的功效，各方充分发表意见，最终形成集体认同的意志，并形成本幼儿园条文化、规范化的规章制度，这一过程能够调动全体教职工自觉遵守规章制度的积极性，从"要我遵守"转变为"我要遵守"，真正提升遵守规章制度的自觉性。

二、幼儿园管理规章制度的主要内容

根据各级各类幼儿园、幼教机构办学类型的不同，不同的幼儿园、幼教机构内部的管理规章制度也有着一定的差别。概括地讲，幼儿园内部管理规章制度主要包括全园性管理规章制度、安全管理制度、部门性规章制度、各类人员岗位责任制以及考核奖惩制度。

(一)全园性管理规章制度

各级各类幼儿园根据章程以及办园目标，需要制定一整套指导和规范全园规则的规章制度，以便于统一要求、统一行动，进而达到共同的目标。

1. 园长责任制、园务委员会制度

新修订的《幼儿园工作规程》第五十六条规定："幼儿园实行园长负责制。幼儿园应当建立园务委员会。园务委员会由园长、副园长、党组织负责人和保教、卫生保健、财会等方面工作人员的代表以及幼儿家长代表组成。园长任园务委员会主任。园长定期召开园务委员会会议，遇重大问题可临时召集，对规章制度的建立、修改、废除，全园工作计划，工作总结，人员奖惩，财务预算和决算方案，以及其他涉及全园工作的重要问题进行审议。"

2. 幼儿园党组织建设制度

新修订的《幼儿园工作规程》第五十七条规定："幼儿园应当加强党组织建设，充分发挥党组织政治核心作用、战斗堡垒作用。幼儿园应当为工会、共青团等其他组织开展工作创造有利条件，充分发挥其在幼儿园工作中的作用。"

3. 幼儿园教职工代表大会制度

新修订的《幼儿园工作规程》第五十八条规定："幼儿园应当建立教职工大会制度或者教职工代表大会制度，依法加强民主管理和监督。"教职工代表大会的职责应包括：听取园长的工作报告，审议办园方针、发展规划、教改方案、经费使用方案，提出意见和建议；团结全园教职工支持园长正确行使职权；关心教职工工作条件、生活福利等问题；监督、评议园长和其他园领导的工作业绩。

4. 幼儿园与家长联系制度、家长委员会制度

新修订的《幼儿园工作规程》第五十三条规定："幼儿园应当建立幼儿园与家长联系的制度。幼儿园可采取多种形式，指导家长正确了解幼儿园保育和教育的内容、方法，定期召开家长会议，并接待家长的来访和咨询。幼儿园应当认真分析、吸收家长对幼儿园教育与管理工作的意见与建议。幼儿园应当建立家长开放日制度。"

新修订的《幼儿园工作规程》第五十四条规定："幼儿园应当成立家长委员会。家长委员会的主要任务是：对幼儿园重要决策和事关幼儿切身利益的事项提出意见和建议；发挥家长的专业和资源优势，支持幼儿园保育教育工作；帮助家长了解幼儿园工作计划和要求，协助幼儿园开展家庭教育指导和交流。家长委员会在幼儿园园长指导下工作。"

5. 幼儿园收费公示制度、经费预算、决算审核制度

新修订的《幼儿园工作规程》第四十七条规定："幼儿园收费按照国家和地方的有关规定执行。幼儿园实行收费公示制度，收费项目和标准向家长公示，接受社会监督，不得以任何名义收取与新生入园相挂钩的赞助费。幼儿园不得以培养幼儿某种专项技能、组织或参与竞赛等为由，另外收取费用；不得以营利为目的组织幼儿表演、竞赛等活动。"

新修订的《幼儿园工作规程》第五十条规定："幼儿膳食费应当实行民主管理制度，保证全部用于幼儿膳食，每月向家长公布账目。"

新规定第五十一条规定："幼儿园应当建立经费预算和决算审核制度，经费预算和决算应当提交园务委员会审议，并接受财务和审计部门的监督检查。幼儿园应当

依法建立资产配置、使用、处置、产权登记、信息管理等管理制度，严格执行有关财务制度。"

6. 全园性日常工作制度

全园性日常工作制度主要包括：工作作息制度；请假销假制度；集体学习制度；各类会议制度；业务档案制度；信息管理制度；与家庭、小学联系制度；与社区联系制度等。

(二)安全管理制度

幼儿园安全管理制度主要包括：园内安全工作领导机构；园内安全责任制度；门卫安全制度；教育教学设施、设备安全管理制度；消防安全制度；用水（电、气）安全制度；食品安全管理制度；食堂采购、索证、登记制度；学生安全信息通报制度；住宿学生安全管理制度；接送车辆安全管理制度；校车驾驶人员安全管理制度；安全教育培训制度；安全事故应急预案及演练制度；药物安全管理制度；幼儿接送交接安全制度；安全巡查检查制度等。

(三)部门性规章制度

幼儿园部门性规章制度主要有：行政管理会议制度——包括园务会议制度，年级组长会，班长会议制度，教研组长会议制度，教职工代表大会制度，家长委员会制度，家长会制度等；保教部门管理制度——包括学籍管理制度，保教人员工作常规管理制度，教学计划与记录、保管制度，备课、听课制度，教育教学研究活动制度等；教育、教研、科研管理制度——包括教师工作守则，教职工职业规范制度，教学常规管理制度，教学事故认定和处理制度，教研活动管理制度，教学成果奖励制度，教师业务进修培训制度，科研管理制度，科研成果奖励制度等；卫生保健制度——包括幼儿一日生活作息制度，晨检、午检制度，饮食、饮水管理制度，幼儿食谱公示和食品留样制度，幼儿健康检查制度，卫生消毒制度，患病幼儿隔离制度，传染病预防和管理制度，患病幼儿用药委托交接制度，卫生保健登记统计制度等；财产管理和财务制度——包括幼儿园资产管理制度，幼儿园经费预算、决算审核制度，财务报账制度，财务审计制度等；幼儿园与家长联系制度——包括家长开放日制度，园级家长工作，年级家长工作，班级家长工作等；幼儿园与社区联系制度。

(四)各类人员岗位责任制

幼儿园各类人员岗位责任制是幼儿园管理规章制度的核心组成部分，其实质是在幼儿园各类岗位建立起权利与义务统一、职权与职责相称、人事匹配的工作程序。每一项工作都会落实到具体岗位，每一个岗位都会落实到具体的个人，保证责任到岗、责任到人，有利于执行和监督检查。

幼儿园各类人员岗位责任制主要包括园长岗位责任制、保教副园长岗位责任制、后勤副园长岗位责任制、年级组长岗位责任制、班主任岗位责任制、教师岗位责任制、保育员岗位责任制、卫生保健人员岗位责任制、财会人员岗位责任制、炊事员岗位责任制、门卫岗位责任制、驾驶人员岗位责任制、值班人员岗位责任制等。

(五)考核奖惩制度

考核奖惩制度是与岗位责任制配套实施的管理制度。考核是对工作人员履行职责和完成工作任务的情况进行检查评定；奖惩是在考核的基础上，对考核成绩给予奖励或者惩罚的结果运用。只有综合运用岗位责任制与奖惩制度，才能真正激励工作表现突出人员，惩罚工作敷衍人员，保证幼儿园各项工作顺利开展。

新修订的《幼儿园工作规程》第四十五条规定："对认真履行职责、成绩优良的幼儿园教职工，应当按照有关规定给予奖励。对不履行职责的幼儿园教职工，应当视情节轻重，依法依规给予相应处分。"

三、幼儿园管理规章制度的遵守和执行

幼儿园管理规章制度的制定是依法治园的前提条件，科学、合理地制定的幼儿园管理的各项规章制度是否能够收到预期的管理效果，还必须依赖于是否认真遵守和执行规章制度。特别需要强调的是，从绝大多数幼儿园安全事故的案例中反映出，幼儿园安全事故产生的重要原因不是没有规章制度的约束，而是幼儿园教职员工对岗位责任制的工作要求实际遵守和执行不到位，表现为教师和工作人员缺岗、擅自离岗或者在岗不作为，导致发生幼儿园安全责任事故。根据相关教育法律法规的规定，幼儿园管理规章制度的遵守和执行的基本要求包括以下几点。

(一)不断加强幼儿园规章制度的学习和领会

幼儿园规章制度的遵守和执行必须依靠全体教职工自觉的行为。应当通过多种形式加强全体教职工对规章制度的学习和领会。例如，邀请幼教专家到园开展依法治园专题讲座，讲解依法治园的含义、基本要求、幼教工作的特殊性质、幼儿园与幼儿及其监护人的法律关系、幼儿园安全事故的类型、幼儿园安全事故纠纷的预防、安全事故的可控性和可预防性、如何与幼儿家长和谐相处、幼教人员如何学会保护自身的合法权益、触目惊心的幼儿安全责任事故、依法追究幼教人员法律责任、过错推定原则的理解和运用、幼儿园安全事故的现场处理、幼儿伤害的伤残鉴定、幼儿人身伤害事故纠纷处理途径、法院诉讼的基本程序等知识，使幼教工作人员理解自己工作的性质、面临的工作风险、幼儿园规章制度的目的和意义，从而增强教职员工遵守和执行规章制度的自觉意识，牢固树立"我要遵守"规章制度的自觉意识，逐步养成自觉遵守和执行规章制度的行为习惯，使幼儿园管理工作产生良性循环效应。

(二)充分发挥幼儿园管理者的示范效应

幼儿园规章制度是幼儿园各项工作有序、顺利开展的制度保障，需要全园教职员工严格遵守和执行。特别是通过幼儿园安全事故的案例分析，从反面教育教职员工遵守和执行工作规程的重要性。幼儿园的园长、副园长及年级组长等管理层人员应当率先垂范，自觉遵守规章制度，起到良好的示范作用，这样也可以激发其他教职员工严格按照工作规程履行好自己的岗位职责。随着幼儿园全体教职员工对工作性质和自己承担责任认识的不断提升，幼儿园可以探索开展组织文化建设，逐步形成全园教职员工所共同追求的工作价值理念和行为准则；通过幼儿园组织文化的柔性作用来凝聚人心，协调人际关系，促使幼儿园管理水平逐步达到刚性与柔性的平衡与协调，保证幼儿园管理秩序良好，促进幼儿园安全、健康发展。

(三)强化监督检查机制，保证制度落到实处

管理学理论认为，管理涉及的一切有过程的活动，都是由计划、实行、检查和总结四个环节组成的。这四个环节各有不同的侧重点，互相衔接和联系，按照管理事务的程序运行。幼儿园管理同样适用这一原理。经过科学、合理地制定过程，幼儿园内部形成了有机联系的管理制度体系。幼儿园在要求教职员工遵守和执行规章制度的过程中，就必须强化监督检查机制的作用，应当建立精简有效的规章制度监督检查机制，通过管理层级的设置和职责分工，由上到下，层层监督检查，完善流程，不留死角；发现问题及时反馈和解决，同时配合奖惩制度，充分发挥组织管理中的激励机制效应，推进各项工作的顺利进行。2016年11月，国务院教育督导委员会办公室颁发《中小学(幼儿园)安全工作专项督导暂行办法》就是最好的例证。该办法规定了"国务院教育督导委员会办公室负责对省级学校安全工作进行专项督导；省、市、县级人民政府教育督导机构负责对下一级及辖区内的学校安全工作进行专项督导"，同时科学制定了六项一级指标和十五项二级指标，建立了中小学、幼儿园安全工作专项督导评价指标体系，保证了学校安全工作、监督检查工作落到实处。

第三节　幼儿园依法治园中存在的问题及其应对措施

一、幼儿园依法治园中存在的问题

随着我国依法治国基本方略的实施，教育领域依法治教、依法治校的工作部署正在积极推进，幼儿园依法治园的办学理念正在逐步深入人心，幼儿园规章制度的建设正在逐步完善过程中，依法依规办园已然成为学前教育从业者的基本工作理念。

广大学前教育领域的教师及其他工作人员能够认真履行岗位责任，尽到教育、管理和保护幼儿的职责，幼儿园等学前教育机构内部管理规章制度基本健全，规章制度的遵守和执行呈现良性运行的态势。然而，违反教育法律法规和政策精神、违背学前教育办学规律、侵犯教师、学生合法权益的行为，在我国学前教育的办学实践中，在推进依法治园的工作进程中仍然存在，主要表现在以下几个方面。

(一)部分教师依法治教观念淡薄，侵犯幼儿合法权益事件时有发生

部分教师的专业资质、条件不符合国家法律法规要求；教师及其他工作人员体罚、变相体罚学生的现象时有发生；教师存在不同程度地忽视、歧视幼儿现象；教师擅自禁止学生上课、参加集体活动；教师评价幼儿评语偏激，对学生实施"软暴力"；教师教育教学活动的内容较为自由化；教师及其他工作人员擅离工作岗位（缺岗、离岗、在岗不作为）。

(二)幼儿园财务管理存在违规操作现象

各种回扣、手续费不入学校明账；原始凭证程序不合法；利用虚假发票套取资金，侵占、私分资金；幼儿园固定资产没有建账或账目不清；违法处理学生节余的伙食费；幼儿园财务制度不健全。

(三)幼儿园日常管理工作不到位，容易引发安全责任事故

教育教学设施、设备存在安全隐患（如园舍、围墙、大型户外玩具、教学游戏器材、体育设施、药品）；幼儿园组织的集体活动中安全教育、安全措施不到位；幼儿园食品卫生、公共通道、消防、门卫、校车、传染病防治等易引发安全事故的预防与应对措施不到位；对安全事故突发事件的预警制度、应急处理制度不健全；对学生的课间和其他课余时间安全管理不到位；教师的教育教学方法简单粗暴。

二、幼儿园依法治园中存在问题的应对措施

加强法制教育、安全防范意识教育；建立健全幼儿园内部管理规章制度（包括教学、教师、学生、安全、财务、分配、物资采购、基建、后勤、校务公开、校务监督等制度）；建立健全幼儿园安全事故突发事件的预警和应急处理机制（包括领导机构、人员组成、职责分工、预警报告、应急措施、证据收集和保全）；加强对学生的日常安全管理，责任到岗、责任到人（包括应急常识及应急演练、考勤、安全巡视、学生身体健康检查、学校活动通报安排、课外活动签字制度、作息时间及时通报、证据的收集和保全等）；教师尽职尽责、坚守岗位，教师擅离岗位发生安全事故的，依法应负法律责任。

三、幼儿园依法治园的制度保障

(一)《中小学(幼儿园)安全工作专项督导暂行办法》概述

针对近年来中小学、幼儿园安全工作面临的严峻形势,党和政府高度重视学校的安全工作,不断探索和创建学校安全工作的有效机制。2016 年 11 月,国务院教育督导委员会办公室印发的《中小学(幼儿园)安全工作专项督导暂行办法》(以下简称《暂行办法》),旨在督促地方政府及各相关职能部门切实履行主体责任和监管职责,确保学校师生生命、财产安全,确保中小学、幼儿园教育教学活动的正常开展。

1. 制定和施行《暂行办法》的重大意义

第一,学校安全工作关系到党和政府全局性公共安全和社会治安综合治理方针政策的有效执行,涉及全社会的和谐安宁和千家万户的家庭幸福。《暂行办法》的创新和实施,是贯彻落实党中央、国务院关于安全生产重要指示精神的具体细化,是督促各地贯彻中央关于中小学、幼儿园安全防控工作总体要求的有效抓手。

第二,为了提升政府依法行政的能力,提高教育行政机关公职人员依照法治思维和法治方式全面领导、做好中小学及幼儿园安全防控工作的水平,使政府管理和监督学校安全工作有法可依、有章可循,制定和实施《暂行办法》是法治政府、责任政府依法履行职责的必然要求。同时,学校安全工作法治体系的建设,为各级政府依法依规开展学校安全督导工作提供了重要保障。

第三,通过《暂行办法》的贯彻实施,促进各级政府切实负起对学校、幼儿园安全工作的政府管理责任。通过创新学校安全工作专项督导这一工作机制,实行督导结果的公开,督导报告向社会公示,保障社会公众对学校安全的知情权与参与权,有利于各级政府依法执政的自觉性和社会公信力的提升。

2. 学校安全工作专项督导的职能划分

《暂行办法》在总则中规定,国务院教育督导委员会办公室负责对省级学校安全工作进行专项督导;省、市、县级人民政府教育督导机构负责对下一级及辖区内的学校安全工作进行专项督导。

3. 学校安全工作专项督导的基本原则

开展学校安全工作专项督导要坚持以下原则:

一是统一领导。要切实加强组织领导和统筹协调,把学校安全工作作为公共安全和社会治安综合治理的重要内容,定期开展督导检查。

二是注重实效。完善学校安全工作专项督导形式、内容和方法,因地制宜,确保学校安全工作专项督导取得实效。

三是公开透明。坚持标准与方法公开、组织与人员公开、过程与结果公开,主动接受社会监督。

4. 学校安全工作专项督导的主要内容

依照《暂行办法》的规定，学校安全工作专项督导的主要内容包括以下六个方面：

第一，组织管理。重点督查地方政府及其相关部门建立中小学安全工作机制，健全安全管理机构，制定岗位安全职责，落实资金、资源情况。

第二，制度建设。重点督查地方政府及其相关部门安全工作管理制度建设情况，中小学"三防"能力建设情况。

第三，预警防范。重点督查相关职能部门、学校安全预警机制建立和预警公告情况，中小学安全教育、安全风险预防工作落实情况。

第四，教育演练。重点督查教育等相关职能部门指导、参与学校安全教育工作情况，中小学开展安全专题教育、组织应急疏散演练情况。

第五，重点治理。重点督查教育等相关职能部门、中小学对防溺水、交通事故、学生欺凌和暴力行为、涉校涉生违法犯罪和心理、行为咨询与矫治等重点问题的预防与应对情况。

第六，事故处理。重点督查相关职能部门学校安全事故应对、处理与责任追究机制建立健全情况，组织实施事故救援、调查、善后处理和责任认定、追究情况。

5. 学校安全工作专项督导的主要方式

根据《暂行办法》的规定，学校安全工作专项督导的主要方式包括以下几种：

一是日常监督。充分发挥责任督学作用，强化日常检查，促进学校安全工作有序进行。

二是地方自查。省级政府及相关职能部门根据指标体系进行自查，并将结果在当地教育行政部门网站上公示。

三是实地督导。在日常监督与地方自查结果基础上，国务院教育督导委员会办公室随机抽取督学和专家组成督导组，随机确定督导对象开展实地督导，确保专项督导工作取得实效。

6. 对于学校安全工作专项督导中发现的问题的处理

根据《暂行办法》的规定，对于学校安全工作专项督导中发现的问题依照以下程序处理：

第一，国务院教育督导委员会办公室根据地方自查和实地督导结果，形成专项督导意见和督导报告，督导报告向社会发布。

第二，接到督导组督导意见的省份，按照整改要求和建议进行整改。

第三，国务院教育督导委员会办公室建立工作问责机制，对职责落实不到位的地区给予通报批评，对学校安全工作不力或出现严重问题的地区进行问责。

第四，对出现的特大、重大学校安全责任事故，严重违法、违纪、违规问题，按照法律法规开展调查处理。对违纪问题线索，交由纪检监察机关进行调查，严肃追究相关单位和责任人的责任。涉嫌犯罪的，移送司法机关依法处理。

7. 各地务必加强《暂行办法》的贯彻实施

一是做好《暂行办法》的发布工作。组织学习《暂行办法》，领会制度创新的精神，提高学校安全风险防控意识，进一步强化落实地方政府及相关职能部门和学校的主体、监管责任。

二是督促并指导各地参照《暂行办法》制定本地中小学（幼儿园）安全工作专项督导具体实施方案。省级教育督导部门要将本省实施方案报国务院教育督导委员会办公室备案。

三是广泛开展基层调研，积累经验，进一步完善中小学（幼儿园）安全工作专项督导制度，推动各地建立科学化、规范化、制度化的安全保障体系和运行的长效机制。

四是建立专项督导数据库，运用大数据技术，掌握各地学校安全专项督导工作进展，综合分析存在的原因和问题，及时指导各地完善有关学校安全制度和措施，有效防范事故灾难，确保师生生命财产安全和健康成长。

（二）《中小学（幼儿园）安全工作专项督导评估指标体系》概述

国务院教育督导委员会办公室在印发《暂行办法》的同时，在《暂行办法》的附件中同时发布《中小学（幼儿园）安全工作专项督导评估指标体系》（以下简称《指标体系》）。《指标体系》是专项督导中评估和检查各地中小学、幼儿园安全工作的政策性、权威性指标体系，各地必须严格遵照执行。

1.《指标体系》的一级指标和二级指标

一级指标：包括组织管理、制度建设、预警防范、教育演练、重点治理、事故处理六项指标。

二级指标：包括建设组织机构、落实部门职责、制定规章制度、建立工作机制、健全安全标准、完善认证机制、建立安全区域、排查安全隐患、强化风险识别、开展安全教育、组织应急演练、关注重点领域、打击违法犯罪、处置应急事故、追究事故责任十五项指标。

2.《指标体系》的评估要点

《指标体系》的评估要点以二级指标所包含的工作内容为依据，按照各级政府的部门职责分工，结合本部门与中小学、幼儿园安全工作预防与处理的工作内容联系，具体列举出评估工作要点，是用于检查、监督和评价中小学、幼儿园安全工作的重要工作依据；同时，亦是指导各级政府职能部门和中小学、幼儿园对照评估要点，逐一落实工作要求和部署，保证组织机构、标准、制度、人员、经费和其他资源全部到位，真正落实学校安全责任和措施，促使政府积极承担起主体责任，保障中小学、幼儿园安全工作进入良性循环的发展态势。

资料链接

表7-1　中小学(幼儿园)安全工作专项督导评估指标体系①

一级指标	二级指标	评估要点
组织管理	建设组织机构	省级人民政府建立健全学校安全工作组织管理体系,督促市、县级政府落实学校安全工作管理与监督责任。
	落实部门职责	教育部门指导、监督学校建立安全管理机构,健全各环节、各岗位职责,开展安全管理培训与指导,协调落实安全工作资金、资源和人员配备。
		公安机关会同教育部门和学校建立健全警校合作、信息联动、校园监控与紧急报警机制,及时出警处置学校的报警求助。
组织管理	落实部门职责	公安消防部门对学校遵守消防法律法规情况依法进行监督检查,督促和指导学校落实消防安全职责、检查和消除火灾隐患、开展消防安全教育培训和消防演练。
		公安交管部门加强对校车道路通行情况进行监督检查,依法查处涉及校车道路交通违法行为,保护校车通行权利和通行秩序。
		交通运输部门会同公安部门合理规划城市、农村公共交通客运路线。
		住建部门监管依法办理相关手续的学校工程建设。
		环保部门监管学校及周边大气、土壤、水体环境的安全。
		卫生计生部门指导、监督学校做好卫生防疫、保健工作,对学校出现的疫情或者学生群体性健康问题,及时指导教育部门或学校采取措施。
		工商、文化、新闻出版广电部门管理、监督学校周边有关经营服务场所,查处出售非法、违禁出版物和假冒伪劣商品、食品等行为。
		质量监督部门指导、监督学校做好采购材料、产品的质量把关工作,定期检验学校特种设备。
		食品药品监督管理部门指导、监督学校建立健全食品、药品安全制度,落实学校主体责任。加强监督检查,防控食品、药品安全风险。
		城市管理部门会同公安部门维护学校周边秩序,消除安全隐患。
制度建设	制定规章制度	贯彻落实国家有关学校安全工作的法律法规、规章制度和标准规范,完善落实学校安全工作监督、管理制度。
		指导、监督学校建立健全安全管理制度、安全应急机制,制定各环节、岗位安全职责,形成完整安全管理制度体系。
	建立工作机制	建立学校安全工作治理机制,形成各司其职、齐抓共管的工作格局。

---

① http://www.moe.edu.cn/srcsite/A11/s7057/201612/t20161212_291695.html, 2017-07-31。

续表

一级指标	二级指标	评估要点
制度建设	健全安全标准	严格执行国家相关标准规范，结合实际制定本地区学校安全标准体系，落实人防、物防、技防"三防"建设要求，保证学校的校舍、围墙、场地、教学设施、教学用具、生活设施等符合安全质量标准。
	完善认证机制	建立学校安全事项认证机制，对学校设施设备、教学仪器、食品药品、建筑材料、日常用品、体育器械等实施严格、科学的认证，严控产品质量。
	建立安全区域	将学校周边一定范围划定为学校学生安全管理区域，加强区域内交通管理、治安防控、环境治理。
预警防范	排查安全隐患	健全学校安全预警机制，制定风险清单，开展动态监测、数据搜集与分析，定期分析汇总学校安全隐患。
	强化风险识别	发布公共安全事件、自然灾害、食品安全、疾病预防等安全风险预警公告，指导学校予以防范。
		指导学校识别防范教育教学、日常管理、体育运动、校外活动中存在的风险，做好风险评估和预防。
教育演练	开展安全教育	按照《中小学公共安全教育指导纲要》要求，在学科教学和综合实践活动课程中渗透公共安全教育内容，多途径、多方式开展安全教育活动。
		指导学校开展防溺水、交通、消防、食品安全、疾病预防、特种设备安全、中毒、伤害、性侵害、反欺凌、反校园暴力、反恐怖行为等教育。
		开展安全防范进校园活动。
	组织应急演练	按照《中小学幼儿园应急疏散演练指南》要求，定期组织开展地震、火灾、洪水等应急疏散演练。
重点治理	关注重点领域	加强防溺水、交通事故、学生欺凌和暴力行为等重点问题的预防与应对，及时做好专项报告和统计分析。
		履行教育、管理职责，及时干预、制止学生欺凌和暴力行为，开展心理、行为咨询和矫治活动。
	打击违法犯罪	严厉打击涉及学校、师生生命财产安全等违法犯罪行为，维护正常的教育教学秩序，建设平安校园。
		健全未成年学生权利保护制度，针对体罚、性骚扰、性侵害等侵害未成年学生人身健康的违法犯罪行为，完善防范、调查与处理的制度机制。
事故处理	处置应急事故	建立健全学校安全事故应对与处理机制，指导学校建立安全事故应急处置预案，发生重特大事故，第一时间启动应急预案，及时组织实施救援，进行事故调查、责任认定和善后处理。
	追究事故责任	制定健全学校安全事故责任追究制度，依法认定事故责任，追究相关单位及责任人的行政、刑事责任。
		指导学校妥善处理事故纠纷，维护学校正常的教育教学秩序。

第八章 幼儿园安全事故及其法律责任认定与实务

　　学校安全工作历来受到党和政府的高度重视，同时亦是全社会高度关注的问题。学校教育的公共性决定了每一所学校的安全工作都会直接关系到学校教育教学活动能否正常开展，学生素质教育的教育目标是否能够实现，同时学校的安全工作也涉及千家万户的家庭幸福和社会的安定团结，是党和政府教育工作中非常关注的重要领域。2006年6月，教育部等部门联合发布了《中小学幼儿园安全管理办法》，其基本内容包括总则、安全管理职责、校内安全管理制度、日常安全管理、安全教育、校园周边安全管理、安全事故处理、奖励与责任、附则。该办法是我国第一部专门关于中小学幼儿园安全管理的部门规章。

　　2016年11月，国务院教育督导委员会办公室发布了《暂行办法》，其基本内容包括总则、督导内容（组织管理、制度建设、预警防范、教育演练、重点治理、事故处理）、组织实施（日常监督、地方自查、实地督导、发布报告、整改落实）、结果运用、附则。同时，国务院教育督导委员会办公室通过《暂行办法》附件发布了《指标体系》。《暂行办法》和《指标体系》对校园安全管理工作提出了新的要求和标准，为校园安全工作常态化、规范化和科学化运行提供了一套完善的体制机制和技术方面的有力支撑。《暂行办法》在总则中规定，国务院教育督导委员会办公室负责对省级学校安全工作进行专项督导，省、市、县级人民政府教育督导机构负责对下一级及辖区内的学校安全工作进行专项督导。《暂行办法》是督促各级各类学校贯彻党和政府关于学校安全防控工作总体要求的有效抓手，是依法依规开展督导工作的重要保障，是促进政府工作公开透明的有力工具，通过督导结果的公开，督导报告的社会公示，保障公众对学校安全的知情权与参与权，有利于政府执政公信力的提升。

第一节 幼儿园安全事故概述

一、学校安全事故的概念

关于学校安全事故的法定概念在我国教育法律法规以及地方性立法中均没有明确规定，多采用"学生安全事故""学生伤害事故""学生人身伤害事故""学生意外伤害事故"等用语。"安全"一词在《现代汉语词典》（第 6 版）中被解释为"没有危险；平安"。根据我国有关学校安全法律法规的相关规定，以及现实中发生的学校安全事故情况，必须明确学校安全事故的概念及其内涵。

学校安全事故是指在学校安全管理职责及负责学校安全工作相关部门的安全管理职责范围内所发生的，造成学校、学生和教职员工人身损害和财产损失，以及影响学校正常教育教学活动秩序的安全责任事故。此处对学校安全事故概念的这一界定是符合我国已颁布的有关中小学、幼儿园安全管理部门规章的基本内容的规定要求的。

2006 年 6 月教育部等部门联合发布的《中小学幼儿园安全管理办法》第六条规定："地方各级人民政府及其教育、公安、司法行政、建设、交通、文化、卫生、工商、质检、新闻出版等部门应当按照职责分工，依法负责学校安全工作，履行学校安全管理职责。"同时《办法》将制度建设的内容分为"校内安全管理制度""日常安全管理""安全教育"和"校园周边安全管理"。

2016 年 11 月 30 日，国务院教育督导委员会办公室发布的《暂行办法》和《指标体系》，更加明确了中小学（幼儿园）安全工作由省级人民政府负责建立健全学校安全工作组织管理体系，督促市、县级人民政府落实学校安全工作管理与监督责任。《指标体系》明确了教育部门、公安机关、公安消防部门、公安交通管理部门、交通运输部门、住建部门、环保部门、卫生计生部门、工商、文化、新闻出版广电部门、质量监督部门、食品药品监督管理部门、城市管理部门等均应当承担相应的学校安全工作管理和监督责任。参考我国部分省市关于学校安全地方性法规的相关规定，例如，2017 年 1 月 12 日，昆明市人大常委会公布的《昆明市学校安全条例》中，在负责学校安全工作相关部门这部分又增加了水务行政部门、国土资源部门、防震减灾部门、司法部门、规划部门等，可见，学校安全工作属于国家公共安全领域，是学校管理和政府监管的重要工作领域。

二、幼儿园安全事故的概念和内容

(一)幼儿园安全事故的概念

幼儿园安全事故是指在幼儿园安全管理职责及负责幼儿园安全工作相关部门的安全管理职责范围内所发生的,造成幼儿园、幼儿和教职员工人身损害和财产损失,以及影响幼儿园正常教育教学活动秩序的安全责任事故。我国没有专门的规章对幼儿园安全工作加以规定,通常是将幼儿园安全工作与中小学安全工作统一进行规定,只是在条文中专门加以说明。例如,2002 年 3 月 26 日由教育部发布的《学生伤害事故处理办法》第三十八条规定:"幼儿园发生的幼儿伤害事故,应当根据幼儿为完全无行为能力人的特点,参照本办法处理。"现阶段,幼儿园安全工作的管理和监督职责完全适用《中小学幼儿园安全管理办法》《暂行办法》和《指标体系》,这些法规是指导和做好幼儿园安全工作的法定依据。

(二)幼儿园安全事故的内容

幼儿园安全事故这一概念所包括的内容有以下三方面。

一是界定在幼儿园安全管理职责及负责幼儿园安全工作相关部门的安全管理职责范围内。幼儿园安全管理职责的范围究竟如何界定,主要应当根据《学生伤害事故处理办法》第二条规定"在学校实施的教育教学活动或者学校组织的校外活动中,以及在学校负有管理责任的校舍、场地、其他教育教学设施、生活设施内发生的,造成在校学生人身损害后果的事故的处理,适用本办法";第三十八条规定"幼儿园发生的幼儿伤害事故,应当根据幼儿为完全无行为能力人的特点,参照本办法处理"。由此可见,幼儿园安全管理职责的范围并不限于校内,还包括学校组织、参与的校外活动,以及学校负有管理责任的教育教学设施、生活设施;学校安全责任的范围不是仅以地域、时间、空间为划分依据,还要取决于学校是否对某一对象负有管理职责。对于负责幼儿园安全工作的相关行政部门安全管理职责范围的界定,以各个行政部门的法定职责和《中小学幼儿园安全管理办法》《暂行办法》《指标体系》以及地方性法规、地方政府规章的相关规定为依据。

二是界定在幼儿园、学生和全体教职员工的受损主体范围内。学生和教职员工因安全事故遭受的人身损害和财产损失理应受到高度关注。需要强调的是,近年来,特别是在学前教育领域,幼儿园一旦发生安全事故,甚至是损害结果较轻的安全事故,幼儿家长及近亲属便常常实施过激的非理性行为,包括侮辱、威胁、恐吓和故意伤害学生、教职工、事故处理人员,或非法限制上述人员的人身自由;侵占、破坏学校校舍、场地、设施设备;携带易燃易爆等危险物品或管制器具进入学校;围堵学校或在学校及周边喧闹、拉条幅、散发传单、张贴大字报、设灵堂、焚香烧纸、摆花圈；在学校停放遗体等行为，严重影响幼儿园开展正常的教育教学活动。幼儿园作为依法成立的办学组织，其自身的人格权和财产权同样受到法律的保护，所以危害幼儿园人格权和财产权，严重影响幼儿园正常教育教学活动开展的行为，同样应当被包含在幼儿园安全事故的范畴内，幼儿家长应理性、合法地保护幼儿及自身的合法权益。

三是界定幼儿园安全事故的危害结果包括入园幼儿和教职员工遭受到人身损害、财产损失及影响幼儿园正常教育教学活动的开展。幼儿园发生的安全事故中最常见的是：入园幼儿的人身权利受到损害，主要发生在生命权、健康权、名誉权、肖像权、隐私权、监护权等方面；幼儿园教职员工人身权利受到损害，主要发生在生命权、健康权、名誉权、荣誉权、隐私权等方面；幼儿园作为合法办学机构自身人格权利受到侵害，主要集中在名称权、名誉权、荣誉权、隐私权、办学自主权等方面。除此之外，幼儿园安全事故的危害结果还应当包括由安全事故带来的直接财产损失和间接产生的经济损失。

三、幼儿园安全事故的基本类型

（一）学校安全事故的基本类型

根据 2006 年 6 月教育部等部门联合发布的《中小学幼儿园安全管理办法》的规定，学校安全事故可分为校内安全事故和校园周边安全事故两种类型。

校内安全事故的发生主要涉及教育教学活动安全、学生课余活动安全、交通安全、教学设施安全、生活设施安全、消防安全、用水（电、气）安全、饮食卫生安全、校园暴力、门卫安全、学生接送安全、自然灾害、意外事件等。

校园周边安全事故的发生主要涉及校园周边设立的易燃、易爆、剧毒、放射性、腐蚀性等危险物品的生产、经营、储存、使用场所或者设施的安全；学校周边重点治安巡逻区域的安全；学校门前道路交通秩序的安全；校园周边特别是农村地区学生交通工具的安全；校园周边互联网上网服务营业场所秩序的安全；校园周边兜售非法出版物的游商和无证照摊点引发的安全；校园周边非法经营小卖部和饮食摊点卫生的安全等。

《中小学幼儿园安全管理办法》对学校安全事故基本类型的划分，为学校遵循《中小学幼儿园安全管理办法》规定的积极预防、依法管理、社会参与、各负其责的学校安全管理工作方针，提高师生的安全意识，有针对性地开展安全防范和保护教育有着重要的意义。

（二）幼儿园内部及周边安全事故的基本类型

幼儿园内部及周边安全事故的基本类型与上述学校安全事故的基本类型虽有相

同的部分，但鉴于幼儿园教育工作的特点、幼儿身心发展的特点和幼儿教师从事学前教育工作的特殊性，幼儿园安全事故的基本类型主要有以下两种。

1. 幼儿园内部安全事故的基本类型

一是因园内环境存在隐患而导致的安全事故，主要包括入园幼儿在活动中发生的擦伤、碰伤、摔伤、砸伤、烫伤、踩踏伤害、溺水、坠落，以及园内出现的噪音污染、水污染、空气污染、教玩具污染等。

二是因幼儿活动存在隐患而导致的安全事故，主要包括教学活动安排不合理；游戏、体育等教学器材选用不恰当；教学活动安全教育不到位；大型亲子活动安全预案不科学；入园幼儿争抢玩具；幼儿打闹、追逐；幼儿接送制度不健全等引发的安全事故。

三是因幼儿园教师、保育员或者其他工作人员故意、过失导致的安全事故，主要包括幼儿园教师、保育员对幼儿实施体罚或者变相体罚；教师、保育员及其他工作人员没有履行应尽的教育、管理幼儿的义务，导致学生受到伤害；教师、保育员实施超越岗位职责的行为导致幼儿受到伤害；教师、保育员及其他工作人员利用职务提供的便利实施侵权行为导致幼儿权利被侵犯（例如，辱骂、歧视幼儿，猥亵幼儿，对幼儿实施性侵害）等。

四是因园内教学、生活设施设备存在隐患而导致的安全事故，主要包括教玩具不符合国家标准；教玩具使用不当；电教、电器设备安装、使用不当；幼儿生活设施设备不符合国家标准；幼儿园用水、用电、用气不符合安全要求引发的安全事故等。

五是因幼儿园食品卫生存在隐患而导致的安全事故，主要包括幼儿园食品采购、索证、登记制度不健全；幼儿园食堂工作人员体检制度不健全；幼儿食物中毒；传染病流行等引发的安全事故。

六是因幼儿园卫生保健存在隐患而导致的安全事故，主要包括幼儿园违反国家规定滥用药物、幼儿服药出错、药品污染、打预防针出错、幼儿园药品保管不当引发安全事故、幼儿家长自带药品引发安全事故等。

七是幼儿园应对突发事件存在隐患而导致的安全事故，主要包括幼儿园内发生房屋倒塌、一氧化碳中毒、校外人员非法侵入幼儿园实施伤害、火灾、地震、水灾、山体垮塌等自然灾害引发的安全事故。

八是幼儿园交通工作存在安全隐患而导致的安全事故，主要包括幼儿园接送教职工、学生车辆发生交通事故；校车驾驶人员损害幼儿人身安全事故；入园家长使用交通工具致人伤害；园内无交通标志或者交通标志不清晰引发的安全事故等。

2. 幼儿园周边安全事故的基本类型

一是因交通事故导致幼儿伤亡的安全事故。据教育部正式发布的数据显示，进入 21 世纪以来，全国历年中小学幼儿园发生的安全事故中，有超过半数的安全事故发生在校外，其中以溺水和交通事故为主，这两类事故的发生数量占全年各类事故总数的 50％以上。可见，交通安全事故是校外学生安全事故的头号杀手。

二是因幼儿园周边地区治安状况不佳导致幼儿伤亡的安全事故。在我国，特别是在农村地区，年龄偏小的学生在上学、放学的路途中，遭遇暴力侵害、敲诈勒索及其他导致人身伤害、财物被抢、被骗的安全事故时有发生。

三是儿童遭遇性侵害导致的安全事故。近几年，由于中国传统文化中性教育的严重缺失，加之网络不健康内容的影响，女性儿童遭遇性侵害的案件不断发生，特别是农村留守儿童，在学校内、校外不安全的场所、家庭内部遭受性侵害的安全事故不容忽视。

四是家居农村的儿童，特别是留守儿童在放学后、在上学或放学的路途中、在家庭里、在乡村邻里间或者公共场合因遭遇自然灾害、食物中毒、一氧化碳中毒、住宅起火、房屋倒塌等意外事件导致的儿童伤亡事故，同样在发生的儿童安全事故中占有一定的比例。

以上关于幼儿园安全事故的基本类型，主要根据教育部基础教育司关于全国中小学幼儿园安全事故统计口径的基础标准，以及近年来全国发生的幼儿园安全事故的实际案例进行划分，这样做有利于分析不同类型事故的特点，研究预防措施，开展有针对性的安全防治和监督工作。

幼儿园安全事故的发生多为幼儿人身伤害事故。从幼儿人身伤害事故发生的时间、空间来看，幼儿人身伤害事故既可以发生在园内，也可以发生在园外的公共场所、幼儿家庭或者其他任何幼儿园以外的场合，由此引发的幼儿安全事故的处理，既可能会涉及幼儿园一方的责任问题，也可能与幼儿园一方没有任何法律上的联系。本书探讨和研究的主要是与幼儿园可能需要承担法律责任有关的"幼儿在园人身伤害事故"的法律责任问题。

第二节　幼儿在园人身伤害事故概述

一、幼儿在园人身伤害事故相关概念的界定

（一）关于"幼儿在园人身伤害事故"概念的界定

对于"幼儿在园人身伤害事故"概念的界定，应当主要根据《学生伤害事故处理办法》第二条规定"在学校实施的教育教学活动或者学校组织的校外活动中，以及在学校负有管理责任的校舍、场地、其他教育教学设施、生活设施内发生的，造成在校学生人身损害后果的事故的处理，适用本办法"；第三十八条规定"幼儿园发生的幼儿伤害事故，应当根据幼儿为完全无行为能力人的特点，参照本办法处理"。由此，

"幼儿在园人身伤害事故"是指在幼儿园实施的教育教学活动或者幼儿园组织的园外活动中，以及在幼儿园负有管理责任的园舍、场地、其他教育教学设施、生活设施内发生的，造成在园幼儿人身损害后果的事故。

此处的"幼儿"是指正在各级各类幼儿园、托幼机构、早教机构等学前教育机构就读的幼儿。《幼儿园管理条例》第二条规定："本条例适用于招收三周岁以上学龄前幼儿，对其进行保育和教育的幼儿园。"新修订的《幼儿园工作规程》第四条规定："幼儿园适龄幼儿为 3 周岁至 6 周岁。幼儿园一般为三年制。"根据《国家中长期教育改革和发展规划纲要（2010—2020 年）》确定的学前教育的发展目标，到 2009 年，学前教育三年毛入园率达到 50.9%，幼儿在园人数达到 2658 万人；到 2015 年，学前教育三年毛入园率达到 60%，幼儿在园人数达到 3400 万人；到 2020 年，学前教育三年毛入园率达到 70%，幼儿在园人数达到 4000 万人。值得一提的是，制定《规划纲要》时，我国尚未出台放宽计划生育的政策和全面放开生育二胎的政策。预计未来几年，出生的幼儿人数会有一定数量的上升，入园幼儿的人数亦会有相应数量的增长。

（二）幼儿在园人身伤害事故的时间、空间范围的界定

在学前教育涉法纠纷的法律实务工作中，幼儿"在园"的时间、空间范围的界定，对正确理解和判断幼儿在园人身伤害事故的责任范围有着至关重要的证据价值。

1. 关于幼儿"在园"时间范围的界定

（1）幼儿"在园"时间范围的界定

依据《学生伤害事故处理办法》的第二条规定，幼儿"在园"时间主要包括两种时间段：一种是幼儿园实施的常规教育教学活动的时间，即根据幼儿园的作息制度安排，幼儿园工作日每天正常上课、生活所需时间，具体包括上课时间、户外活动时间、课间休息时间、吃饭时间、午睡时间等完成幼儿一日教学、生活规定活动内容所需的时间；另一种是幼儿园组织的园外活动时间，即由幼儿园组织实施的，带领幼儿离开幼儿园的校区范围从事相关活动的时间。实践中，幼儿园组织的园外活动既包括由幼儿园出面组织实施的离园活动，也包括由带班教师参加或者教师亲自安排的离园活动，例如，教师托交某幼儿家长顺路带回同班幼儿放学回家的行为。

（2）幼儿"在园"时间范围界定的法律实务问题

第一，与幼儿园相关的园外活动有两种情况不涉及园方责任。一种是幼儿在家长护送下自行上学、放学、返校、离校的路途中；另一种是放学后、法定节假日、暑假、寒假等幼儿园非正常工作期间幼儿自行滞留在幼儿园或者自行到幼儿园等，在幼儿园管理职责范围外发生的幼儿人身伤害事故。

第二，如何判断幼儿"入园"和"离园"时间范围。根据新修订的《幼儿园工作规程》的精神和幼儿园的管理规律，应当采取"点对点"的原则判断幼儿"入园"和"离园"时间范围，即幼儿从由其家长当面交给教师的时间点到幼儿由教师当面交给家长的时间点，入园时间点和离园时间点所涵盖的时间范围。例如，幼儿在本班级门口由

带班教师当面交给家长，来到幼儿园内大型户外玩具区域玩耍，由于自己爬上滑梯不慎摔倒，造成轻微伤害，就不属于幼儿在园人身伤害事故的范畴。

2. 关于幼儿"在园"空间范围的界定

（1）幼儿"在园"空间范围的界定

依据《学生伤害事故处理办法》的第二条规定，幼儿"在园"空间主要包括两种空间范围：一种是在幼儿园内部的空间范围，包括幼儿园开展正常的教育教学活动全程涉及的地点和空间，以及幼儿园负有管理职责的园舍、场地、教育教学设施、生活设施内所发生的与教育教学相关的活动地点和空间；另一种是幼儿园为配合教育教学的需要，组织幼儿到园外参观动物园、文艺演出、社会公益以及社会实践活动所发生的安全事故。

（2）幼儿"在园"空间范围界定的法律实务问题

第一，幼儿园实施的教育教学活动的空间范围，既包括幼儿园组织实施的课堂教学活动，还包括幼儿户外活动、课间休息、吃饭、午睡等完成幼儿一日教学、生活规定的所有活动涉及的空间范围。例如，幼儿在课间休息时打闹、追逐造成伤害、幼儿争抢玩具造成伤害、幼儿吃饭不慎烫伤、幼儿上体育课摔伤、幼儿在园内上下楼梯不慎摔伤等，均属于幼儿在园人身伤害事故。同时，除教育教学活动以外，幼儿园在园内开展的亲子活动、一日生活开放日活动、文艺演出活动、体育课外活动等，均属于园内教育教学活动的范畴。

第二，如何判断幼儿"入园"和"离园"空间范围。根据新修订的《幼儿园工作规程》的相关规定和幼儿园管理的规律，应当采取"面对面交接"的原则，即从家长将幼儿当面交给幼儿园教师完成入园到放学时家长在征得幼儿园教师同意的前提下当面接幼儿放学完成离园。从幼儿由其家长当面交给教师到幼儿由教师当面交给家长来确定对幼儿管理责任的交接空间范围。例如，到了放学时间某幼儿家长仍然没有接幼儿，带班教师托付同路的家长帮忙一同带该幼儿回家，不料，在回家途中发生轻微交通事故，该幼儿被自行车碰伤，该事件属于幼儿园负有管理责任的安全事故。

（三）关于幼儿在园"人身伤害"的界定

从对幼儿园安全事故概念的含义分析中可以看到，幼儿园安全事故的危害结果既包括幼儿、教职工和幼儿园自身受到的损害，也包括由此带来的物质损失和精神损害，还包括影响幼儿园正常教育教学活动秩序的危害后果。此处研究的幼儿在园"人身伤害"必须是行为人已经对幼儿的人身造成的实际的伤害后果，以及由人身伤害产生的医疗费等相关费用，并不包括直接造成的财产损害。

"人身伤害"的损害后果是对幼儿的人身权利造成了损害。根据《侵权责任法》的规定，人身权利主要包括生命权、健康权、姓名权、名誉权、荣誉权、隐私权、肖像权、婚姻自主权、监护权等。在幼儿在园人身伤害事故实践中，人身权利主要体现在幼儿生命权和健康权受到侵害。

幼儿在园人身伤害事故，既包括入园幼儿本人遭受的人身伤害（健康权）事故和死亡（生命权）事故，也包括入园幼儿造成的他人的人身伤害（健康权）事故和死亡（生命权）事故。

幼儿在园人身伤害，既包括身体受到的伤害，也包括由此产生的精神损害。身体受到的伤害主要包括死亡、重伤害、轻伤害、轻微伤害等，但不包括财物被损坏、丢失等情况。

二、幼儿在园人身伤害事故的新特点

当前，随着我国学前教育事业的迅猛发展，各级各类幼儿园、托幼机构、早教机构数量庞大，层次规模各有不同，管理水平参差不齐，教师、保育员及其他工作人员从业素质差异很大，特别是农村地区的幼儿园，教育教学条件简陋，保教人员素质堪忧，由此引发的幼儿在园人身伤害事故频发，并且呈现出一些新的特点。对此，政府主管部门、学前教育办学机构和幼儿家长必须足够重视，并采取相应的应对措施。

(一)幼儿在园人身伤害事故呈现多发态势

根据教育部对全国幼儿园发生安全事故的不完全统计，导致幼儿人身伤害事故呈现多发态势的原因有多种。近年来，学校安全事故的发生有两个明显的特征：一是发生在农村学校的安全事故较多，这说明农村学校、幼儿园的办学条件和安全教育、政府对学校、幼儿园的监管以及家长对孩子的管教仍然是各地办学中的薄弱环节；二是溺水和交通事故，是造成学生非正常死亡的两大主因，此两项事故导致的学生死亡人数占到总数的50％以上。面对一个个因幼儿园安全事故而过早离世的鲜活生命，党和政府以及全社会都应当予以高度重视，加大预防和控制学校安全事故的工作力度，不断健全学校安全工作法治建设体系，遏制学校安全事故多发的态势。

(二)幼儿园保教人员体罚、变相体罚幼儿的事件不断发生

如何杜绝幼儿园保教人员体罚、变相体罚幼儿行为已经是学前教育领域的一大难题。虽然社会舆论、新闻媒体不断加大对此类行为的曝光力度，但由于学前教育关系中，幼儿年龄过小，遭受体罚不敢告诉家长；在学前教育管理中，幼儿园教师占据绝对优势，幼儿更多的是服从；部分幼儿园、当地教育行政部门对保教人员疏于管理，甚至包庇个别教师违反职业道德的行为，这种学前教育师生关系的特殊性，加之政府、幼儿园对违规教师监管、惩罚力度不够，致使一些职业道德素养较差的保教人员屡教不改，频频对幼儿实施体罚、变相体罚、虐待、辱骂、歧视等行为，损害到幼儿的身心健康，甚至会对幼儿心理产生严重的负面影

响。因此，大力加强学前教育保教人员中教师的职业道德教育，启发教师的仁爱善心，培养保教人员的法治意识和守法行为是新时期学前教育领域工作面临的十分迫切的任务。

(三)幼儿遭受性侵害的事件呈现高发趋势

近几年，在幼儿园内以及校外，女性儿童遭遇性侵害的案件数量不断上升，特别是农村留守儿童，在学校内、校外不安全的场所、家庭内部遭受性侵害的安全事故不容忽视。例如，某县一私立幼儿园，园长的丈夫利用给幼儿园帮忙的机会，多次对几名女童实施猥亵和性侵害，直到被女童的家长发现此事件才被揭露。此类事件，必须引起家长、幼儿园和政府的高度重视，还学生一个健康、安全的学习和生活环境。

(四)幼儿在园人身伤害事故处理机制不健全导致纠纷久拖不决

幼儿园人身伤害事故一旦发生后，紧接着会产生一系列的后续问题，例如，事故现场如何处置、证据的收集和保全、如何选择纠纷处理途径、赔偿责任如何认定、赔偿项目和金额的计算、幼儿监护人向法院起诉后如何应对、如何聘请律师、学生伤残如何进行鉴定、伤残鉴定产生争议如何处理、如何有效地利用证据、法院判决如何执行、对有过错的保教人员如何处理、如何避免安全事故再次发生等。这是由幼儿园安全事故所引发的，困扰绝大多数幼儿园管理人员的、专业性很强的涉法实务问题。全国各地因幼儿园安全事故引发的涉法实务操作程序不统一，纠纷处理机制不健全，导致此类事故纠纷久拖不决，或者法院判决后无法执行。建议应当借鉴部分省、市地方性法规的规定，引入人民调解委员会参与处理学校安全事故纠纷。例如，2017年1月12日，昆明市人大常委会公布的《昆明市学校安全条例》第十五条规定："发生学生人身伤害事故纠纷，当事人可以选择协商、调解、诉讼等途径解决；经双方自愿，可以书面申请教育主管行政部门调解，也可向人民调解委员会申请调解。司法行政部门应当指导有关人民调解委员会建立学生人身伤害事故纠纷调处中心，依法开展调解工作。"从而将学校安全事故纠纷纳入人民调解委员会的受理范围，完善全社会多元化纠纷解决机制，有效发挥基层社会调解组织"调处矛盾、定纷止息"的作用，为学校安全事故纠纷的解决探索一种有效的途径。

三、幼儿园、教师与入园幼儿之间法律关系的界定

(一)幼儿园与入园幼儿之间法律关系的界定

1. 幼儿园与入园幼儿之间法律关系性质观点综述

关于幼儿园与入园幼儿之间法律关系性质的界定，法学理论界有不同的观点。

有学者认为，学校与学生之间是以监护代理制度为基础的服务性合同关系，学生一旦正式入学，学校与未成年人及其监护人之间便存在着一份无须用书面合同形式表示但却实际存在的隐性监护代理合同，这种隐性监护代理合同是法定的定型化合同，既然双方存在合同关系，那么学生在学校发生伤害事故，学校承担的是违约责任，而不是侵权责任。①

也有学者认为，学校与未成年学生之间存在监护与被监护的关系，其中有两种观点：其一是"监护责任自动移转说"，主张未成年人一旦进入学校，客观上就脱离了其父母等原监护人的实际控制范围，而处于学校的支配之下，学校与学生之间自然就成了一种事实上的监护关系；其二是"委托监护说"，主张原监护人办完相应的入学手续和交纳规定的费用后，把学生送到学校接受教育，同时就把未成年人的监护权委托给学校，学校接纳学生就意味着接受原监护人的委托，对学生在校期间履行监护责任。②

幼儿园与入园幼儿之间究竟如何界定法律关系？首先，监护人的法定职责是什么？最高人民法院颁布的《关于贯彻执行〈中华人民共和国民法通则〉若干问题的意见（试行）》对此明确规定：监护人的监护职责是"保护被监护人的身体健康，照顾被监护人的生活，管理和保护被监护人的财产，代理被监护人进行民事活动，对被监护人进行管理和教育，在被监护人合法权益受到侵害或者与人发生争议时，代理其进行诉讼"。由此可以看出，监护职责是涉及被监护人人身、财产、教育、保护等人的全面发展所需要的全方位的监督和保护职责。新修订的《幼儿园工作规程》第三条规定："幼儿园的任务是：贯彻国家的教育方针，按照保育与教育相结合的原则，遵循幼儿身心发展特点和规律，实施德、智、体、美等方面全面发展的教育，促进幼儿身心和谐发展。"可见，幼儿园应当尽到和能够尽到的是与教育和管理相关的部分职责，根本无法代替监护人全权承担幼儿的法定监护职责。通过以上辨析可以得出结论：幼儿园既不是入园幼儿的法定监护人，也不是其委托监护人，更没有接受人民法院指定担任监护人。

2. 幼儿园对入园幼儿应承担法定义务的界定

自 2004 年 5 月 1 日起施行的《最高人民法院关于审理人身损害赔偿案件适用法律若干问题的解释》第七条规定："对未成年人依法负有教育、管理、保护义务的学校、幼儿园或者其他教育机构，未尽职责范围内的相关义务致使未成年人遭受人身损害，或者未成年人致他人人身损害的，应当承担与其过错相应的赔偿责任。"2009年 12 月 26 日第十一届全国人大常委会通过的《侵权责任法》第三十八条规定："无民事行为能力人在幼儿园、学校或者其他教育机构学习、生活期间受到人身损害的，幼儿园、学校或者其他教育机构应当承担责任，但能够证明尽到教育、管理职责的，

---

① 佟丽华：《未成年人法学》，154～155 页，北京，中国民主法制出版社，2001。
② 张新宝：《侵权责任法原理》，314～315 页，北京，中国人民大学出版社，2005。

不承担责任。"同时第三十九条规定："限制民事行为能力人在学校或者其他教育机构学习、生活期间受到人身损害，学校或者其他教育机构未尽到教育、管理职责的，应当承担责任。"以上规定和我国《教育法》《义务教育法》《未成年人保护法》等法律法规的相关规定，均蕴含学校对学生应承担的具有公法强制性的义务，即教育、管理和保护义务。通过辨析可以明确，学校与学生之间法律关系的产生依据并非双方的合约规定，而是国家教育法律法规要求学校应当承担的法定责任。

幼儿园与入园幼儿之间教育、管理和保护的法律关系，其内涵包括：幼儿园对入园幼儿有教育、管理的权力，同时对入园幼儿有保护的义务；入园幼儿有接受教育、管理的义务，同时享有受到保护的权利。因此，当幼儿园未尽到法律法规要求的教育、管理职责，导致入园幼儿受到伤害或者给其他幼儿造成伤害时，幼儿园应当依法承担学校的法定责任。此种学校的法定责任既具有教育法的性质，也具有民法的性质，应当以民事责任的性质为主，类似于行政机关的侵权责任，是发生在公法领域的私法行为，应当受到民法的调整。①

（二）教师与入园幼儿之间法律关系的界定

1. 教师与入园幼儿之间法律关系界定观点综述

关于幼儿园的教师与入园幼儿之间法律关系的界定，一些家长所持观点如下。

第一种观点是"法定监护责任自动转移说"。持这种观点者主张幼儿入园后，由于幼儿的监护人在客观上已无法实施监护，对幼儿的法定监护职责已由法定监护人自动转移到幼儿园教师一方，故幼儿园教师应承担入园幼儿的法定监护职责。

第二种观点是"委托监护责任说"。持这种观点者主张在办理了合法入园手续后，特别是向幼儿园交纳了规定的托儿费、伙食费等相关费用后，幼儿的法定监护人已将监护职责全权委托给了幼儿园，幼儿园教师与入园幼儿之间已形成事实上的委托监护关系。

第三种观点是"履行教育职责说"。持这种观点者主张，幼儿家长主要承担幼儿基本生活、保证幼儿履行接受教育的义务，既然国家依法举办学校，保障教师的工资和福利待遇，教师就应当履行法律法规要求的教书育人的职责，学生接受教育的权利和义务的实现，已经完全由教师代替家长履行了。

作者认为，以上观点是与我国现行法律法规的相关规定相悖的。

首先，监护职责是涉及被监护人人身、财产、教育、保护等人的全面发展所需要的全方位的监督和保护职责，而幼儿园应当尽到和能够尽到的是与教育和管理相关的部分职责，根本无法全权承担幼儿的法定监护职责。

---

①　杨立新：《民法判解研究与适用》（第六集），182～183 页，北京：人民法院出版社，2003。

其次，对幼儿园能否作为幼儿的单位监护人，2017年3月新颁布的《民法总则》第二十七条规定："父母是未成年子女的监护人。未成年人的父母已经死亡或者没有监护能力的，由下列有监护能力的人按顺序担任监护人：（一）祖父母、外祖父母；（二）兄、姐；（三）其他愿意担任监护人的个人或者组织，但是须经未成年人住所地的居民委员会、村民委员会或者民政部门同意。"这一规定对未成年人的监护人范围、层次以及意外情况进行了充分说明。不难看出，幼儿园并不能被纳入未成年人的监护责任主体范围。由此推定，幼儿园若以单位名义承担幼儿的监护人，就必须具备两个前提条件：一是被监护人没有父母和其他近亲属，或者被监护人的父母和其他近亲属无监护能力；二是被监护人父母的所在单位必须是幼儿园。可见，法定监护职责是基于亲权产生的一种法定职责，非经法定程序，幼儿的法定监护人是不能随意变更的。那种认为随着幼儿入园，其法定监护责任随之转移到幼儿园一方的观点是没有法律依据的。

最后，对家长能否将监护职责全权委托给幼儿园，《关于贯彻执行〈中华人民共和国民法通则〉若干问题的意见（试行）》第22条规定："监护人可以将监护职责部分或者全部委托给他人。因被监护人的侵权行为需要承担民事责任的，应当由监护人承担，但另有约定的除外；被委托人确有过错的，负连带责任。"依据此规定，幼儿的父母若委托幼儿园代行监护职责，则即时发生监护权转移，这就需要办理法定的监护权转移手续，即幼儿家长和幼儿园应订立书面监护权转移合同。而事实上，幼儿家长和幼儿园之间并没有达成这种合意。

2. 教师与入园幼儿之间的法律关系

作为教育关系的双方，幼儿园教师与入园幼儿在教育管理活动中的法律地位是平等的。教师依法行使教育教学、管理等权利，幼儿依法享有接受教育的权利；教师必须履行教书育人的职责，幼儿必须履行遵守法律和学校规章制度的义务。教师与幼儿的教育权利和义务具有对应性。

在教育管理活动中，教师与学生是实施教育与受教育、管理与接受管理的关系。教师对学生负有教书育人，通过约束、指导实现管理，保护其健康成长的职责。

《学生伤害事故处理办法》第七条第一款规定："未成年学生的父母或者其他监护人（以下称为监护人）应当依法履行监护职责，配合学校对学生进行安全教育、管理和保护工作。"第二款规定："学校对未成年学生不承担监护职责，但法律有规定的或者依法接受委托承担相应监护职责的情形除外。"故此，幼儿园教师与入园幼儿之间既不是民事法律关系，也不是行政法律关系，而是基于教育与受教育活动基础上的教育管理关系，教师对幼儿负有教书育人、通过约束和指导实现管理、保护其健康成长的职责。

第三节 幼儿在园人身伤害事故法律责任认定概述

幼儿在园人身伤害事故法律责任的认定，是指在幼儿园、教师、幼儿自身或者其他因素导致幼儿在园人身伤害事故的发生，侵犯了幼儿的生命权、健康权等人身权利之后，依法认定应当由哪些主体承担法律责任的活动。幼儿在园人身伤害事故法律责任的认定中，核心问题首先是认定哪些主体是事故法律责任的承担者；其次是认定事故责任的承担者应当承担哪些法律责任。

一、幼儿在园人身伤害事故法律责任的构成要件

依据我国法学理论的基本原理，要解决幼儿在园人身伤害事故法律责任的认定问题，首先必须探讨教育法律责任的构成要件问题。教育法律责任的构成要件是指依据我国教育法律法规的规定，构成教育法律责任所必须具备的主观、客观方面要件的总和。按照我国法律责任构成要件的通说，法律责任的构成要件包括实施违法行为、产生损害结果、违法行为与损害结果之间存在因果关系、法律责任主体、行为人主观存在过错五个方面。

（一）实施违法行为

实施违法行为是指行为人实施了违反国家法律法规的行为。行为人所实施行为的违法性是构成教育法律责任的前提条件。实施违法行为包括两层含义：第一，行为人实施了违反国家法律法规和规章的行为。违法行为的表现形式通常是作为和不作为。作为是指行为人主动而为的积极行为，例如，教师体罚、变相体罚幼儿，对儿童实施性侵害，盗窃幼儿园财产；不作为是指行为人应当履行、有条件履行某项义务却不履行的消极行为，例如，幼儿园不及时维修危房，造成危房倒塌砸伤幼儿，幼儿园内道路没有限速标志，造成幼儿被电动车碰伤。第二，违法行为必须是行为人的主观过错外化在实施了的具体的违法行为，若行为人内在的思想没有通过违法行为表现出来，并不构成违法，自然也不能受到法律的追究。

（二）产生损害结果

损害结果是指由于行为人实施违法行为，给合法权益遭受侵害的一方当事人所造成的直接或者间接的损害结果。损害结果一般包括对受损方的人身权利、财产权利、精神损害以及影响幼儿园正常教育教学秩序的损害结果。物质性的损害结果具有直观、有形、可以量化的特点；非物质性的损害结果对于受损方心理、精神的影响是长久的，按照《最高人民法院关于审理精神损害赔偿案件适用法律若干问题的解

释》的规定，精神损害依法应当得到赔偿。

(三)违法行为与损害结果之间存在因果关系

违法行为与损害结果之间的因果关系是指行为人所实施的违法行为与产生的损害结果之间存在内在必然的因果关系。在幼儿在园人身伤害事故法律责任的认定中，查明某一损害结果与某一违法行为之间是否存在必然的因果关系，是解决行为人是否对该损害结果承担法律责任的客观基础，是解决学校安全事故纠纷的重要环节，同时也是家长和幼儿园极易发生纠纷的环节。

案 例

儿童体育课动作失衡致骨折，教师是否承担赔偿责任[①]

某幼儿园中班小朋友正在上体育课，在老师的组织下，确定进行"老狼老狼几点钟"的追逐游戏。活动开始前，老师带领小朋友仔细做好了相关的准备工作。活动中，幼儿亮亮被扮演老狼角色的小枫定为追逐目标。不料在一次转身奔跑躲闪中，亮亮因身体失去平衡而摔倒在地，造成骨折。在场教师林晓立刻与幼儿园保健医生为亮亮进行折肢固定，并及时送医院治疗。经治疗，亮亮身体已经恢复了健康。但事后，亮亮的家长还是向幼儿园和小枫的家长提出损害赔偿的请求。

评析

此案例中，幼儿园体育课上发生了亮亮身体失衡摔倒、造成骨折的损害结果。那么造成亮亮骨折的原因是什么呢？首先，幼儿园中班组织户外角色扮演追逐游戏符合教学大纲的要求。其次，游戏开始前，教师带领学生进行了符合要求的准备工作。再次，幼儿园体育课的场地符合幼儿园教学场地相关标准。最后，小枫追逐的行为并没有违反该体育游戏规则，也没有故意伤害亮亮。故此，该案例中，亮亮骨折的损害结果与教师、幼儿园和同学的行为均无内在的必然因果关系，而是无法预见的意外事件。《学生伤害事故处理办法》第十二条第(五)项规定，"在对抗性或者具有风险性体育竞赛活动中发生意外伤害的"学生伤害事故，学校能够证明已经尽到教育管理的职责，并且履行的职责并无不当之处，学校不承担法律责任。该案例中，亮亮及其监护人所提出的损害赔偿请求没有法律依据，损失应当由其自行承担。

(四)法律责任主体

法律责任主体是指因违法行为或者法律规定的事由，依法应当承担相应法律责任的主体。法律责任的主体包括以下三种情况：第一，法律责任的主体一般包括自

---

① 改编自周天枢、严凤英：《幼儿园100个法律问题》，74～75页，广州，新世纪出版社，2010。

然人、法人和其他组织，在国际法中，法律关系的主体包括国家。第二，自然人主体中，由于受到侵害的法律关系的性质不同，承担法律责任的年龄和责任能力的法律规定差异较大。第三，一般来说，实施违法行为的主体是承担法律责任的主体，但在幼儿在园人身伤害事故法律责任的认定中，由于幼儿作为无民事行为能力人依法不能承担法律责任，因此其监护人依法必须承担相应的法律责任。

（五）行为人主观存在过错

主观存在过错是指行为人实施违法行为时的主观故意或者主观过失的心理态度。主观过错是行为人对违法行为承担法律责任的主观要素，也是行为人对自己的违法行为必须承担相应法律责任的制裁目的所在。

主观过错包括故意和过失。故意是指行为人明知自己的行为会发生危害社会的结果，但仍希望或者放任危害结果发生的心理态度。过失是指行为人应当预见自己的行为可能会发生危害社会的结果，但因为疏忽大意而没有预见，或者已经预见而轻信能够避免，以至于发生了危害结果的心理态度。

主观过错在刑事法律责任中会直接影响罪与非罪、此罪与彼罪的认定，同时会直接影响刑罚的适用。由于刑事法律责任严格实行"罪责自负"原则，因此，在幼儿园人身伤害事故中，幼儿致使他人人身伤害的事故，不存在承担刑事责任的问题，幼儿的监护人依法承担由幼儿的损害行为引起的民事损害赔偿。民事法律责任中，通常并不明确区分主观过错是故意还是过失，因为这对于认定民事损害赔偿责任影响不大。

二、幼儿在园人身伤害事故法律责任认定的适用原则

《侵权责任法》第三十八条规定："无民事行为能力人在幼儿园、学校或者其他教育机构学习、生活期间受到人身损害的，幼儿园、学校或者其他教育机构应当承担责任，但能够证明尽到教育、管理职责的，不承担责任。"本条款专门针对无民事行为能力人，通过设定幼儿园、学校或者其他教育机构的过错推定原则，将举证责任交由幼儿园等教育机构。《侵权责任法》第三十九条规定："限制民事行为能力人在学校或者其他教育机构学习、生活期间受到人身损害的，学校或者其他教育机构未尽到教育、管理职责的，应当承担责任。"该条款规定了限制民事行为能力人在学校或者其他教育机构学习、生活期间受到人身损害的，依然实行过错推定原则。

（一）过错推定原则的概念

过错推定原则是指发生侵权损害结果后，受害人在诉讼中不需要证明侵权人存在过错，而是从损害事实本身推定加害人有过错，除非加害人举证证明自身不存在过错，若加害人举证不能或者举证不力，则必须承担侵权责任。过错推定原则实质上也属于过错责任原则，同样要根据过错责任原则的四个要件判断和审视当事人的

侵权责任。与过错责任不同的是，过错推定原则改变了当事人的举证责任分担。在适用过错推定原则的情况下，认为自己权利被侵害的一方当事人无须举证证明侵权人存在过错，而是根据法律的规定直接推定侵权人具有过错。适用这种过错推定原则的侵权人一般是特定服务的提供者、特定场所的经营者或者管理者等。被推定过错侵权的当事人如果能够提供证据证明自己已经采取避免损害发生的措施，已经尽到善良管理者的谨慎管理义务，对损害结果的发生没有过错，即可以免除责任。

过错责任原则是民事侵权领域最基本的归责原则，其实质是按照过错承担侵权责任。在过错责任原则下，受害人、被侵权人需要提供证据证明侵权人的加害行为、过错以及自己的损害后果、损害后果与侵权人侵权行为之间的因果关系。如果不能证明上述条件成立，而侵权人又不愿意自认，受害人、被侵权人则要承担举证不力引起的不利后果，难以获得仲裁或者司法机关的支持。

（二）适用过错推定原则的要求

根据过错推定原则，一旦入园幼儿在幼儿园或其他教育机构受到人身侵害，进入诉讼程序后，受损方无须证明幼儿园或其他教育机构存在过错，只要幼儿园或其他教育机构无法证明自己尽到教育、管理职责，就应当对入园幼儿受到的伤害承担侵权赔偿责任。从举证责任理论来分析，举证责任的确定必须考虑双方当事人对行为的认知能力、距离证据的远近、接近证据的难易程度、收集证据能力的强弱、是否有利于实体法的立法精神等。[①] 但由于无民事行为能力人缺乏经验与判断能力，认知能力、收集证据的能力非常有限，假设由受损方的无民事行为能力人举证证明学校存在过错，实质上是非常不合理和无法实现的。我国 1992 年签署的联合国《儿童权利公约》，倡导"儿童最大利益"原则，即"关于儿童的一切行为，不论是公私社会福利机构、法院、行政当局或立法机构执行，均应以儿童的最大利益为一种首要考虑"。[②]

《侵权责任法》将幼儿园证明自己尽到教育、管理的职责，证明园方无过错的举证责任明确交由幼儿园自己承担，对于法定举证责任的分担，当事人一方必须履行举证责任，如果负有举证责任的一方举证不能或者举证不力，则应承受不利于自身的法律后果。这项原则的要求主要体现在以下几个方面。

首先，充分体现了我国侵权责任归责原则的公平性和人道主义精神，要求幼儿园及其他学前教育机构高度重视学校安全事故的预防和处理工作，政府和学校应当加强学校安全管理和监督机制的建设，建立学校安全工作评估指标体系，促进学校安全管理和监督工作制度化、规范化和常态化。2016 年 11 月，国务院教育督导委员会办公室发布的《暂行办法》，同时通过附件发布的《指标体系》，对新时期的校园安全管理工作提出了新的要求和标准，为校园安全工作常态化、规范化和科学化运

---

① 李浩：《民事举证责任研究》，159～162 页，北京，中国政法大学出版社，1993。
② 王勇民：《儿童权利保护的国际法研究》，95 页，北京，法律出版社，2010。

行提供了一套完善的体制机制和技术方面的有力支撑。

其次，根据过错推定原则，幼儿园及其他学前教育机构必须认真履行对无民事行为能力人的教育管理职责和安全保障义务，按照依法治园的基本要求，高度重视对教职员工的安全教育；定期邀请专业人士进园开展安全教育培训；建立健全幼儿园的内部管理体制；科学制定幼儿园各类人员岗位责任制；严格要求教师及其他工作人员履行岗位职责；加大园内安全工作检查监督的力度，积极预防幼儿人身伤害事故的发生。

再次，正确理解幼儿园适用过错推定原则的立法意蕴，解析幼儿园适用过错推定原则的具体要求，需要幼儿园教职员工必须强化收集和保全证据的意识，依靠现代信息技术手段，坚信幼儿园已经尽到教育、管理职责的，就能够充分履行举证责任，有效维护学校和教师、学生的合法权益。

最后，新时期在全面推进幼儿园依法治园的进程中，学校要建立安全风险档案，由各校自行对涉及本校的安全风险进行分析预测，并确定符合实际的风险类别；建立安全隐患排查清单，由学校按照安全事故的基本类型，对涉及本校安全的部位进行全面排查梳理，并确立日、周、月、季排查内容；建立安全隐患治理台账，由学校根据自行排查出的安全隐患，建立安全隐患治理台账，明确隐患部位、存在问题、整改责任人、整改时限、整改结果等内容；建立和完善各种应急预案，明确应急处置的内容、程序和要求，并按规定组织好应急演练。在此基础上，把学校的自查排查和督导部门的督查有机结合，在学校层面落实每日、周、月、季自查必检内容，及时发现和解决隐患问题；在各级教育督导部门形成春秋两季开学必须跟进督查、平时根据需要进行专项督查的良好氛围，通过不间断地加大督导力度，促进安全管理工作的制度化、规范化和常态化，办好孩子安心、家长放心、社会满意的学前教育事业。

三、幼儿在园人身伤害事故责任认定的流程

当幼儿园发生幼儿人身伤害事故后，幼儿的生命权、健康权受到直接的损害，紧接着保教人员或机构、幼儿园、家长、医院、医生等鉴定人员或机构、教育行政机关及其工作人员、人民调解员、法院、法官、律师等组织及其工作人员，会随着事故的处理进程，不同程度地参与到事故责任认定的流程中。也正是通过责任的认定，才能够明确知道事故的委托人是谁，赔偿的责任主体有哪些。可见，学校安全事故法律责任的认定是事故索赔的前提条件。

根据我国学校安全事故处理的相关法律法规的规定，梳理实践中学校安全事故责任认定的流程，幼儿伤害事故赔偿责任的认定过程主要包括以下步骤，见图8-1。

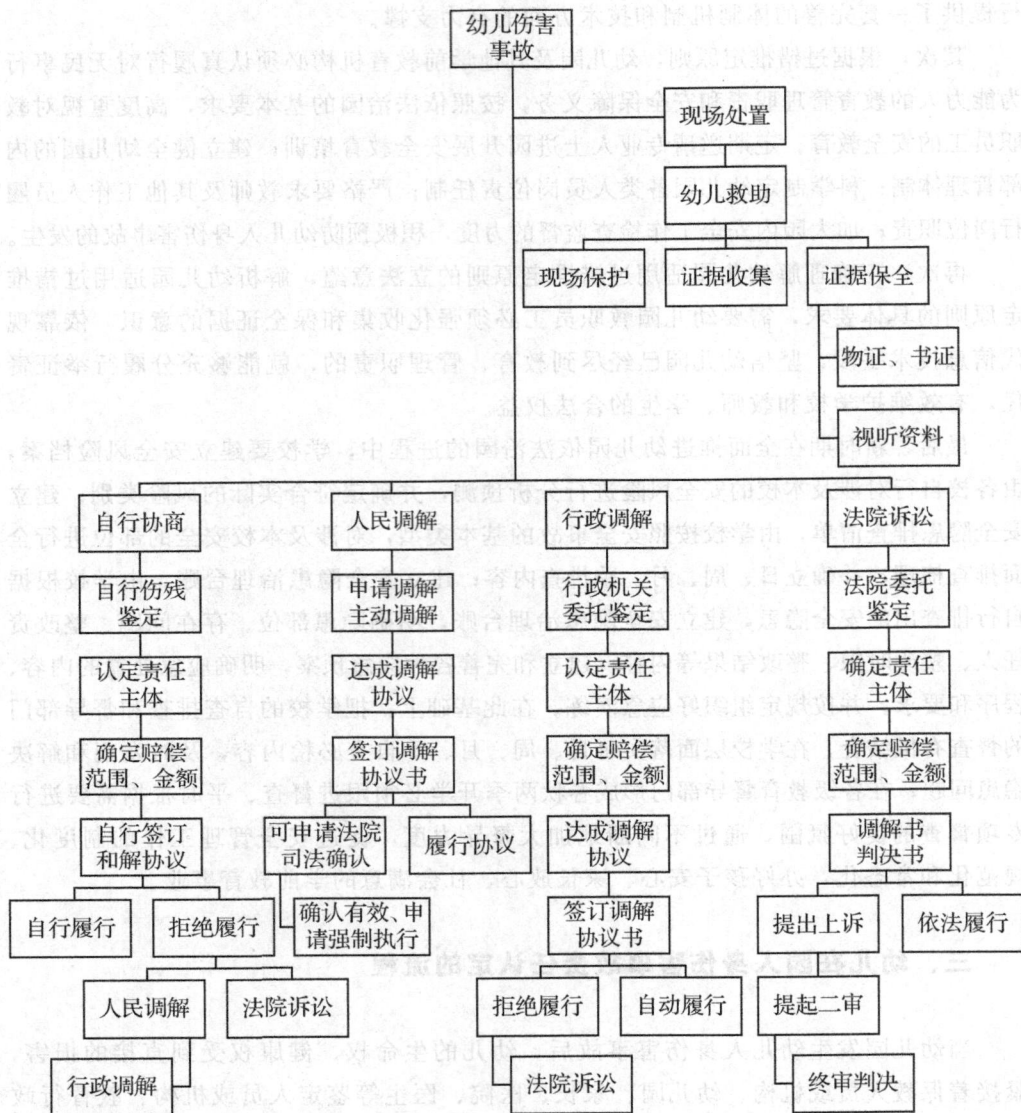

图 8-1　幼儿伤害事故赔偿责任认定流程图

流程图中的文字：

幼儿伤害事故 → 现场处置 → 幼儿救助

现场保护　证据收集　证据保全

物证、书证

视听资料

自行协商　人民调解　行政调解　法院诉讼

自行伤残鉴定　申请调解主动调解　行政机关委托鉴定　法院委托鉴定

认定责任主体　达成调解协议　认定责任主体　确定责任主体

确定赔偿范围、金额　签订调解协议书　确定赔偿范围、金额　确定赔偿范围、金额

自行签订和解协议　可申请法院司法确认　履行协议　达成调解协议　调解书判决书

自行履行　拒绝履行　确认有效、申请强制执行　签订调解协议书　提出上诉　依法履行

人民调解　法院诉讼　拒绝履行　自动履行　提起二审

行政调解　法院诉讼　终审判决

由流程图可知，学生安全事故责任认定流程，涵盖了学生安全事故发生后所经历的责任认定和索赔程序，这里需要加以说明的是：

第一，学生安全事故发生后，无论最终由哪一方承担相应法律责任，均应当首先进行现场处置，幼儿救助是其中最重要的工作。

第二，幼儿园现场保护和证据的收集、保全是专业性较强的，也是新时期学前教育工作需要不断加强的工作。根据司法实践的经验，物证、书证、视听资料是使用频率较高的几类证据。

第三，学生伤害事故发生后，双方当事人有自主选择自行协商、人民调解、行政调解和法院诉讼的权利，同时依照法定程序最终解决事故纠纷。

第四，当事人选择自行协商、人民调解和行政调解的，双方签订调解协议书后，可能发生因当事人拒绝履行导致纠纷解决进入法院诉讼程序。

第五，当事人选择在法院诉讼的，必须通过第一审程序，由法院制作调解书或者判决书，当事人对判决不服的，有权提出上诉，引起第二审程序，依照第二审程序生成的调解书或者判决书，便是终审生效的法律文书，双方当事人必须履行。

第四节　幼儿在园人身伤害事故的现场处理及责任认定

幼儿在园人身伤害事故发生时或者发生后，首当其冲的问题便是对受到伤害的幼儿实施正确的救助，以及对事故现场的保护和事故证据的收集和保全。依据、依法收集确实充分的证据，还原事故真相，有利于科学公正地认定事故责任，依法解决事故纠纷，保障双方当事人的合法权益，确保学前教育事业的健康发展。

一、幼儿在园人身伤害事故的现场处理

(一)幼儿伤害事故中受伤幼儿的救护及报告义务

第一，幼儿园发生学生人身伤害事故后，幼儿园必须履行对受伤害学生的救助责任，以及告知家长和报告教育主管机关的责任。上述责任在 2003 年 9 月 5 日北京市人大常委会通过的《北京市中小学生人身伤害事故预防与处理条例》中已经被明确规定为学校的法定职责。该条例第十五条规定"事故发生后，学校应当及时救助受伤害学生，并告知学生父母或者监护人"；第二十三条规定"事故发生后，学校对受伤害学生未采取救助措施，导致损害后果加重的，学校应当承担相应的责任"。由此可见，对受到伤害的学生及时履行救助的职责和告知家长的义务是幼儿园必须履行的法定责任，如若幼儿园不履行救助和告知的义务，导致损害后果加重的情形，幼儿园应当承担相应的法律责任。

第二，幼儿园发生幼儿安全事故后，在场教师和其他工作人员应当立即采取一切有效措施救护受伤幼儿，并且迅速通知幼儿园保健医生进行必要的、专业的现场救护应急处理，同时根据幼儿情况决定是把幼儿护送医院还是拨打 120、110 或者 119 急救电话来寻求帮助。医疗救治机构接到学生安全事故救助请求时，应当立即组织人员前往现场实施救治；本机构技术力量不足或者救治设备欠缺的，应当及时报告卫生部门或者请求邻近医疗救治机构给予援助。

第三，幼儿园发生幼儿安全事故后，对幼儿伤势明显轻微的，如轻微磕碰皮肤等，完全能够在幼儿园进行安全处理的，园方相关人员应当及时进行处理，并根据

幼儿伤势情况，及时通知受伤害幼儿的父母或者其他监护人，以便事故的后续处理。

第四，幼儿园安全事故发生后，幼儿园应当在 1 小时内将有关情况报告主管的教育行政部门和其他有关部门；发生重大学生安全事故的，应当立即报告。一旦发生突发事件，幼儿园应当启动应急预案，处理突发安全事故。主管的教育行政部门接到重大学生安全事故报告后，应当立即报告本级人民政府和上级教育行政部门。发生违法犯罪活动、交通事故以及出现食物中毒、急性传染病等症状的，学校应当立即报告公安、卫生等有关部门。公安、卫生等有关部门接到报告后应当立即组织人员前往处理。

(二)幼儿伤害事故中现场的有效保护

第一，事故现场是有效记录事故发生的真实情况的原始场所，同时也是事故证据的重要载体，因此，需要对某一处或者某几处场所、地点做出明显的标记，并尽量对事故现场进行封闭。例如，幼儿园发生食物中毒安全事故，应当迅速对厨房、教室等场所进行封闭，对幼儿吃剩的食物、呕吐物等进行保存，以便查明事故原因。

第二，指派专人负责对事故现场进行有效保护，防止其他人员进入现场或者破坏现场。幼儿园发生幼儿安全事故后，由于忙于救助幼儿，加上家长或者其他人员的参与，易发生事故现场被破坏的情况。幼儿园应当在现场工作人员的指挥下，用绳子将现场圈起来，将发生事故的教室关闭、上锁等，防止无关人员和其他物体进入现场或者破坏现场。如果学生安全事故较为严重，幼儿园应当在公安等执法部门的指挥下处理事故现场。

(三)幼儿伤害事故中证据的收集和保全

《侵权责任法》第三十八条规定："无民事行为能力人在幼儿园、学校或者其他教育机构学习、生活期间受到人身损害的，幼儿园、学校或者其他教育机构应当承担责任，但能够证明尽到教育、管理职责的，不承担责任。"本规定明确了我国幼儿园发生学生人身伤害事故法律责任的认定实行过错推定原则。根据我国教育法律法规的立法精神和其他法律法规的相关规定，今后在我国学前教育工作领域，针对加强学生安全事故的预防与处理工作，幼儿园及其教职员工应当高度重视和加强以下几个方面的工作。

第一，幼儿园及其教职员工应当严格遵守教育法律法规关于学校、保教人员应当履行的工作职责规定，明确我国法律法规所规定的幼儿园、教师与学生的教育、管理法律关系的内涵和基本要求。幼儿园、教师必须尽到教书育人，通过实施约束、指导实现管理，保护幼儿身心健康的职责，把握学前教育事业发展的内在规律，坚守岗位，做到守土有责。

第二，新时期幼儿园及其教职员工在适用过错推定原则时，必须强化收集和保全证据的意识，这样才能有效地维护幼儿园、幼儿和教职员工的合法权益，否则，在解决事故纠纷过程中，特别是选择通过法院诉讼来解决纠纷的渠道时，会在承担举证责任方面遇到非常无奈的困境，导致幼儿园、教师已经履行的教育、管理职责无法依靠证据加以证明，致使园方的主张无法得到法庭的支持，导致无法证明幼儿园、教师在学生事故中"无过错责任"。在这种情况下，法院依照过错推定原则的适用规则，会直接推定幼儿园、教师承担事故的赔偿责任。

当前，学前教育领域广大管理者和教职员工对《侵权责任法》第三十八条规定的过错推定原则并没有理解和掌握，导致在法院诉讼实务中，园方常常在法庭上吃哑巴亏，其自身的合法权益很难得到应有的保障。例如，据北京市教育局2014年公布的数据，社会各方面对学校安全事故的责任性质认识不清，特别是学校自身不了解国家法律的相关规定，严重影响了事故的解决和认定。近三年来，北京市发生学校赔偿经济损失的学生伤害事故共360余起，有一半以上的学校在处理事故时，由于举证不能或者举证不力，在维护学校合法权益方面遇到了很大的困难。因此，应当大力加强中小学、幼儿园的法制教育工作，努力改进学校法制教育的内容和形式，注重学校法制教育的科学性、常态性和实效性，推进学校法制教育向纵深不断发展。

第三，幼儿园及其教职员工在工作中应当掌握基本的收集和保全证据的方法。在伤害事故发生之前、发生过程中以及发生后，能够观察到的重要信息，都是处理事故时的重要线索。对此，要进行必要的记录和保存，特别是亲历者和目击者观察到的重要线索往往是原始证据和直接证据的来源，要特别注重收集和保全。

对于学生伤害事故中受伤害学生的陈述，要求完整、全面和客观地收集，必须严格遵守收集证据的法定程序要求。证据只有具备合法性才能够成为定案的依据。例如，司法人员收集证人证言等言词证据时，必须有两名正式的司法人员共同在场才能完成。需要特别提醒的是，在现代信息社会，通过现代信息技术设备和手段来记录事故发生的经过和结果，可以节约大量人力和物力，完整再现事故的发生过程，这对事故的分析和认定具有重要的证据价值。例如，可以将幼儿园内部安装的监控视频很好地运用在收集和保全证据的工作中。但无论采用哪种方式，幼儿园必须在办案人员的指挥下有序地做好学生安全事故的证据收集和保全工作。

第四，幼儿园安全事故发生后，学校应当及时组织调查处理；学校无法调查处理的，由教育行政部门组织调查处理。发生重大学生安全事故的，由学校所在地人民政府组织教育、公安、卫生等有关部门组成联合调查组进行事故调查，并在事故发生之日起30日内提出事故调查处理意见。法律法规另有规定的，从其规定。投保学生安全事故学校责任险的，学校应当及时通知保险机构参与事故的调查处理。

二、幼儿在园人身伤害事故的责任认定

根据我国《教育法》《教师法》以及《侵权责任法》《学生伤害事故处理办法》等法律

法规的相关规定，学校安全事故涉法实务中，根据责任主体的不同，可以将学生伤害事故分为学校责任事故和非学校责任事故。学校责任事故是以学校及其教职员工为责任主体的事故；非学校责任事故包括学生及其监护人责任事故和第三人责任事故。学校意外事件、学生及其监护人责任事故和第三人责任事故属于学校免除责任的法定事由。详见图 8-2。

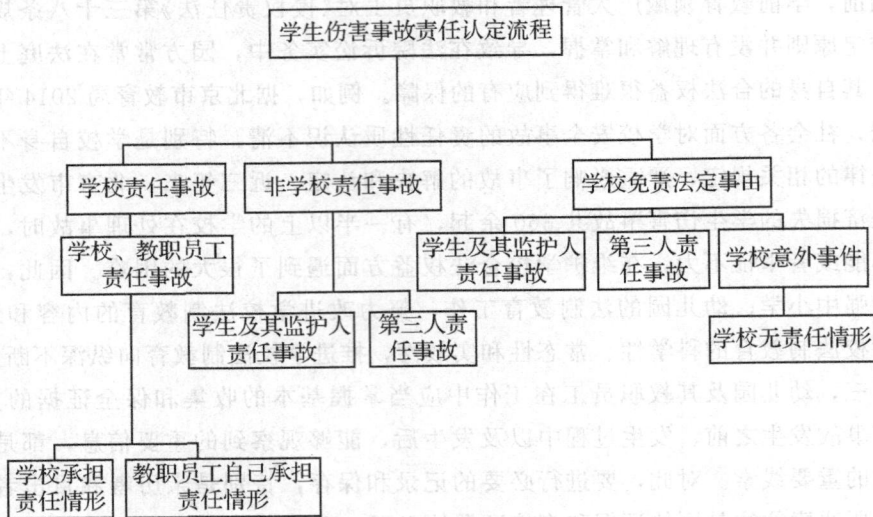

图 8-2 学生伤害事故责任认定流程图

(一)幼儿园园方责任事故

幼儿园园方责任事故是指幼儿园及其教职员工由于存在过错，实施违反教育法律法规及其规章制度的行为，未尽到教育、管理和保护的职责，造成学生伤害事故或者学生伤害他人的损害后果，幼儿园依法应当承担的损害赔偿责任。

判断和认定幼儿园园方责任事故的标准在涉法实务中主要考虑以下五个方面。

1. 幼儿园是否履行了安全教育职责和采取了必要的防护措施

根据《未成年人保护法》第二十二条规定"学校、幼儿园、托儿所应当建立安全制度，加强对未成年人的安全教育，采取措施保障未成年人的人身安全"，《学生伤害事故处理办法》第九条规定，学校在存在未履行职责的十二种情形之一造成学生伤害事故时，应当依法承担相应的责任。结合学前教育的工作特点，幼儿园应从以下两个方面对学生尽到高度的保护责任和特殊的注意义务。

第一，安全教育职责。2016 年 11 月 30 日，国务院教育督导委员会办公室发布的《暂行办法》在第八条"教育演练"中规定："(一)教育部门按照《中小学公共安全教育指导纲要》指导学校加强安全教育，落实安全教育进课堂，保障安全教育所需资金、教学资源和师资情况。(二)相关职能部门指导和参与学校安全教育，开展安全防范进校园活动情况。(三)学校按照《中小学幼儿园应急疏散演练指南》开展安全教育，定期组织地震、火灾等应急疏散演练情况。"根据以上规定，幼儿园开展安全教育以及应急疏散演练是法定的、常态化的工作职责。

第二，幼儿园通过约束、指导履行管理学生的职责。所谓学校管理是指通过必要的、强制性的纪律约束，在未成年学生的行为出现危险倾向时，对未成年学生进行告诫、约束和制止，中断其危险行为，同时指导学生采取必要的防护措施，防止损害结果的产生。

案　例

炸伤孩子是小贩，园方安全管理存在隐患①

六一儿童节前夕，某幼儿园中班的老师正带领孩子们在装饰教室。幼儿园门外有一个小贩在叫卖氢气球。本班幼儿小彬趁老师不注意，推开幼儿园大门跑到小贩处说要买一个气球。谁知就在小贩给他充氢气球时，氢气罐突然发生爆炸，导致小彬脸部局部烧伤，小贩自己也被炸伤。教师急忙拨打120将小彬和小贩送往医院救治。经过两个星期的住院治疗，小彬的伤基本痊愈。事后，家长提出了要求，要幼儿园赔偿全部医疗费、误工费等共计8500余元。幼儿园认为，幼儿的伤是小贩造成的，应当由小贩负责全部赔偿。

评析

1. 这是一起发生在幼儿园外的因小摊贩售卖的商品存在安全隐患导致的幼儿伤害事故。本案中的小贩违反国家安全管理法规规定，私自经营国家禁止的易燃性危险气体，导致小彬被烧伤，小贩作为肇事者必定要承担相应的民事责任。

2. 本案中，幼儿园是否应当承担民事责任呢？

首先，幼儿园虽然不是幼儿的法定监护人，但从幼儿入园到离园，在幼儿园负有管理责任的范围内，幼儿园应当承担教育、管理的义务。本案中，小彬推开幼儿园大门私自外出，而幼儿园带班教师和门卫却没有人制止，说明幼儿园安全管理存在较大疏漏，园方存在过错。

其次，根据学校安全工作的有关规定，幼儿园附近不允许存在危害幼儿身心健康的经营活动。经调查，该小贩已在此处经营多天，而幼儿园对此并没有向城市管理等部门反映，致使幼儿园周边的流动摊贩没有得到及时清理和整治，这是造成幼儿受伤的另一原因。

最后，本案属于幼儿园和小贩共同存在过错致人损害的责任事故，经双方协商达成协议，幼儿园承担60%的赔偿责任，小贩承担40%的赔偿责任。

2. 幼儿园是否尽到了高度的保护责任和特殊的注意义务

学前教育学龄段的学生年纪过小，自我保护能力较弱，因此幼儿园的保护职责

① 改编自周天枢、严凤英：《幼儿园100个法律问题》，82～83页，广州，新世纪出版社，2010。

应当是一种强调"善良管理人"的"特殊保护职责"。

善良管理人是基于幼儿园、教职员工对于幼儿的生命权、健康权等人身权利的保护负有尽到"特殊的注意义务"。幼儿园的注意义务是一种特殊的注意义务，即根据发生事故的时间、地点和当时周围的环境条件，判断该幼儿教师的行为与一个具有正常辨别是非能力和控制自己行为能力的普通教师相比，是否正确合理。如果该教师行为达不到"普通教师的正确合理行为"的标准，该教师就存在过错。学生年龄越小，对可能发生的各种危险的预见性就越低，相应地对学校的注意义务的要求就越高，而教师被认定有过错的标准也就越严格。故此，幼儿教师在工作过程中，必须严格坚守工作岗位，恪守工作职责，不能有丝毫的懈怠，擅离工作岗位造成事故的，必须承担相应的责任。

特殊保护职责是指特殊的主体在从事特定职业时所应当达到的高于一般注意义务的职责标准。《侵权责任法》最终确定幼儿园安全事故适用过错推定原则，就是基于认定学前教育关系是特定的教育管理法律关系。幼儿园、教职员工对学生负有高度的保护责任和特殊的注意义务。当幼儿教师的行为达不到"合格的幼儿教师"的工作标准时，教师就会构成主观过错，对由此带来的损害后果应当承担相应的责任。

需要特别强调的是，幼儿教师承担高度的保护责任和特殊的注意义务，不能只停留在对学生的口头提醒上，而必须采取合理的措施加以约束、制止，否则应当视该幼儿教师未尽到一个善良管理人应当尽到的注意义务。

案 例

幼儿在园内摔伤，尹某诉某幼教集团及郭某人身损害赔偿案①

原告：尹某

被告：某幼教集团

尹某法定代理人诉称：尹某（四岁）在某幼教集团第一幼儿园上全托。2010 年 5 月 31 日下午 4 点多，尹某洗手后转身去取毛巾时，被负责值日的同班小朋友郭某在关柜门时绊倒，左门牙和左前牙连根磕掉，左下嘴唇磕裂。事发时，当班老师均不在事发现场。事发后，由幼儿园老师送尹某去北医三院治疗。经口腔医生诊断得出结论：牙齿已连根磕掉，不可复原；乳牙缺失造成尹某今后会在饮食、语言发音方面受到严重影响；同时牙齿缺失容易使人养成不良的咀嚼习惯，还会影响容貌、身体发育和心理发育，需要安装牙齿间隙保持器；如果恒牙不能萌出，将影响尹某的终生。受伤至今，尹某在监护人陪伴下先后到三家医院接受治疗，治疗花费了大量的时间、人力和财力。尹某自两岁开始接受唱歌、影视方面的系统训练，参加过多

---

① 改编自罗海艳、赵晓琳：《学生伤害事故案件认定与处理实务》，69～70 页，北京，中国检察出版社，2006。

项演出，由于此次事故，不得不中断演出。尹某受伤主要是因为幼儿园的老师擅自脱离工作岗位，没有尽到监护人的责任，所以幼儿园应当赔偿；郭某将尹某绊倒致使尹某牙齿磕掉，也应当承担赔偿责任。现要求幼教集团和郭某的法定代理人共同赔偿损失共计 61000 元，诉讼费由被告承担。

经审理，区人民法院认为，尹某、郭某属无民事行为能力人，其法定监护人应当为其父母而非幼儿园。幼儿园作为专业的学前教育机构，对在园幼儿应当尽到高度的保护责任和特殊的注意义务。本案中，某幼教集团第一幼儿园的当班老师在学生伤害事故发生时擅离工作岗位，存在疏于管理、未尽保护职责的过失。依据最高人民法院《关于贯彻执行〈中华人民共和国民法通则〉若干问题的意见（试行）》的规定，幼儿园应当承担相应的赔偿责任。郭某主观上存在疏忽大意的过失，客观上造成了尹某的健康权受到损害，应当承担相应的责任。对于尹某今后的治疗费用，本院将依据医院证明及实际情况判定。本案中，第一幼儿园没有独立的法人资格，故责任应当由其上级单位即某幼教集团承担。

判决如下：一、某幼教集团、郭某代理人赔偿尹某医疗费、交通费等共计 2632.8 元。其中，某幼教集团负担 1500 元，郭某法定代理人负担 1132.8 元。二、驳回尹某的其他诉讼请求。

评析

1. 该事故中某幼教集团的责任认定。

监护责任是基于法定身份关系产生的，监护关系具有法定性、血缘性、不可替代性和不可转让性。依据《民法通则》的规定，监护责任应当由法定监护人承担，只有在监护人死亡、监护资格被依法撤销、监护人丧失民事行为能力等法定事由出现时，才会发生监护权的转移问题。

学校依法承担教育、管理和保护学生的职责。监护人的职责依法包括保护、管理被监护人的人身权利、财产权利及其诉讼权利等，幼儿园则依法履行对在园幼儿的教育、管理和保护学生的职责。因此，学校对学生履行的职责和监护人的监护职责存在很大差别。

本案中，某幼教集团对在园幼儿本应尽到高度的保护责任和特殊的注意义务，然而该幼教集团第一幼儿园的教师擅离岗位，存在疏于管理、未尽保护职责的过失。因此，某幼教集团应当对尹某人身伤害的损失承担相应的赔偿责任。

2. 郭某的行为是否构成侵权，应否承担赔偿责任呢？

本案中，郭某当天负责值日，为了方便其他同学抢先一步关门的出发点是好的，但是，疏于观察周围同学的情况，造成了尹某被绊倒致健康受到伤害的损害结果，郭某主观上存在疏忽大意的过失，应当对尹某的损害结果承担赔偿责任；但由于郭某属无民事行为能力人，该赔偿责任应当由其监护人承担。

3. 幼儿园环境和设施是否存在安全隐患

《教育法》第四十五条规定："教育、体育、卫生行政部门和学校及其他教育机构应当完善体育、卫生保健设施，保护学生的身心健康。"《未成年人保护法》第二十二条第二款规定："学校、幼儿园、托儿所不得在危及未成年人人身安全、健康的校舍和其他设施、场所中进行教育教学活动。"因此，幼儿园对于自身所有或者负有管理责任的建筑物承担维护建筑物等设施安全的基本义务。这些基本义务具体包括以下几方面。

第一，幼儿园的园舍和设施应当符合幼儿身心健康成长的需要。对此，幼儿园要按照有关规定履行其相应义务。例如，新修订的《幼儿园工作规程》第三十四条规定："幼儿园应当按照国家的相关规定设活动室、寝室、卫生间、保健室、综合活动室、厨房和办公用房等，并达到相应的建设标准。有条件的幼儿园应当优先扩大幼儿游戏和活动空间。寄宿制幼儿园应当增设隔离室、浴室和教职工值班室等。"第三十五条规定："幼儿园应当有与其规模相适应的户外活动场地，配备必要的游戏和体育活动设施，创造条件开辟沙地、水池、种植园地等，并根据幼儿活动的需要绿化、美化园地。"第三十六条规定："幼儿园应当配备适合幼儿特点的桌椅、玩具架、盥洗卫生用具，以及必要的玩教具、图书和乐器等。玩教具应当具有教育意义并符合安全、卫生要求。幼儿园应当因地制宜，就地取材，自制玩教具。"第三十七条规定："幼儿园的建筑规划面积、建筑设计和功能要求，以及设施设备、玩教具配备，按照国家和地方的相关规定执行。"

第二，幼儿园应向学生提供符合国家或者行业标准的食品、药品、饮用水等。新修订的《幼儿园工作规程》第十七条规定："幼儿园必须切实做好幼儿生理和心理卫生保健工作。幼儿园应当严格执行《托儿所幼儿园卫生保健管理办法》以及其他有关卫生保健的法规、规章和制度。"第二十条规定："幼儿园应当建立卫生消毒、晨检、午检制度和病儿隔离制度，配合卫生部门做好计划免疫工作……幼儿园应当建立患病幼儿用药的委托交接制度，未经监护人委托或者同意，幼儿园不得给幼儿用药。幼儿园应当妥善管理药品，保证幼儿用药安全。"第二十一条规定："供给膳食的幼儿园应当为幼儿提供安全卫生的食品，编制营养平衡的幼儿食谱，定期计算和分析幼儿的进食量和营养素摄取量，保证幼儿合理膳食。幼儿园应当每周向家长公示幼儿食谱，并按照相关规定进行食品留样。"第二十二条规定："幼儿园应当配备必要的设备设施，及时为幼儿提供安全卫生的饮用水。"

案 例

新装修园舍未质检致使幼儿甲醛中毒[①]

某幼儿园为了迎接市一级幼儿园评估，与某装修公司签订了改造装修旧园舍的

---

① 改编自周天枢、严凤英：《幼儿园 100 个法律问题》，93～94 页，广州，新世纪出版社，2010。

合同。8月20日装修完工。由于9月1日开园时间紧迫，再加上迎检工作繁忙，幼儿园还没有请相关质检部门进行检测、验收便投入使用了。11月，幼儿的出勤率开始下降，发病率不断上升。医生诊断的结果大多是咽炎和慢性哮喘。12月，卫生部门在每年的例行检查中检测出该幼儿园教室和休息室的空气中甲醛含量超标，经过进一步检测，发现该幼儿园的装修材料不符合国家质量标准，这说明幼儿的发病与该园教室与休息室的空气中甲醛含量超标有直接关系。

幼儿家长纷纷要求幼儿园承担全部责任，幼儿园应当如何处理此次事故？

分析

1.《学生伤害事故处理办法》第九条第（一）项规定，"学校的校舍、场地、其他公共设施，以及学校提供给学生使用的学具、教育教学和生活设施、设备不符合国家规定的标准，或者有明显不安全因素的"，造成学生伤害事故的，学校依法承担相应的责任。《幼儿园管理条例》第二十七条第二款规定："园舍、设施不符合国家卫生标准、安全标准，妨害幼儿身体健康或者威胁幼儿生命安全的"，教育行政部门视其情节轻重给予限期整顿、停止招生、停止办园等相应的行政处罚。本案中的幼儿园应当承担幼儿伤害事故的全部责任。

2. 鉴于本案中，新改造装修的教室和休息室室内空间甲醛超标的原因在于装修公司使用了不合格的建筑装修材料。根据《中华人民共和国产品质量法》和《中华人民共和国消费者权益保护法》的相关规定，幼儿园应当向装修公司行使追偿权，双方可以协商解决。如果装修公司不愿承担责任，幼儿园还可以向法院起诉，依法追究装修公司的法律责任。

4. 幼儿园是否建立健全了完备的安全管理制度

幼儿园建立健全完备的安全管理制度是预防和处理学生安全事故的前提条件。2016年11月，国务院教育督导委员会办公室发布的《暂行办法》在第六条"制度建设"中规定："（一）省级人民政府贯彻落实国家有关学校安全工作的法律法规、规章制度和标准规范，建立健全学校安全工作治理机制，制定完善本地方学校安全标准体系，开展学校安全事项认证情况。（二）相关职能部门各司其职、齐抓共管，完善落实学校安全工作监督、管理，加强学校及周边安全综合治理，建立学生安全区域情况。（三）学校建立健全安全管理制度和安全应急机制，按照《中小学幼儿园安全防范工作规范（试行）》要求，落实人防、物防、技防'三防'建设和安全管理各环节、岗位职责情况。"

根据幼儿园工作的性质和特点，幼儿园的安全管理制度基本包括以下内容：园内安全工作领导机构；门卫制度；安全巡查检查制度；教育教学活动安全制度；消防安全制度；用水（电、气）安全制度；食堂采购、索证、登记制度；学生安全信息通报制度；住宿学生安全管理制度；接送车辆安全管理制度；校车驾驶人员安全管理制度；安全教育培训制度；安全事故应急预案及演练制度；药物安全管理制度；幼儿接送制度等。

特别需要强调的是，在幼儿伤害事故发生的涉法实务中，幼儿园安全管理和监督工作常常存在以下问题：

一是幼儿园领导和教师安全意识不强，对教育教学中的安全隐患没有及时发现；（熟视无睹）

二是幼儿园安全制度不健全，或者幼儿园安全监督检查机制尚未健全；（无检查、无落实）

三是虽然幼儿园的安全制度基本健全，但幼儿园领导和教师对规章制度实际执行不到位；（值班教师缺岗、离岗、在岗不作为）

四是幼儿园领导和教师对法律知识知之甚少，对学校教育所应当承担法律责任的严重性不了解。（不懂法）

由此可见，当前，随着依法治国基本方略的深入人心，依法治园理念的逐步加强，很多情况下幼儿园安全事故的发生并不是因为学校没有安全管理制度，而是因为安全管理制度没有真正得以贯彻执行，学校安全工作监督机制不健全。因此，2016年11月，国务院教育督导委员会办公室发布了《暂行办法》，予以探索通过教育督导的途径推进学校安全工作的制度化。

案 例

幼儿出现手足口病，园方应当及时告知家长①

自近年全国多地出现儿童手足口病例后，刘女士就很担心她年仅三岁的女儿佳佳在全托幼儿园的身体状况。昨天幼儿园打电话来，说佳佳嘴里出现红点，老师怀疑是手足口病。刘女士当天下午带佳佳去医院检查，结果确诊是手足口病。佳佳同班的另一名同学也被传染了手足口病。

原来，早些时候幼儿园有一名学生得了手足口病，但幼儿园没有告知其他家长。园长说："清明节放假后，的确有一名学生没回来上学，后来家长打电话说孩子患了手足口病。我们随即通知了当地疾控中心和主管教育部门，并按照疾控中心的防疫要求做好了各项消毒工作。由于只发现一例，幼儿园害怕引起家长的恐慌，也就没有通知家长。"但家长方面认为，幼儿园即使按照要求做了消毒工作，也应当及时通知家长，认为幼儿园瞒报了病情。如果及时通知家长，他们就不会送孩子上学，孩子也不会被感染了。园长很困惑：发现一名学生患上传染病，没有告知家长，是不是瞒报？

评析

1. 2006年卫生部、教育部制定了《学校和托幼机构传染病疫情报告工作规范（试

---

① 改编自周天枢、严凤英：《幼儿园100个法律问题》，89～90页，广州，新世纪出版社，2010。

行）》，其中规定了学校传染病疫情报告的内容及时限。根据规定，幼儿园在预防传染性疾病方面的主要职责就是做好常见病的预防，发现问题及时处理或者报告。本案中，幼儿园在得知一名学生感染手足口病后，已经及时向当地疾控中心和主管教育部门报告了疫情，同时在疾控中心的指导下，按照要求进行了消毒。因此，幼儿园的行为并无不当，并不存在瞒报行为。

2. 对于幼儿园是否要告知家长，法律法规尚无明确规定，但从联合国《儿童权利公约》规定的儿童利益最大化的原则出发，幼儿园应当及时通知家长，应当在家长的配合下共同预防传染病的发生。

5. 幼儿园、教师是否尽到了对幼儿照料和保护的义务

我国《教育法》《未成年人保护法》《幼儿园管理条例》等法律法规均明确规定了中小学校，特别是幼儿园，应当尽到照顾和保护学生的职责。但在学校安全事故责任中，学校、教师违反照顾和保护学生职责的行为常常发生，表现在以下几个方面。

第一，幼儿园教师及其他工作人员体罚或者变相体罚幼儿。我国《未成年人保护法》第二十一条规定："学校、幼儿园、托儿所的教职员工应当尊重未成年人的人格尊严，不得对未成年人实施体罚、变相体罚或者其他侮辱人格尊严的行为。"教师的体罚行为是学校安全事故中导致学生死亡或者受伤害的重要因素之一。在实践中，除传统的殴打、罚站、罚跑步等体罚手段外，特别强调教师以辱骂、侮辱、歧视、忽视等对学生实施的"软暴力"手段，应当引起教育部门和学校的高度重视。这种变相体罚手段对学生的心理伤害是十分严重的，可能会对学生的今后成长造成长远的负面影响。

第二，幼儿园教师违反职业道德，不遵守工作制度和操作规程。教师遵守职业道德、严格履行岗位职责是预防学生伤害事故发生的第一道防线，是最重要、最有效的预防措施。根据联合国《儿童权利公约》的基本理念，幼儿园各项制度的制定和活动的实施均以"儿童最大利益作为首要考虑的原则"为指导。为此，幼儿教师和工作人员必须"在儿童开展所有活动时在场，并且将活动置于教师以及工作人员的视线范围之内"；教师和工作人员必须尽职尽责、坚守岗位，若因擅离岗位发生安全事故的，依法应负全部责任。

幼儿园教职员工工作制度中可以制定以下工作规程：禁止教师在上课期间离开教室和工作规定的区域、地点，安排学生自行完成作业或者其他活动；禁止教师在上课时使用手机或者与其他教师攀谈；禁止教师指使学生代拿教学用品或者其他物品；教师确有必要离开教室的，应经过主管领导批准，同时由该领导指派其他教师顶岗完成工作。

第三，幼儿园教师组织幼儿开展不适合幼儿身心发展特点、身体状况的活动。新《规程》第二十五条规定，幼儿园教育应当"遵循幼儿身心发展规律，符合幼儿年龄特点，注重个体差异，因人施教，引导幼儿个性健康发展"。第二十八条规定："幼儿园应当为幼儿提供丰富多样的教育活动。教育活动内容应当根据教育目标、幼儿

的实际水平和兴趣确定，以循序渐进为原则，有计划地选择和组织。"第三十三条规定："幼儿园不得提前教授小学教育内容，不得开展任何违背幼儿身心发展规律的活动。"

第四，幼儿园教师及其他工作人员在负有教育、管理职责的范围内，若发现学生行为具有危险性，应当及时予以告诫、约束和制止，以保护幼儿本人和其他幼儿的合法权益。告诫是指教师在发现学生的行为具有危险性而学生本人没有认识的情况下，指出学生行为的危险性，同时要求学生不要从事此类活动；约束是指教师要求学生不得继续从事具有危险性的行为；制止是指教师在发现学生正在进行危险性的活动时，应当果断采取措施中断学生的危险行为。

第五，幼儿园知道或者应当知道教职员工患有的不适宜从事教育教学活动的疾病，包括教师具有的暴力倾向或者心理障碍问题，并应当及时解决相应疾病或问题。

(二)幼儿及其监护人责任事故

幼儿及其监护人责任事故是指学生伤害事故发生后，在已经证明幼儿园尽到了教育管理职责的基础上，不是由于幼儿园的过错，而是由于幼儿自己的过错，或者由于其监护人没有尽到监护职责而造成的损害后果，事故责任应当由幼儿及其监护人承担的事故。

《学生伤害事故处理办法》第十条规定"学生或者未成年学生监护人由于过错，有下列情形之一，造成学生伤害事故，应当依法承担相应的责任"。

第一，"学生违反法律法规的规定，违反社会公共行为准则、学校的规章制度或者纪律，实施按其年龄和认知能力应当知道具有危险或者可能危及他人的行为的"。因此，幼儿违反学校的规章制度或者纪律，实施按其年龄和认知能力应当知道的具有危险性或者可能危及他人的行为时，必须由自己和监护人承担相应的责任。本条规定中的"应当知道"是指根据幼儿的年龄、正常发育下的认知能力，加之在幼儿园接受的教师的教育，在正常注意的状态下，幼儿能够认识到自己行为的危险性或者可能危及他人的后果的情况。实践中，幼儿的监护人不能过分强调幼儿年龄小、认知能力不强等因素，应当在公平合理的正常情况下加以判断。

第二，"学生行为具有危险性，学校、教师已经告诫、纠正，但学生不听劝阻、拒不改正的"。幼儿园教师基于高度的保护职责和特殊的注意义务，对幼儿的危险性行为已经予以告诫、约束和制止，但幼儿不听劝阻，在教师稍不注意的情况下，实施具有危险性的行为，造成本人或者他人人身伤害结果的，幼儿自己及监护人应当承担责任。

第三，"学生或者其监护人知道学生有特异体质，或者患有特定疾病，但未告知学校的"。幼儿及其监护人知道幼儿有特异体质，或者患有特定疾病，但没有及时告知幼儿园幼儿身体的特定情况，结果幼儿园在不知道或者不应当知道的情况下，安排该幼儿从事本不应该参加且可以避免的活动，从而使幼儿受到伤害的，幼儿园不承担责任，应当由过错方的幼儿及监护人自行承担责任。

第四，"未成年学生的身体状况、行为、情绪等有异常情况，监护人知道或者已被学校告知，但未履行相应监护职责的"。该类型的伤害事故是幼儿的身体状况、行为和情绪出现异常情况导致的。经调查显示，监护人已经知道或者学校证明已经告知幼儿监护人的，且完全是由于幼儿自己或幼儿的监护人未尽到监护职责造成的，幼儿及监护人应当承担相应的责任。

第五，"学生或者未成年学生监护人有其他过错的"。这是对上述四种类型的"兜底"条款，对于实践中其他没有列明的类型则可以归属到该条款中。

案　例

幼儿报复伤人，老师无法预见①

一天下午，到了离园时间，家长纷纷到班级门口接孩子，父母没有到的孩子就在活动室玩玩具。东东和明明因争抢一支玩具手枪扭打起来，这时正在与家长沟通的老师闻声立即走上前去阻止他们，并没收了玩具手枪，教育他们不能打架。待两名幼儿分开各自玩其他玩具后，老师继续接待家长。此时东东心有不快，突然跑到明明身后，用力将其推倒，造成明明额头被摔破，缝了四针。事故发生后，明明的家长要求幼儿园和东东的家长共同承担赔偿责任。但幼儿园认为自己不存在过错，不需要承担责任。东东的家长则认为，孩子是在幼儿园教室里被推倒摔伤的，孩子受伤是带班教师监管不力造成的，应当由幼儿园承担全部赔偿责任。

评析

1.《学生伤害事故处理办法》第十条第（二）项规定"学生行为具有危险性，学校、教师已经告诫、纠正，但学生不听劝阻、拒不改正的"，造成学生伤害事故，学生或者未成年学生监护人应当承担相应责任。本案中，陈老师在发现东东和明明之间发生扭打时，及时劝阻并教育了对方，同时将两名幼儿分开，已经尽到了教育管理的职责。对于东东的突发行为教师无法预见，故教师和幼儿园均无过错，无须承担法律责任。

2. 本案中，东东的行为与明明的损害结果之间存在直接的因果关系，东东是伤害事故的责任者。但东东是无民事行为能力人，故应当由东东的监护人承担全部民事赔偿责任。

---

① 改编自周天枢、严凤英：《幼儿园100个法律问题》，72～73页，广州，新世纪出版社，2010。

(三)第三人责任事故

1. 第三人责任事故的概念和法律依据

第三人责任事故是指学生伤害事故的发生,不是由于幼儿园的过错,而是由第三人的过错行为所引起,依法应当由第三人承担民事责任的事故。

《侵权责任法》第三十七条规定:"宾馆、商场、银行、车站、娱乐场所等公共场所的管理人或者群众性活动的组织者,未尽到安全保障义务,造成他人损害的,应当承担侵权责任。因第三人的行为造成他人损害的,由第三人承担侵权责任;管理人或者组织者未尽到安全保障义务的,承担相应的补充责任。"

《侵权责任法》第四十条规定:"无民事行为能力人或者限制民事行为能力人在幼儿园、学校或者其他教育机构学习、生活期间,受到幼儿园、学校或者其他教育机构以外的人员人身损害的,由侵权人承担侵权责任;幼儿园、学校或者其他教育机构未尽到管理职责的,承担相应的补充责任。"

《学生伤害事故处理办法》第十一条规定:"学校安排学生参加活动,因提供场地、设备、交通工具、食品存在安全隐患,以及其他消费与服务的经营者或学校以外的活动组织者的过错造成学生伤害事故的,有过错的当事人应当依法承担相应的责任。"

2003 年 12 月最高人民法院审判委员会通过的《关于审理人身损害赔偿案件适用法律若干问题的解释》(以下简称《人身损害赔偿解释》)第六条规定:"从事住宿、餐饮、娱乐等经营活动或者其他社会活动的自然人、法人、其他组织,未尽合理限度范围内的安全保障义务致使他人遭受人身损害,赔偿权利人请求其承担相应赔偿责任的,人民法院应予支持。因第三人侵权导致损害结果发生的,由实施侵权行为的第三人承担赔偿责任。安全保障义务人有过错的,应当在其能够防止或者制止损害的范围内承担相应的补充赔偿责任。安全保障义务人承担责任后,可以向第三人追偿。赔偿权利人起诉安全保障义务人的,应当将第三人作为共同被告,但第三人不能确定的除外。"

在学前教育领域涉法实践中,幼儿园组织学生参加活动,因提供场地、设备、交通工具、食品存在安全隐患,以及其他消费与服务的经营者,或者学校以外的活动组织者的过错造成学生伤害事故的,有过错的第三方应当承担相应的法律责任。第三人侵权造成在校未成年学生伤害的,学校在过错范围内承担补充赔偿责任。

2. 第三人责任事故法律规定的理解与适用

对我国法律法规和规章关于第三人责任事故相关规定的理解和适用,主要涉及"违反安全保障义务的侵权行为"和"学校承担补充赔偿责任"的问题。

(1)违反安全保障义务的侵权行为

违反安全保障义务的责任是指依据法律的规定或者约定而负有保护特定人的人身与财产安全义务的行为人,由于未尽到此安全保障义务,致使被保护人受到他人的侵害时，应当承担损害的赔偿责任。在司法实践中，违反安全保障义务致使他人受到损害的加害人，应当首先承担民事责任。当无法找到加害人或者加害人没有能力承担赔偿责任时，由对其负有安全保障义务的经营者承担适当的补偿责任或补充责任。

正确理解和适用违反安全保障义务的责任，必须要区别"直接侵权行为人"和"违反安全保障义务人"。直接侵权行为人是指直接实施侵犯他人人身和财产权利的侵权行为人；违反安全保障义务人则并非直接实施侵权行为的人。在法律责任的承担方面，违反安全保障义务人既不与直接侵权行为人承担连带责任，也不与直接侵权行为人承担按份责任。只有在找不到直接侵权行为人，或者直接侵权行为人不能承担全部责任时，方由违反安全保障义务人承担适当的责任。这种责任是一种补偿性质的责任，而不是一种连带责任。

(2)学校承担补充赔偿责任

在学生人身伤害事故赔偿案件中，如果未成年学生人身受到侵害不是由在学校的其他未成年人以及校方不履行职责造成的，而是由学校以外的第三人进入学校，或者在学校组织的校外活动中造成的，那么该直接实施侵权的第三人应该承担赔偿责任。但是，如果因为学校未尽到职责范围内的安全注意义务，在客观上给侵权的第三人提供了条件和机会，使得针对未成年学生的加害行为发生并产生了一定的损害结果，学校就要承担补充赔偿责任。

学校承担学生伤害事故补充赔偿责任，除具备学生伤害事故人身损害赔偿责任的构成要件外，还必须具备以下两个要件：

第一，学生人身伤害事故是第三人的原因所致，如果完全是学校的过错造成的，就是一般的学校安全责任事故。

第二，学校、幼儿园等教育机构也有过错，如果校方无过错，则损害赔偿责任应当完全由加害的第三人承担，就不会产生补充赔偿责任。同时，学校、幼儿园的过错与第三人的致害行为应当有密切的关联性，否则，第三人的事故责任与学校的事故责任就是两个单独的事故责任。

案　例

事故出在游乐园，园方失职难免责①

幼儿园组织小朋友到游乐园秋游。在乘坐游园小火车时，小欣突然从座位上站起来，兴高采烈地去摸轨道边的树叶。结果小火车转弯时，小欣一下子就摔倒在座位上，头部碰到座位扶手，扭伤了颈椎，身体多处擦伤，后经医院治疗身体痊愈。事故发生后，小欣的家长要求幼儿园承担全部损害赔偿责任。但幼儿园认为应当找

---

① 改编自周天枢、严凤英：《幼儿园100个法律问题》，111～112页，广州，新世纪出版社，2010。

游乐园赔偿责任，理由是造成小欣身体受伤的直接原因是小欣坐上小火车后安全带没有扣紧，且游乐园的管理人员在小火车出发之前没有检查出这一隐患，以致小欣可以在小火车行进时突然站立而酿成事故，所以应当由游乐园承担责任。可是，游乐园方声称，小欣是在乘坐过程中自己解开安全带的，幼儿园作为本次活动的组织者，负有安全教育不到位和照料不周全的责任，应当由幼儿园承担赔偿责任。

评析

1. 根据《学生伤害事故处理办法》第十一条规定："学校安排学生参加活动，因提供场地、设备、交通工具、食品及其他消费与服务的经营者，或者学校以外的活动组织者的过错造成的学生伤害事故，有过错的当事人应当依法承担相应的责任。"本案中，游乐园在小火车出发前没有认真检查每一位小朋友的安全带是否扣紧，后经调查，此次事故是由于小欣的安全带没有扣紧，使其有可能在小火车行进中站起来造成的。在本次事故中，游乐园管理不善，工作人员在执行安全检查时存在疏忽大意，是造成幼儿受伤的直接原因，应当承担主要责任。

2. 根据《学生伤害事故处理办法》第九条第四项规定："学校组织学生参加教育教学活动或者校外活动，未对学生进行相应的安全教育，并未在可预见的范围内采取必要的安全措施的"，造成学生事故的，学校应当承担相应的责任。经调查，幼儿园作为此次秋游的组织者，其带班教师在幼儿乘坐小火车之前没有提醒学生要扣紧安全带，以及小火车行进过程中不能乱动，园方有疏于安全教育的过错，所以，幼儿园对本次事故承担次要责任。

(四)幼儿园学生伤害事故责任的免除

学校学生伤害事故责任的免除是指在一定条件下，即使造成了学生人身伤害事故，学生的人身和财产权利受到了损害，学校依法也不承担法律责任的情况。学校责任的免除依法主要有两方面的事由：一种是意外事件；另一种是其他法定情形。

1. 幼儿园免责的法律依据及适用

《学生伤害事故处理办法》第十二条规定："因下列情形之一造成的学生伤害事故，学校已履行了相应职责，行为并无不当的，无法律责任：(一)地震、雷击、台风、洪水等不可抗的自然因素造成的；(二)来自学校外部的突发性、偶发性侵害造成的；(三)学生有特异体质、特定疾病或者异常心理状态，学校不知道或者难于知道的；(四)学生自杀、自伤的；(五)在对抗性或者具有风险性的体育竞赛活动中发生意外伤害的；(六)其他意外因素造成的。"第十三条规定："下列情形下发生的造成学生人身损害后果的事故，学校行为并无不当的，不承担事故责任；事故责任应当按有关法律法规或者其他有关规定认定：(一)在学生自行上学、放学、返校、离校途中发生的；(二)在学生自行外出或者擅自离校期间发生的；(三)在放学后、节假日或者假期等学校工作时间以外，学生自行滞留学校或者自行到校发生的；(四)其他在学校管理职责范围外发生的。"

2. 幼儿园免责法律规定的理解和适用

学校责任免除的一种情况是意外事件。意外事件是指由于学校以及学生意志以外的，根据自身能力不可预见、不可避免和无法克服的情形，造成了学生的人身伤害结果，学校依法不承担损害赔偿责任的事故。《学生伤害事故处理办法》第十二条规定的六种情形，属于学校无责任的意外事件。

学校责任免除的另一种情况是幼儿园管理职责范围外的情形。《学生伤害事故处理办法》第十三条规定的四种情形，属于虽然造成了学生人身损害后果，但学校行为并无不当，依法不承担事故责任的情况。事故责任应当按有关法律法规或者其他有关规定认定。

案 例

幼儿参观航模表演受伤，索赔该找组织者①

儿童节前夕，某职业技术学院玩具专业的学生在校园组织大型的自制玩具表演活动，为了扩大影响力，邀请了学院附近的某幼儿园组织学生参观。幼儿园决定组织大班的全体学生前去参观。表演中，一架在空中飞翔的玩具飞机突然不受控制，直接冲向整齐地坐在看台上的孩子们。结果，玩具飞机的机翼刮伤了一个孩子的头部，事后治疗花费了数千余元。为此，受伤孩子的家长要求幼儿园承担全部赔偿责任。

评析

1.《未成年人保护法》第二十二条规定："学校、幼儿园安排未成年人参加集会、文化娱乐、社会实践等活动，应当有利于未成年人的健康成长，防止发生人身安全事故。"本案中，幼儿园在接到邀请后，组织大班全体学生参加活动。经调查，幼儿园按照组织者指定的区域组织学生在看台上观看，并且在赛前对学生进行了安全教育，采取了必要的安全防范措施，已经尽到了学校相应的职责，行为并无不当。在空中表演的飞机不受控制突然冲向看台致幼儿受伤，这是老师无法预见的意外事件，故幼儿园不承担损害赔偿责任。

2.《学生伤害事故处理办法》第十一条规定："学校安排学生参加活动，因提供场地、设备、交通工具、食品及其他消费与服务的经营者，或者学校以外的活动组织者的过错造成的学生伤害事故，有过错的当事人应当依法承担相应的责任。"本案中，某职业技术学院邀请幼儿园参观本校学生的自制玩具表演，作为活动组织者在布置看台方面存在过错，没有为飞机预留足够的飞行空间，致使飞机冲上看台，造成幼儿人身伤害事故。因此，某职业技术学院对于活动中发生的意外事故应当依法承担相应的责任。

---

① 改编自周天枢、严凤英：《幼儿园100个法律问题》，117～188页，广州，新世纪出版社，2010。

第九章 幼儿人身伤害事故预防
与处理实务

　　学生伤害事故发生后，事故中的各方主体，主要包括受伤害学生及其监护人、学校、责任教职员工、保险公司等，都必须面对如何处理学生伤害事故的问题。如何处理学生伤害事故主要涉及学生伤害事故的索赔途径和方式问题。不同的损害结果决定了解决纠纷的法定途径不同。刑事责任的追究是国家司法职权的行使结果，不允许当事人进行选择；只有当事人双方法律地位完全平等的民事侵权纠纷，才允许当事人选择索赔的不同方式。

第一节 幼儿人身伤害事故的索赔途径和方式

　　幼儿人身伤害事故索赔的途径和方式主要涉及事故处理主体处理幼儿伤害事故时应当遵循的方式、步骤、时限和顺序，这里首先必须明确三个涉法基本问题。

　　第一，学生伤害事故的处理是指受伤害学生及其监护人、代理人如何向事故责任主体进行索赔及其索赔的结果，即涉及索赔的途径和方式。在学生伤害事故的索赔过程中，首当其冲的问题是选择哪一种解决纠纷的途径，因为不同的纠纷解决途径其方式、步骤、时限和顺序必须按照法定的不同程序进行，同时，不同的解决途径之间又存在着一定的内在联系。因此，必须严格遵守每一种解决途径的法定程序。

　　第二，学生伤害事故处理的基本途径有三种：一是受伤害学生被伤害结果如果达到严重的社会危害性，即学生伤害鉴定结果达到"重伤害"的程度，此伤害责任人的行为即已构成犯罪，相应地必须承担的是刑事法律责任，应当适用我国刑事诉讼程序的相关法律规定解决法律责任问题；二是如果受伤害学生与学校或者其他责任主体之间因学生民事人身权利受到侵害产生民事侵权纠纷，则应当适用我国民事诉讼程序及行政调解、人民调解、保险理赔的相关规定解决责任分担问题；三是如果学生伤害事故涉及行政法律责任问题，主要涉及教育行政机关、学校、教职员工需要承担行政处罚或者行政处分责任的，则适用我国行政调解、行政处罚法、行政处分等相关规定解决行政责任的分担问题。

第三，学生伤害事故的处理，除刑事责任的追究按照刑事诉讼法的法定程序进行外，民事侵权责任的纠纷处理方式主要有五种，即自行协商、行政调解、人民调解、保险理赔、法院诉讼。这五种索赔方式依法均具备各自的法定步骤、相关时限、顺序和手续等内容。关于学生伤害事故侵权纠纷是否可以适用仲裁机构仲裁的方式解决的问题，我国《中华人民共和国仲裁法》第二条规定："平等主体的公民、法人和其他组织之间的合同纠纷和其他财产权益纠纷，可以仲裁。"因为学生伤害事故一般属于人身伤害的侵权案件，不属于合同纠纷和其他财产权益纠纷，所以学生伤害事故不适用仲裁方式解决纠纷。

一、自行协商

(一)自行协商的概念和特点

自行协商是指争议各方当事人在自愿的前提下，按照有关法律法规的规定，就争议事项进行磋商和谈判，最终达成解决争议协议的民间纠纷解决方式，是我国多元化纠纷解决方式的一种。该纠纷解决方式最明显的特征是没有第三方的介入，而是完全由当事人双方在自愿的前提下，自行协商解决争议的相关事项，在取得双方同意的基础上，拟定争议解决书面协议，双方签字认可协议成立。实践中，自行协商纠纷解决方式在我国民间适用范围非常广泛。

(二)自行协商应当遵循的法律规则和达成协议的法律效力

幼儿人身伤害事故自行协商解决制度，是指在幼儿在园发生人身伤害事故后，幼儿园、涉事教职员工、受伤害学生及其监护人和有利害关系的第三人在各方自愿的基础上，通过当事人自行磋商和谈判的方式，解决幼儿人身伤害事故赔偿的相关问题，最终达成解决争议的协议的法律制度。

1. 自行协商应当遵循的法律规则

幼儿发生在园人身伤害事故后，园方与幼儿家长、有利害关系的第三方在自愿的前提下，本着互谅互让的原则，心平气和地进行磋商，解决事故的责任分担问题。由于是各方自愿协商解决纠纷的方式，自行协商具备自动履行率高、纠纷解决成本低、社会负面影响小的优势，是国家积极倡导的纠纷解决方式。幼儿人身伤害事故发生后，采用自行协商的方式解决纠纷必须遵循以下法定规则：第一，自行协商必须出于当事人自愿的意思表示。双方当事人均表示自愿选择自行协商的方式解决纠纷，这是进行磋商、谈判并达成协议的先决条件。任何一方不得采用胁迫、欺诈等手段强迫另一方进行协商，迫使对方达成协议。第二，平等协商、互谅互让。双方当事人在协商过程中必须本着平等自愿的原则，互相谅解、相互妥协，不能签订显失公平、过分损害一方当事人正当权益的协议。第三，协议内容应当合法，不得违反国家法律法规的强制性规定，也不得损害社会公共利益、违反公序良俗，不得损害第三人的合法权益，否则本协议内容会因违法而导致协议无效。第四，协议应当采用书面形式。双方当事人经过协商达成的协议依法必须采用书面形式，且由双方当事人签字或者盖章，必要时，还要邀请两名无利害关系的见证人在场，并在协议上签字证明，协议方能生效。

2. 自行协商达成协议的法律效力

自行协商解决幼儿在园人身伤害事故纠纷的方式同样广泛存在于学前教育实践中。由于幼儿活泼好动的天性和较弱的自我防护能力，学前教育领域轻微性的幼儿致伤事件发生频率明显高于中小学。幼儿园与幼儿家长在自行协商解决幼儿在园人身伤害事故纠纷的过程中，对于自行协商达成的协议，常常遇到幼儿家长拒绝履行协议或者推翻协议，将纠纷起诉到法院的困境，这种现象在全国普遍存在。幼儿家长出尔反尔的行为给幼儿园解决纠纷带来了很大的现实困难，这就涉及自行协商达成的协议具有何种法律效力的问题。参照《最高人民法院关于审理涉及人民调解协议的民事案件的若干规定》，经人民调解委员会调解达成的、有民事权利义务内容，并由双方当事人签字或者盖章的调解协议，具有民事合同性质，当事人应当按照约定履行自己的义务，不得擅自变更或者解除调解协议。根据最高人民法院的司法解释的精神，自行协商达成的协议具有合同的效力，协议各方当事人应当遵照执行。自行协商达成的协议虽然对双方当事人具有合同约束力，但是并不具有法律上的强制约束力，一方当事人违反协议约定拒绝履行的，另一方当事人不能够依照此协议直接向人民法院申请强制执行。需要特别说明的是，如果是人民调解委员会主持下达成的调解协议，根据 2011 年 3 月公布的《最高人民法院关于人民调解协议司法确认程序的若干规定》的规定，当事人共同向人民法院申请确认调解协议的，经人民法院依法做出确认决定后，一方当事人拒绝履行或者未全部履行的，对方当事人可以向做出确认决定的人民法院申请强制执行。

二、行政调解

(一)行政调解的概念

行政调解是指在发生事故或纠纷的一方当事人向有管辖权的教育行政机关提出申请后，由教育行政机关审查与主持，并解决学生事故责任、争议及其赔偿分担问题的法律制度。行政调解是过去我国政府部门行政管理职能大而全的背景下产生的解决学生伤害事故纠纷的机制，但在当今我国政府公共管理职能精准化的改革趋势下，将行政调解适用于学生伤害事故纠纷的处理应当逐渐淡化。

（二）行政调解应当遵循的法律规则

行政调解是在教育行政机关主持下进行的调解，按照法律法规的相关规定，应当遵循以下法定规则：当事人申请行政调解应当按照地域管辖规定向具有管辖权的主管教育行政机关提出申请；当事人申请行政调解必须在双方当事人自愿基础之上，不能在教育行政机关的强制下进行调解；教育行政机关对接收的申请经过审查后决定受理的，应当指定专门的人员进行调解；教育行政机关受理调解申请后，应当在60日内完成调解（依据《学生伤害事故处理办法》规定，行政调解时限为60日。目前各省市地方性法规规定的行政调解时限为30日）；在教育行政机关主持下进行的调解，应当按照国家法律法规和政策的相关规定依法调解，不得违背法律和政策，或者滥用职权做出显失公平的调解协议；经教育行政机关主持下调解双方达成一致结果的，拟定调解协议，在调解人的见证下双方签订调解协议，调解结束；在行政调解过程中，任何一方都可以直接向人民法院提起诉讼；对于达成的调解协议，一方当事人不履行或者反悔的，双方都可以依法提起诉讼。

三、人民调解

（一）人民调解的概念和独特优势

人民调解是指在依法设立的人民调解委员会主持下，以国家法律法规和社会公德规范为依据，结合法、理、情对民间纠纷的当事人进行说服、教育，促进当事人在互相谅解、平等协商基础上，自愿达成解决纠纷的调解协议的法律制度。人民调解是一种具有中国特色的化解矛盾、消除纷争的非诉讼纠纷解决方式，在国际社会被誉为化解社会矛盾的"东方经验"。在我国，人民调解制度是维护社会稳定和谐的"第一道防线"，党和政府应当予以高度重视。

2010年8月28日，经全国人大常委会通过，自2011年1月1日起施行的《中华人民共和国人民调解法》（以下简称《人民调解法》），在全面总结新中国人民调解工作发展经验的基础上，从制度创新、制度规范、制度保障的高度，以国家立法的形式，对人民调解的性质、任务和原则、人民调解组织形式、人民调解员选任及人民调解的程序、效力等问题做出了明确规定。《人民调解法》的颁布，既巩固和继承了我国解决民间纠纷的传统有效方式，又能够顺应时代发展的需要，是建立具有中国特色社会主义法律体系的重要实践成果，有力地推进了人民调解工作依法规范开展，使人民调解工作正式步入法制化、规范化的发展轨道。

人民调解制度之所以具有不可替代的进步作用，是因为人民调解制度在长期发展过程中凝结的独特优势。

一是具有主动性。人民调解制度的这一特点有利于简便、迅速地解决纠纷。人民调解的申请、受理程序简便、灵活，调解程序简易、便利，调解协议内容在不违反国家法律政策强制性规定的前提下，能够充分尊重双方当事人的意愿，有利于快速调处民间纠纷，防止矛盾激化和升级。

二是具有高效和低成本的特点。人民调解委员会就地、就近调解民间纠纷，以最短的时间完成对民间纠纷的处理，同时对处理的各类矛盾纠纷依法不向当事人收取任何费用，处理过程中产生的必要的工作经费由政府支付，降低了当事人解决纠纷的成本。因此，实践中，当事人非常乐于选择人民调解这一方式。

三是具有便利性和广泛性。我国人民调解委员会组织的设置非常广泛。按照我国基层自治机构组织法的规定，我国所有城市的街道办事处（农村村民委员会）必须设置人民调解委员会，以负责本区域民间纠纷的人民调解工作。

四是充分发挥法、理、情的相互补充作用，有利于定纷止争。人民调解委员会在调处民间纠纷过程中，本着不违反法律法规的强制性规定，不损害社会公共利益、不违背当事人的真实意思表示的原则，可以综合运用法律、法理和情理，对当事人晓之以理、动之以情，促使双方当事人达成调解协议。在自愿基础上达成的调解协议，双方一般都能够自觉服从和履行。

五是建立人民调解协议司法确认制度，创造性地赋予适用非诉讼程序达成的协议取得法院司法确认的效力，是中国特色社会主义法律体系的创造性制度设计，实现了司法效率的优化。2011 年 3 月 21 日经最高人民法院审判委员会通过，自 2011 年 3 月 30 日起施行的《最高人民法院关于人民调解协议司法确认程序的若干规定》第一条规定"当事人根据《中华人民共和国人民调解法》第三十三条的规定共同向人民法院申请确认调解协议的，人民法院应当依法受理"；第九条规定"人民法院作出确认决定后，一方当事人拒绝履行或者未全部履行的，对方当事人可以向作出确认决定的人民法院申请强制执行"。

（二）幼儿人身伤害事故纠纷适用人民调解制度的实践探索

近年来，在学生伤害事故纠纷处理程序中积极引入人民调解委员会调解制度的这一做法已经得到教育界、司法界和广大学生家长的广泛认可。各省市在纷纷出台《学校学生人身伤害事故预防与处理条例》时，无一例外地都将人民调解委员会调解制度引入学生伤害事故纠纷处理机制中，同时要求当地司法行政部门应当负责指导有关人民调解委员会建立"学生人身伤害事故纠纷调处中心"，各市、区县司法局结合本地实际，制定出台《学生伤害事故纠纷人民调解工作机制的实施意见》等。可见，人民调解制度在解决和处理学生伤害事故纠纷中已经逐渐发挥出不可替代的积极作用。

2015 年 11 月 20 日，江西省第十二届人民代表大会常务委员会第二十一次会议通过了《江西省学校学生人身伤害事故预防与处理条例》，该条例第五条规定："建立学生人身伤害事故纠纷人民调解制度。县级以上社会治安综合治理机构应当根据本地实际，指导、协调设立学生人身伤害事故纠纷人民调解委员会，并将学生人身伤害事故预防与处理工作纳入社会治安综合治理目标管理考评。学生人身伤害事故纠纷人民调解委员会，是依法设立的调解学生人身伤害事故纠纷的群众性组织。县级以上人民政府司法行政部门应当对学生人身伤害事故纠纷人民调解委员会的调解工作进行指导。"

《江西省学校学生人身伤害事故预防与处理条例》的第三十二条至第三十八条，明确规定了学生人身伤害事故纠纷人民调解委员会的组成人员、基本条件、经费支出、受理程序、委托代理人程序、法律援助、不予受理的情形、调解主持人员组成、调解权限、调解协议的签订、调解协议的司法确认程序等，对建立和完善学生人身伤害事故人民调解制度起到了积极的指导和借鉴作用。

2016 年 11 月，湖南省教育厅发布了《湖南省学校学生人身伤害事故预防与处理条例》(征求意见稿)，该条例第三十条规定："当事人双方同意申请人民调解的，应当向学校所在地的学生人身伤害事故纠纷人民调解委员会或者基层人民调解组织(以下统称人民调解组织)申请。人民调解组织也可以依法主动进行调解。人民调解组织进行调解，应当在平等协商的基础上帮助当事人自愿达成调解协议。经调解达成调解协议的，可以制作调解协议书；在规定期限内调解不成，应当终止调解，并书面通知当事人。经调解达成调解协议后，双方当事人认为有必要的，可以自调解协议生效之日起三十日内共同向人民调解组织所在地的基层人民法院申请司法确认。经人民法院依法确认有效的调解协议，一方当事人拒绝履行或者未全部履行的，对方当事人可以向人民法院申请强制执行。"

2014 年 11 月 27 日，浙江省乐清市司法局印发的《关于建立学生伤害纠纷人民调解工作机制的实施意见》，从五个方面较全面地阐述了学生伤害纠纷人民调解工作机制的基本内容，具体包括：一是充分认识建立学生伤害纠纷人民调解工作机制的必要性；二是学生伤害纠纷人民调解委员会及其机构建设；三是学生伤害纠纷人民调解的工作原则；四是学生伤害纠纷人民调解的工作程序；五是强化学生伤害纠纷人民调解工作保障措施。

综上所述，学生人身伤害事故纠纷人民调解制度的建立和发展，为幼儿人身伤害事故纠纷的处理引入了积极有效的制度设计，全国各地结合自身的实际，需要不断探索和完善幼儿人身伤害事故纠纷人民调解制度，使这一独具中国特色的人民调解司法制度发挥出不可替代的重要作用。

四、法院诉讼

在我国，选择到人民法院通过诉讼途径解决纠纷同样是多元化纠纷解决机制的重要组成部分。在我国，法院诉讼主要包括三种类型：刑事诉讼、民事诉讼和行政诉讼。学生人身伤害事故涉及刑事诉讼的，应当由公安机关、检察机关和审判机关依照司法公权力行使追诉权,当事人没有选择权;行政诉讼主要是由公民、法人和其他组织起诉国家行政机关的诉讼,当事人之间存在行政法律关系。学校学生人身伤害事故多为发生在平等主体的公民、法人和其他组织之间的民事侵权纠纷,因此,学生人身伤害事故涉及的主要是民事诉讼制度。

(一)我国民事诉讼的基本制度

1. 合议制度

合议制是指由审判员与陪审员组成的审判集体,即合议庭,对民事案件进行审理并作出裁判的制度,是与独任制相对的审判组织形式。根据我国《中华人民共和国民事诉讼法》(以下简称《民事诉讼法》)第四十条的规定,除适用简易程序和特别程序审理的民事案件采用独任制外,其他案件一律采用合议制。

2. 人民陪审员制度

最新修订的《中华人民共和国人民法院组织法》规定:"人民法院审理第一审案件,由审判员组成合议庭或者由审判员和人民陪审员组成合议庭进行。"人民陪审员制度具有多种功能:人民陪审员作为普通民众的一员参与到审判活动中去,凭借其常识和日常生活经验,可以促进裁判更加符合公众标准;对于一些具有特殊专业背景的疑难案件,具备专业知识和技能的人民陪审员可以发挥其专业优势,协助法官解决审判中的专业疑难问题;通过人民陪审员向广大人民群众进行法制宣传教育,有利于及时化解纠纷,促进和谐社会的构建;人民陪审员在审判活动中可以监督法官的行为,增强审判程序的透明度;人民陪审员的参与能够分担法官的部分工作量,有利于缓解司法资源的紧张状况,提高司法效率。

3. 公开审判制度

公开审判制度是指人民法院审理民事案件,除法律规定的情况外,审判过程和内容应向群众公开,向社会公开;不公开审理的案件,应当公开宣判。根据《民事诉讼法》的规定,公开审判也有例外:涉及国家机密的案件;涉及个人隐私的案件;离婚案和涉及商业秘密的案件。

4. 回避制度

回避制度是指在审判活动中,法官和其他有关人员具有法律规定的不宜参加审理的情形时,退出对某一案件的审理或与审理活动有关的制度。我国《民事诉讼法》第四十四条规定,审判人员、书记员、翻译人员、鉴定人、勘验人员等具有法定情形的,应当回避。2000年1月31日最高人民法院颁布的《关于审判人员严格执行回避制度的若干规定》,将审判人员的范围从审判法官(审判员、助理审判员)扩大到了法院院长、副院长、审判委员会委员、庭长、副庭长,同时规定参与案件审理的人民陪审员、负责案件执行的执行员参照审判人员回避的有关内容执行。最高人民法院对回避适用人员做出扩大解释,有利于排除各种因素对审判活动的不当影响,确保司法公正。

5. 两审终审制度

两审终审制是指一个案件经过两级人民法院审判即告终结的制度。对于第二审人民法院做出的终审判决、裁定，当事人不得再提出上诉，人民检察院不得按照上诉审程序抗诉。

6. 管辖制度

法院管辖是指各级人民法院以及不同地区的同级人民法院之间，受理第一审民事案件、经济案件的分工和权限。管辖通常分为级别管辖与地域管辖。

级别管辖是上下级人民法院之间受理第一审民事案件的分工和权限。凡是具有特殊性或者比较重大复杂、影响面广的案件，由上级人民法院作为第一审法院，一般案件原则上由基层人民法院作为第一审法院。

地域管辖是同级法院之间在各自的辖区受理第一审民事案件的分工和权限。我国民事诉讼法确定地域管辖的标准有两个：一是法院的辖区，即行政区域；二是当事人或诉讼标的与人民法院辖区的关系。只有把这两个标准结合起来，才能正确确定地域管辖。

(二)我国民事诉讼的基本程序

1. 第一审普通程序

第一审普通程序是人民法院审理和裁判第一审民事案件通常所适用的程序。

(1)起诉和受理

在普通程序中，起诉有书面起诉和口头起诉两种方式，其中以书面起诉为原则，以口头起诉为例外。人民法院在接到当事人起诉后，经审查认为符合起诉条件的，应当在7日内立案并通知当事人；认为不符合起诉条件的，应当在7日内裁定不予受理；原告对裁定不服的，可以提起上诉。

(2)审理前的准备

这一阶段的主要工作是：送达起诉状副本，被告提交答辩状并送达答辩状副本；告知当事人诉讼权利义务及合议庭组成人员；审阅诉讼材料，调查收集必要的证据；更换和追加当事人；解决管辖权问题。

(3)开庭审理

开庭审理主要包括开庭、法庭调查、法庭辩论、合议庭评议、宣判五个阶段。开庭审理的具体流程如下：

当事人及代理人带好身份证明入庭——书记员宣布法庭纪律——核实当事人身份——法官宣布开庭——法官告知当事人诉讼权利——法官宣布进入法庭调查(原告宣读起诉状或陈述诉讼请求和理由——被告宣读答辩状或陈述答辩理由——法官总结争议焦点——原告针对争议焦点举证——被告质证——被告举证——原告质

证——当事人互相发问——法官发问)——法官宣布进入法庭辩论(原告及其代理人结合证据发表辩论意见——被告及其代理人发表辩论意见——可多轮辩论)——法官主持调解——当事人总结陈词——法官宣布休庭——法官合议——宣判(民事案件一般是择日宣判)——法官宣布闭庭。

2. 简易程序

简易程序是指基层法院及其派出的法庭审理第一审简单民事诉讼案件所适用的审判程序。简易程序既不是普通程序的前置程序,也不是普通程序的附属程序,而是与普通程序并列的一种独立的审判程序。适用简易程序的只能是事实清楚、权利义务关系明确、争议不大的简单民事案件。简易程序具有以下几个特点:在简易程序中,原告可以口头起诉;受理程序简便,可以不受普通程序的限制,并可当即审理;传唤和通知的方式简便、灵活;审判组织简单,由审判员一人独任审判;审理期限较短,审限为 3 个月,并且不得延长。

3. 第二审程序

第二审程序是指民事诉讼当事人对第一审人民法院所做的未发生法律效力的裁判不服,向上一级人民法院提起上诉,上一级人民法院据此对案件进行审理所适用的审判程序,也称为上诉审程序。当事人不服地方人民法院第一审判决的,有权在判决书送达之日起 15 日内向上一级人民法院提起上诉。

根据《民事诉讼法》的规定,二审人民法院审理上诉案件,依照二审程序进行。二审程序没有规定的,适用一审普通程序的有关规定。第二审人民法院对上诉案件的审理,应当组成合议庭,开庭审理,在经过阅卷、调查和询问当事人,对没有提出新的事实、证据或理由,合议庭认为不需要开庭审理的,也可以不开庭审理而径行判决、裁定。二审法院经过审理,认为原判决认定事实清楚,适用法律正确的,判决驳回上诉;认为原判决认定事实清楚,适用法律错误的,依法改判;认为原判决认定事实错误,或者原判决认定事实不清,证据不足,可以查清事实后改判;认为原判决违反法定程序,可能影响案件正确判决的,或者原判决认定事实不清,证据不足的,可以裁定撤销原判决,发回重审。二审的裁判为终审裁判,一经送达当事人,即发生法律效力,当事人不得对裁判再行上诉。

第二审程序流程:提交上诉状——上诉人缴纳上诉费——法院通知被上诉人应诉——法院确定新证据举证期限——开庭审理或书面审理(法官与当事人分别或一起谈话听取意见)——宣判。

4. 审判监督程序

审判监督程序,也称再审程序,是指对已经发生法律效力的判决、裁定、调解书,法院认为确有错误,对案件再行审理的程序。再审主要有法院基于审判监督权的再审,检察院基于检察监督权的抗诉的再审,以及基于当事人诉权的申请再审。

当事人申请再审的对象必须是准予申请再审的判决。申请再审必须符合法定情形：有新的证据，足以推翻原判决、裁定的；原判决、裁定认定事实的主要证据不足的；原判决、裁定适用法律确有错误的；人民法院违反法定程序，可能影响案件正确判决、裁定的；审判人员有贪污受贿、徇私舞弊、枉法裁判行为的。当事人提出再审，应当在判决、裁定发生法律效力后 2 年内提出，并递交书面申请书。

再审案件的审判程序：首先，裁定中止原判决的执行。法院在接到当事人的再审申请后，应当进行审查，认为符合规定的，在立案后裁定中止原判决的执行，并及时通知双方当事人。认为不符合规定的，用通知书驳回申请。其次，另行组成合议庭。法院审理再审案件，一律实行合议制，如由原审法院再审的，应另行组成合议庭。最后，依照原审程序进行审理。再审的案件，原来是第一审审结的，再审时适用第一审程序审理，最高人民法院和上级人民法院提审的除外。再审后所做的判决、裁定，当事人不服可以上诉。再审的案件原来是第二审审结的，再审时适用第二审程序审理，再审后的判决、裁定为终审裁判，当事人不得上诉。

5. 执行程序

执行是指法院的执行组织依照法定的程序，对发生法律效力的法律文书确定的给付内容，以国家的强制力为后盾，依法采取强制措施，迫使义务人履行义务的行为。

执行应当具备的条件包括：第一，执行以生效的法律文书为根据；第二，执行根据必须具备给付内容；第三，执行必须以负有义务的一方当事人无故拒不履行义务为前提。执行措施包括：查询、冻结、划拨被执行人的储蓄存款；扣留、提取被执行人的收入；查封、扣押、冻结、拍卖、变卖被执行人的财产；搜查被执行人隐匿的财产；强制被执行人交付法律文书制定的财物或者票证；强制被执行人迁出房屋或退出土地；强制被执行人履行法律文书指定的行为；办理财产权证据转移手续；强制被执行人支付迟延履行利息和退还履行金。

第二节　幼儿人身伤害事故诉讼中的法律实务

发生幼儿在园人身伤害事故后，当事人选择通过法院诉讼解决纠纷时，必须严格按照民事诉讼法规定的程序进行诉讼。因为法院诉讼的法定性和强制性，给广大学前教育领域的从业者、幼儿家长和利害关系人造成了实务运用中的困难，所以本节主要阐述幼儿人身伤害事故诉讼中的证据运用、幼儿伤害的司法鉴定及事故的赔偿标准和数额计算等实践中普遍关心的法律实务问题。

一、幼儿人身伤害事故诉讼中的举证

2009 年 12 月 26 日全国人民代表大会常务委员会公布的《侵权责任法》已于 2010 年 7 月 1 日施行。该法是目前我国调整民事侵权责任的民事基本法。因此，在《侵权责任法》颁布实施前发布的行政法规、部门行政规章和司法解释中，凡是与《侵权责任法》不一致的，均应当以《侵权责任法》为准。

《侵权责任法》第三十八条规定："无民事行为能力人在幼儿园、学校或者其他教育机构学习、生活期间受到人身损害的，幼儿园、学校或者其他教育机构应当承担责任，但能够证明尽到教育、管理职责的，不承担责任。"本条款明确规定了我国幼儿园发生学生人身伤害事故认定法律责任实行过错推定原则。该规定首次非常明确地规定了发生幼儿在园人身伤害事故后，在诉讼过程中，幼儿园必须承担证明园方尽到教育、管理职责的举证责任；如果园方举证不能或者举证不力，依照过错推定原则的要求，园方必须承担相应的法律责任。这就给广大学前教育领域的管理者和教职员工提出了一个严峻的理论和现实问题，即学前教育领域的工作者必须高度重视过错推定原则所蕴含的法律规则基本要求，这一要求主要涉及证据的概念、证据的种类、证明、举证责任、证据的收集和保全、举证期限、证据交换、质证、证明的效力等一系列民事诉讼证据运用的问题。

(一)民事诉讼证据的概念和法定种类

1. 民事诉讼证据的概念和特征

民事诉讼中的证据是指能够证明案件真实情况的客观事实。通俗地讲，证据就是用来证明案件事实和具体情况的根据和材料。证据具有以下三个特征：客观性，即证据必须是客观存在的事实根据和材料，而非当事人的主观推测和臆想，或者故意捏造的材料；关联性，即证据材料必须与案件中的待证事实具有内在的关联性，必须是在案件事实发生过程中真实形成的证明材料；合法性，即证据材料必须是按照法定程序和要求收集、保全的，通过非法手段私自收集的材料不能作为定案的根据。《最高人民法院关于民事诉讼证据的若干规定》第六十八条规定："以侵犯他人合法权益或者违反法律禁止性规定的方法取得的证据，不能作为认定案件事实的依据。"

2. 民事诉讼证据的法定种类

我国民事诉讼法根据证据的表现形式，将证据分为以下七种：书证，即以文字、符号所表达的人们的思想来证明案件事实的证据；物证，即以其存在形式、外形、质量和其他物质属性等外在特征来证明案件真实情况的证据；视听资料，即以录音、录像所反映的形象和声音，或者电子计算机储存的资料和数据来证明案件事实的证据(在当今信息化时代，视听资料作为证据材料的重要来源越来越发挥出重要的"事实重现"的证据作用)；证人证言，即知道案件真实情况的人在依法被人民法院传唤后对案件事实所做的陈述；当事人陈述，即案件当事人就有关案件的事实情况向人民法院所做的陈述，包括当事人自己说明的案件事实和承认的案件事实；鉴定结论，即由国家司法机关指派或者聘请具有专门知识的人，对案件中某些专门性问题进行鉴定后所做的书面结论；勘验笔录，即由人民法院指派勘验人员对与案件有关的现场、物品或者物体进行查验、测量、拍照，并制作成笔录的证据。

(二)学生人身伤害事故中举证责任的分担

如前所述，作为我国处理民事侵权责任案件的民事基本法，《侵权责任法》对学校学生人身伤害事故中责任的分配以及举证责任的承担做出了明确的规定，是广大教育工作者需要认真解读和学会运用的重要法律规定。

1. 无民事行为能力人受到人身损害的举证责任承担

《侵权责任法》第三十八条规定："无民事行为能力人在幼儿园、学校或者其他教育机构学习、生活期间受到人身损害的，幼儿园、学校或者其他教育机构应当承担责任，但能够证明尽到教育、管理职责的，不承担责任。"

本条是针对无民事行为能力人在幼儿园、学校或者其他教育机构学习、生活中人身权利受到损害的举证责任承担问题的规定。首先，幼儿园、学校或者其他教育机构对于在其管理职责范围内受到人身损害的无民事行为能力人应当承担责任。这是过错推定原则的适用，这一强制性责任强调的是幼儿园、学校或者其他教育机构对于无民事行为能力人负有谨慎、善良的教育、管理义务。其次，幼儿园、学校等教育机构必须自己负责举证，能够证明自己已经尽到教育、管理职责，才能够不承担责任。此处学校方的举证责任承担和证明的立场已经非常清晰。最后，学校方如果举证不能或者举证不力，则必将承担不利的法律后果。

2. 限制民事行为能力人受到人身损害的举证责任承担

《侵权责任法》第三十九条规定："限制民事行为能力人在学校或者其他教育机构学习、生活期间受到人身损害，学校或者其他教育机构未尽到教育、管理职责的，应当承担责任。"

本条针对限制民事行为能力人在学校或者其他教育机构学习、生活中受到人身损害的举证责任承担问题的规定。首先，如果有证据证明学校或者其他教育机构未尽到教育、管理职责，学校方应当承担责任。这是过错责任原则的要求。其次，证明学校方面未尽到教育、管理职责的举证责任，由受损害一方承担，即学生及其监护人、代理人一方。最后，学生人身权利受到损害的一方当事人，如果举证不能或者举证不力，必将承担对自己不利的法律后果。

需要特别说明的是，在学生人身损害事故中，无民事行为能力人与限制民事行为能力人在证明责任的法定配置上有着明显的不同：涉及无民事行为能力人的学生事故，举证责任在学校方面；涉及限制民事行为能力人的学生事故，举证责任在受损害学生、监护人及其代理人方面。对于幼儿在园人身伤害事故而言，这类案件必然适用《侵权责任法》的第三十八条规定，即幼儿园当事人一方必须承担能够证明自己尽到教育、管理职责的举证责任，方可免责，否则，必须承担不利于自己的法律后果。

本书作者根据自己多年的教学经验以及与学前教育从业者互相交流的经验，加之大量阅读幼儿园所发生的学生伤害事故的真实案例发现，学前教育的从业者极度缺乏对法律知识的学习，导致遇到幼儿园发生学生伤害事故以后，园方大包大揽，承担一切责任；或者与幼儿家长长期纠缠，纠纷得不到解决；或者选择诉讼途径解决纠纷，但在法院要求承担举证责任时，茫然不知所措，这些因素都严重影响到了幼儿园、教职员工的合法权益。因此，在学前教育的办学实践中，必须加大普及和学习、解读相关法律法规的力度，明晰诉讼中的证明要求和证据运用规则，这样才能做到有效地保护自身的合法权益。

3. 学生受到学校以外的第三人侵权损害的责任分担

《侵权责任法》第四十条规定："无民事行为能力人或者限制民事行为能力人在幼儿园、学校或者其他教育机构学习、生活期间，受到幼儿园、学校或者其他教育机构以外的人员人身损害的，由侵权人承担侵权责任；幼儿园、学校或者其他教育机构未尽到管理职责的，承担相应的补充责任。"

要理解和运用本条规定必须掌握三个方面：第一，本条适用的对象是在幼儿园、学校或者其他教育机构学习、生活的无民事行为能力人或者限制民事行为能力人，而不是适用于所有的在校学生；第二，本条适用于无民事行为能力人或者限制民事行为能力人在学校学习、生活期间，即学校方面负有管理职责的期间；第三，对于学生受到的损害，首先应当由侵权责任人承担责任，只有证据证明幼儿园、学校等教育机构确实未尽到管理职责的，学校方面才承担相应的补充责任。

(三)学生人身伤害事故举证的范围和要求

选择通过诉讼途径处理学生人身伤害事故纠纷，必然会涉及负有举证责任的当事人如何举证的问题。根据学生人身伤害事故发生的不同情形和场所，当事人应当根据举证责任的划分提供证据。

1. 学生人身伤害事故举证的范围

第一，证明侵害行为实施过程的证据，主要包括起因、时间、地点、方法、过程、损害行为、损害结果、损害行为与损害结果之间的内在因果关系等证据。

第二，证明伤害结果的证据，包括医院的医学诊断证明书、病历、法医鉴定结论、证人证言、视听资料等证据。

第三，证明学生人身权利受到损害、造成经济损失的证据，包括医疗费、交通费、住宿费、残疾用具、残疾赔偿金、丧葬费等单据凭证；由学生伤害产生的护理费、营养费、误工费、生活补助费等证明材料。

第四，证明因人身伤害造成精神损害的证据，包括侵权人的过错程度、侵害的手段、场合、行为方式、损害的程度、侵害后果、侵害人是否获利、监护人及近亲属精神损害的证明材料等证据。

第五，证明学校提供的学习、生活设施和设备不合格造成人身损害的证据，包括产品销售者出具的发票、产品的购买渠道、产品的名称、说明书、合格证书、产品标准认证、送货人、收货人、产品验收、产品使用方法、伤害原因、伤害结果等证明材料。

第六，证明一方当事人确系侵权责任人，应当承担民事责任的证据。

第七，人民法院认为应当提交的其他证据。

2. 学生人身伤害事故举证的要求

2003 年 12 月 23 日，最高人民法院审判委员会通过了《人民法院民事诉讼风险提示书》。该文件对当事人提供证据提出了如下要求，主要包括：

第一，除法律和司法解释规定不需要提供证据证明外，当事人提出诉讼请求或者反驳对方的诉讼请求，应提供证据证明。不能提供相应的证据或者提供的证据证明不了有关事实的，可能面临不利的裁判后果。

第二，当事人向人民法院提交的证据，应当在当事人协商一致并经人民法院认可或者人民法院指定的期限内完成。超过上述期限提交的，人民法院可能视其放弃了举证的权利，但属于法律和司法解释规定的新的证据除外。

第三，当事人向人民法院提供证据，应当提供原件或者原物，特殊情况下也可以提供人民法院核对无异的复制件或者复制品。提供的证据不符合上述条件的，可能影响证据的证明力，甚至可能不被采信。

第四，除属于法律和司法解释规定的证人确有困难不能出庭的特殊情况外，当事人提供证人证言的，证人应当出庭作证并接受质询。如果证人不出庭作证，可能影响该证人证言的证据效力，甚至不被采信。

二、幼儿人身伤害事故的伤残鉴定

幼儿园人身伤害事故所造成的损害结果中，绝大多数是对幼儿健康权的损害，即幼儿身体受到不同程度的伤害，包括重伤害、轻伤害和轻微伤害。对因学生人身权利受到损害而造成的伤害结果的归类，直接决定了责任人需要承担刑事责任、民事责任还是行政责任。由此，对于受损害学生伤害情况的鉴定，以及鉴定结论的运用是诉讼中的重要环节。

(一)学生伤害伤残鉴定的概念及其类型

学生伤害伤残鉴定是指在学生人身伤害事故发生后，由法定的鉴定机构依照法定的程序，对受伤害学生的伤残性质和致伤程度做出专门性的技术认定，出具鉴定结论书面意见，协助明确事故责任分担的一项专门活动。

学生伤害事故的处理过程涉及三类鉴定：当事人的举证鉴定、行政鉴定和司法鉴定。

其一，当事人的举证鉴定。当事人的举证鉴定是指公民、法人及其他组织对工作、生活中发生争议的专门性问题，委托专业性的机构进行检验、鉴别，以及提出鉴定结论意见，为争议问题的解决或者自己的主张提供科学依据的活动。

其二，行政鉴定。行政鉴定是指行政管理机关在行政执法或者处理行政纠纷过程中根据有关法律法规的规定，对于涉及的专门性问题委托指定的行政鉴定机构进行检验、鉴别，以及提供鉴定结论意见，为处理纠纷提供科学依据的活动。

其三，司法鉴定。司法鉴定是指在诉讼活动中，法院依照职权或者根据当事人和其他诉讼参与人的申请，委托具有专门知识的人对案件中的专门性问题进行鉴别和判断，并提供书面鉴定结论意见的一项司法活动。

实践中，学生伤害事故的伤残鉴定主要涉及司法鉴定的运用。这里首先明确司法鉴定的特点：一是法定性。司法鉴定的法定性是指法院依照法定程序委托专门的鉴定机构、指派专门人员进行鉴别和判断，最终形成鉴定结论意见，出具书面鉴定结论，必要时，鉴定人员依法出庭提供"专家证言"，这一系列活动必须严格按照法定程序进行。二是时效性。当事人必须严格在举证期限内提供鉴定材料，未在法定期限内提交的，自行承担不利的后果。三是鉴定结论的司法质证程序。依照我国《民事诉讼法》的规定，鉴定结论作为证据的一种，必须在法庭对其进行质证。当事人对鉴定结论持有异议的，经法院通知，鉴定人应当出庭作证，必须对鉴定结论做出合理的说明。当事人对鉴定结论不服的，经人民法院同意，可以申请重新鉴定。

(二)学生伤害伤残鉴定的基本流程

当事人向法院书面申请司法鉴定(法院诉讼中不主张当事人私自鉴定)——法院同意鉴定申请——当事人协商选择鉴定机构(协商无法达成一致的，由法院指定法定鉴定机构)——法院出具委托鉴定书——组成鉴定委员会或者指定鉴定人(鉴定机构和鉴定人必须具备资格条件)——鉴定机构与委托人签订司法鉴定协议书——鉴定人查阅资料，开展检验、鉴别——在协议时间完成鉴定——制作书面鉴定结论书——鉴定人签名或者盖章——实行鉴定人独立责任制——出具鉴定结论——法院对鉴定结论的审查——必要时，鉴定人出庭作证——鉴定活动全程依法接受监督——对违反行业规范的，给予行政处分；违反法定程序的，给予行政处罚；构成犯罪的，追究刑事责任。

鉴定结论将会对学生受到的伤害状况和伤残等级给出明确的结论，法院或者当事人可以依照该鉴定结论来明确案件事实和确定赔偿责任的相关问题。

三、幼儿人身伤害事故的赔偿标准和数额计算

2003 年 12 月，最高人民法院审判委员会通过了《人身损害赔偿解释》。该文件第一条规定："因生命、健康、身体遭受侵害，赔偿权利人起诉请求赔偿义务人赔偿财产损失和精神损害的，人民法院应予受理。"

自 2010 年 7 月 1 日起施行的《侵权责任法》第十六条规定："侵害他人造成人身损害的，应当赔偿医疗费、护理费、交通费等为治疗和康复支出的合理费用，以及因误工减少的收入。造成残疾的，还应当赔偿残疾生活辅助具费和残疾赔偿金。造成死亡的，还应当赔偿丧葬费和死亡赔偿金。"第二十二条规定："侵害他人人身权益，造成他人严重精神损害的，被侵权人可以请求精神损害赔偿。"

(一)医疗费

1. 医疗费的概念和计算标准

医疗费是指学生在受到人身损害后接受医学检查、治疗与康复而支付的必要的医疗费用。

《人身损害赔偿解释》第十九条规定："医疗费根据医疗机构出具的医药费、住院费等收款凭证，结合病历和诊断证明等相关证据确定。赔偿义务人对治疗的必要性和合理性有异议的，应当承担相应的举证责任。医疗费的赔偿数额，按照一审法庭辩论终结前实际发生的数额确定。器官功能恢复训练所必要的康复费、适当的整容费以及其他后续治疗费，赔偿权利人可以待实际发生后另行起诉。但根据医疗证明或者鉴定结论确定必然发生的费用，可以与已经发生的医疗费一并予以赔偿。"

医疗费赔偿计算标准：医疗费＝医药费＋住院费＋康复费＋整容费等后续治疗费

其中，康复费是指为了使受害人遭受损伤的人体器官功能重新恢复，而进行康复治疗所支付的费用，主要指为使受害人的器官功能重新恢复而发生的训练费用，一般包括物理疗法、语言疗法以及作业疗法中的功能训练所产生的费用。后续治疗费是指受害人经一次性治疗不能完全治愈，需要多次治疗而发生的费用。

2. 医疗费计算的法律实务问题

医药治疗费的赔偿，一般应以所在地治疗医院的诊断证明和医药费、治疗费、住院费的单据或病历、处方为认定依据，必要时，可以委托法医予以鉴定。所在地治疗医院，一般是指距离受害人住所或侵权行为发生地较近的医院。受害人先后到

数个距离基本相等的医院治疗的，一般应认定最先就诊医院的医疗费，但该医院治疗失误或有其他特殊情况的除外。应经医务部门批准而未获准擅自另找医院治疗的费用，一般不予赔偿。

受害人重复检查同一科目而结果相同的，原则上应仅认定首次的检查费用，但治疗医院确需再行检查的除外。如检查结果不一致，确诊之前的检查费用均应认定。受害人擅自购买与损害无关的药品或治疗其他疾病的，其费用不予赔偿。受害人确需住院治疗或观察的，其费用应予赔偿。但出院通知下达后故意拖延，或治疗与损害无关的疾病而延长住院时间的，其延长期间的住院费不予赔偿。受害人进行与损害有关的必要的补救性治疗的费用，应予赔偿。

在诉讼过程中，治疗尚未结束的，除对已经治疗的费用赔偿外，对尚需继续治疗的费用，经有关医疗机构证明或者经调解双方达成协议的，可以一次性给付；也可以依照《民事诉讼法》的有关规定，告知受害人在治疗结束后另行起诉。受害人误工日期，应当按其实际损害程度、恢复状况并参照法医鉴定或者治疗医院出具的证明等认定。

(二)误工费

1. 误工费的概念和计算标准

误工费是指受害人自遭受损害到恢复治愈期间，因无法从事正常的工作、劳动而失去或者减少的工作、劳动收入的赔偿费用。幼儿人身伤害事故中的误工费指的是，幼儿受伤害治疗期间需要父母或者近亲属的陪同，因此而导致父母或近亲属的工作、劳动的合法收入的失去或减少而产生的赔偿。

《人身损害赔偿解释》第二十条规定："误工费根据受害人的误工时间和收入状况确定。误工时间根据受害人接受治疗的医疗机构出具的证明确定。受害人因伤致残持续误工的，误工时间可以计算至定残日前一天。受害人有固定收入的，误工费按照实际减少的收入计算。受害人无固定收入的，按照其最近三年的平均收入计算；受害人不能举证证明其最近三年的平均收入状况的，可以参照受诉法院所在地相同或者相近行业上一年度职工的平均工资计算。"

误工费赔偿计算标准：误工费＝误工时间(天)×收入水平(元/天)。

2. 误工费计算的法律实务问题

受害人的实际误工日期少于休假证明的，应以其实际的误工日期认定；实际误工日期多于休假证明的，一般应当根据休假证明认定；受害人确需休养但无休假证明的，可在征求法医或治疗医院的意见后酌情处理。

受害人有固定收入的，误工费的赔偿应当按照其收入的实际损失计算。固定收入包括工资、奖金及国家规定的补贴、津贴，但不包括特殊工种的补助费。奖金以受害人上一年度本单位人均奖金计算，超出奖金税计征起点的，以计征起点为限。

受害人受害前由于自身原因无奖金收入的，其奖金不予计算。受害人无固定收入，或者受害人是承包经营户或个体工商户的，其误工费的赔偿，可以参照受害人前一年的平均收入或者当地同行业、同工种、同等劳动力的平均收入酌定。如依法应向税务机关纳税的，应以税单为据。受害人依法从事第二职业的，其实际减少的收入，应当予以赔偿。

受害人无劳动收入而要求赔偿误工费的，不予支持。如果受害人是家务劳动的主要承担者，因受害确实无法从事家务劳动造成其他家庭成员负担过重的，可酌情予以经济补偿。受害人的实际收入高于当地居民平均生活费三倍以上的，按照三倍计算。

(三)护理费

1. 护理费的概念和计算标准

护理费是指受害人遭受人身损害，由于生活无法自理需要他人照料和护理而产生的费用。

《人身损害赔偿解释》第二十一条规定："护理费根据护理人员的收入状况和护理人数、护理期限确定。护理人员有收入的，参照误工费的规定计算；护理人员没有收入或者雇佣护工的，参照当地护工从事同等级别护理的劳务报酬标准计算。护理人员原则上为一人，但医疗机构或者鉴定机构有明确意见的，可以参照确定护理人员人数。护理期限应计算至受害人恢复生活自理能力时止。受害人因残疾不能恢复生活自理能力的，可以根据其年龄、健康状况等因素确定合理的护理期限，但最长不超过二十年。受害人定残后的护理，应当根据其护理依赖程度并结合配制残疾辅助器具的情况确定护理级别。"

护理费赔偿计算标准：护工费＝同级别护理劳务报酬×护理期限。

2. 护理费计算的法律实务问题

受害人受害后的生活自理能力，一般应以法医的鉴定或者医院出具的证明为认定依据。受害人生活确实不能自理的，其护理费应予赔偿。护理期限，可以委托法医鉴定；也可以根据受害人的实际损害程度、恢复状况并征求治疗医院的意见后酌定。护理人员一般设一至二人，但确有必要的除外。

护理人员有收入的，护理费的赔偿可以按照《人身损害赔偿的解释》关于误工费的规定计算；护理人员无收入的，护理费的赔偿可以按照当地护工从事同等级别护理的劳务报酬标准计算。

(四)交通费

1. 交通费的概念和计算标准

交通费是指发生人身伤害事故的学生及其必要的陪护人员因就医或转院治疗所

实际发生的用于交通的费用。

《人身损害赔偿解释》第二十二条规定："交通费根据受害人及其必要的陪护人员因就医或者转院治疗实际发生的费用计算。交通费应当以正式票据为凭；有关凭据应当与就医地点、时间、人数、次数相符合。"

交通费赔偿计算标准：交通费＝往返费用×往返次数×往返人数。

2. 交通费计算的法律实务问题

受害人到所在地医院治疗或者必须转院治疗的，其本人和必要的护理人员的交通费应予赔偿。交通费的赔偿，一般应以公共电(汽)车、火车的硬座、轮船三等以下舱位等的收费标准计算。但伤情危急，交通不便或当地无上述车(船)的除外。

交通费的票据应与就医次数相符。票据少于就医次数的，一般可根据实际票据认定；票据多于就医次数的，应以实际就医次数认定。

(五)住院伙食补助费

1. 住院伙食补助费的概念和计算标准

住院伙食补助费是指发生学生人身伤害事故后，受害人在医院接受治疗期间产生的必要伙食消费，由相关责任人依据一定的标准对该项费用进行的赔偿。

《人身损害赔偿解释》第二十三条规定："住院伙食补助费可以参照当地国家机关一般工作人员的出差伙食补助标准予以确定。受害人确有必要到外地治疗，因客观原因不能住院，受害人本人及其陪护人员实际发生的住宿费和伙食费，其合理部分应予赔偿。"

住院伙食补助费赔偿计算标准：住院伙食补助费＝当地国家机关一般工作人员出差伙食补助标准(元/天)×住院天数(天)。

2. 住院伙食补助费计算的法律实务问题

住院伙食补助费，按照国家机关一般工作人员出差伙食补助标准(元/天)×住院天数赔偿。必须到外地医院治疗的受害人，因医院无床位或其他原因的限制确需候诊且伤情不允许往返家中，或者往返家中的交通费高于住宿费的，其本人和必要的护理人员的住宿费应予赔偿。住宿费的赔偿，可以按照当地国家机关一般工作人员的出差住宿标准计算，以住宿费的收据为凭。

(六)营养费

1. 营养费的概念和计算标准

营养费是指发生学生人身伤害事故后，受害人在康复期间日常饮食不能满足身体康复需要时，受害人为满足身体健康恢复所必需的饮食营养而产生的费用。

《人身损害赔偿解释》第二十四条规定："营养费根据受害人伤残情况参照医疗机构的意见确定。"

营养费赔偿计算标准：参照医疗机构的意见确定。

营养费的具体给付标准司法解释没有明确规定。幼儿人身伤害事故中，受伤幼儿对身体损伤的耐受力较差，并发症的发生率比成年人要高，营养费的支出往往比成年人要高。

2. 营养费计算的法律实务问题

经法医鉴定或治疗医院证明，受害人伤情严重，确需补充营养食品作为辅助治疗的，其费用可以酌情赔偿。

营养费的赔偿标准，可以按照当地居民平均生活费标准的百分之四十至百分之六十的比例计算。应赔偿的期限，可以委托法医鉴定，也可以在征求治疗医院的意见后酌定。

侵害人探视受害人时携带的食品，一般应当视为赠予。

(七)残疾赔偿金、残疾辅助器具费

1. 残疾赔偿金、残疾辅助器具费的概念和计算标准

残疾赔偿金是指对受害人因人身遭受损害而丧失全部或者部分劳动能力的财产性赔偿。

残疾辅助器具费是指对于遭受人身损害的受害人，为补偿其伤残肢体器官功能，辅助其实现生活自理或者从事劳动能力而购买、配制的生活自助器具而发生的费用。

《人身损害赔偿解释》第二十五条规定："残疾赔偿金根据受害人丧失劳动能力程度或者伤残等级，按照受诉法院所在地上一年度城镇居民人均可支配收入或者农村居民人均纯收入标准，自定残之日起按二十年计算。但六十周岁以上的，年龄每增加一岁减少一年；七十五周岁以上的，按五年计算。受害人因伤致残但实际收入没有减少，或者伤残等级较轻但造成职业妨害严重影响其劳动就业的，可以对残疾赔偿金作相应调整。"第二十六条规定："残疾辅助器具费按照普通适用器具的合理费用标准计算。伤情有特殊需要的，可以参照辅助器具配制机构的意见确定相应的合理费用标准。辅助器具的更换周期和赔偿期限参照配制机构的意见确定。"

残疾赔偿金计算标准：残疾赔偿金＝上一年度城镇居民人均可支配收入(元/年)×20(年)；残疾赔偿金＝上一年度农村居民人均纯收入(元/年)×20(年)。

2. 残疾赔偿金、残疾辅助器具费计算的法律实务问题

侵害他人身体致其丧失全部或部分劳动能力的，应当赔偿残疾赔偿金。依照法医学的鉴定标准，残疾者丧失劳动能力的程度分为十级，按照受诉法院所在地上一年度城镇居民人均可支配收入或者农村居民人均纯收入标准，自定残之日按二十年计算。但六十周岁以上的，年龄每增加一岁减少一年；七十五周岁以上的按五年计算。

残疾者的误工费与残疾赔偿金不得重复计算。以残疾者定残之月为界，之前由侵害人赔偿误工费，之后由侵害人赔偿残疾赔偿金。

因残疾需要配制补偿功能的器具的，应当根据治疗医院的证明或法医意见，结合使用者的年龄、我国人口平均寿命、器具使用年限等因素，按照普及型器具的费用计算赔偿数额。

(八)丧葬费

1. 丧葬费的概念和计算标准

丧葬费是指损害自然人的生命权致使受害人死亡的，受害人的亲属对受害人遗体进行安葬时所产生的各项费用。

《人身损害赔偿解释》第二十七条规定："丧葬费按照受诉法院所在地上一年度职工月平均工资标准，以六个月总额计算。"

丧葬费补助计算标准：丧葬费＝受诉法院所在地上一年度职工月平均工资（元/月）×6（月）。

2. 丧葬费计算的法律实务问题

丧葬费一般包括运尸、火化、普通骨灰盒和一期骨灰存放等费用。丧葬费，按照侵权行为地的丧葬费标准支付。

死者家属拒不执行有关部门限期殡葬决定而增加的费用，不予赔偿；死者家属违反有关殡葬的规定，大办丧事增加的费用，不予赔偿。

(九)死亡赔偿金

1. 死亡赔偿金的概念和计算标准

死亡赔偿金是指因侵权致人死亡的，应当支付死者家属一定数额的财产性赔偿金。

《人身损害赔偿解释》第二十九条规定："死亡赔偿金按照受诉法院所在地上一年度城镇居民人均可支配收入或者农村居民人均纯收入标准，按二十年计算。但六十周岁以上的，年龄每增加一岁减少一年；七十五周岁以上的，按五年计算。"第三十条规定："赔偿权利人举证证明其住所地或者经常居住地城镇居民人均可支配收入或者农村居民人均纯收入高于受诉法院所在地标准的，残疾赔偿金或者死亡赔偿金可以按照其住所地或者经常居住地的相关标准计算。"

死亡赔偿金的计算标准：死亡赔偿金＝上一年度城镇居民人均可支配收入（元/年）×20（年）；死亡赔偿金＝上一年度农村居民人均纯收入（元/年）×20（年）。

2. 死亡赔偿金计算的法律实务问题

死亡赔偿金，按照当地居民平均可支配收入计算，赔偿二十年。死者为六十周岁以上的，年龄每加一岁减少一年；七十五周岁以上的，赔偿五年。

据2016年国家统计局最新公布数据：2015年度全国城镇居民人均可支配收入

为 31195 元，则 2016 年度一次性工亡补助金标准应为：31195（元/年）×20（年）＝623900 元（全国统一标准）。

（十）精神损害、抚慰金

1. 精神损害、抚慰金的概念和计算标准

精神损害抚慰金是指在受害人遭受严重的人身伤害、可能造成残疾或者死亡的情形下，受害人及其近亲属在精神上遭受巨大创伤，并基于此而要求赔偿义务人给予受害人及其近亲属一定数额的赔偿。

《最高人民法院关于确定民事侵权精神损害赔偿责任若干问题的解释》第十条规定："精神损害的赔偿数额根据以下因素确定：（一）侵权人的过错程度，法律另有规定的除外；（二）侵害的手段、场合、行为方式等具体情节；（三）侵权行为所造成的后果；（四）侵权人的获得情况；（五）侵权人承担责任的经济能力；（六）受诉法院所在地平均生活水平。"

2. 精神损害、抚慰金计算的法律实务问题

《人身损害赔偿解释》第十八条规定："受害人或者死者近亲属遭受精神损害，赔偿权利人向人民法院请求赔偿精神损害抚慰金的，适用《最高人民法院关于确定民事侵权精神损害赔偿责任若干问题的解释》予以确定。精神损害抚慰金的请求权，不得让与或者继承。但赔偿义务人已经以书面方式承诺给予金钱赔偿，或者赔偿权利人已经向人民法院起诉的除外。"

精神损害抚慰金是侵害人的侵权行为在给受害人造成肉体痛苦或身体伤残、死亡的同时，给受害人或受害人的近亲属造成了精神痛苦和创伤，为此受害人或者受害人的近亲属依法要求侵害人赔偿的精神抚慰费用，是一种经济补偿方式。精神损害抚慰金的具体数额，由法院根据实际情况酌情判决。

第三节　幼儿园安全事故预防与处理机制的创新探索

党中央、国务院历来高度重视中小学、幼儿园的安全问题。党的十八大以来，随着我国依法治国基本方略的全面推进，在各级党委、政府的共同努力下，中小学、幼儿园安全形势总体稳定，安全风险防控措施不断完善，对学生、教职员工的安全保护力度进一步加强。但受多种因素影响，中小学、幼儿园安全工作仍存在着法规制度不够完善，风险防控意识不强，安全责任落实不到位，安全事故处理能力不适应等问题。为进一步做好中小学、幼儿园安全事故防控工作，各级党委和政府不断加大中小学、幼儿园安全工作机制的创新探索力度，取得了较为显著的成果，并且将取得的成果创造性地运用到学校安全事故的预防与处理制度设计中，为有效解决学校安全事故纠纷起到了积极的作用，产生了良好的社会效果。

一、幼儿园安全事故预防与处理机制创新的成果

近年来，党和政府将学校安全工作列为全社会公共安全工作的重点，各地不断加大学校安全工作预防和处理新机制的探索力度，在学校安全事故防控方面凝练出新的工作理念，取得了一些新经验和新成果，主要体现在以下几方面。

(一)各地出台了一批关于学校安全工作的地方性法规、规章，为国家出台"学前教育法"奠定了坚实的基础

自2002年9月，教育部颁布实施《学生伤害事故处理办法》后，全国中小学、幼儿园学生安全事故中的人身伤害事故纠纷的处理工作实现了有法可依。2006年6月，教育部等十部门联合发布的《中小学幼儿园安全管理办法》，首次把中小学、幼儿园安全管理工作列为政府多个部门的综合治理工作。以文件精神为指导，多部门联动、综合施治，取得了积极的效果。全国各地教育行政主管部门也纷纷结合本地实际，制定和出台了一批关于学校安全工作的地方性法规和地方政府规章。2001年7月13日，上海市人大常委会通过了《上海市中小学校学生伤害事故处理条例》；2002年10月11日，杭州市人大常委会通过了《杭州市中小学校学生伤害事故处理条例》，2002年12月20日，该条例经浙江省人大常委会批准实施；2003年6月16日，武汉市人大常委会通过了《武汉市学校安全工作实施细则》；2003年9月26日，宁波市人大常委会通过《宁波市学校安全条例》，2003年11月6日，该条例经浙江省人大常委会批准实施；2004年12月30日，深圳市人大常委会通过了《深圳市学校安全管理条例》，2005年1月19日，该条例经广东省人大常委会批准实施；2006年5月26日，辽宁省人大常委会通过了《辽宁省学校安全条例》；2007年5月30日，四川省人民政府印发了《四川省学校安全工作管理办法(试行)》。特别需要说明的是，2004年10月1日施行的《广东省教育厅〈学生伤害事故处理办法〉实施细则》，共分9章85条，包括总则、事故的预防、事故的责任、事故处理、事故报告和统计、行政调解、事故赔偿、事故责任者的处理、附则，详细规定了学生伤害事故预防与处理工作的一系列具体操作性问题，为其他省市在预防和处理学生伤害事故方面提供了很好的制度性借鉴。

(二)各地积极探索学校安全工作的内在规律，明确提出学校安全工作应当以"预防和处理"为工作着力点

在国家高度重视学校安全工作的形势下，各地逐步探索做好学校安全工作的内在规律，明确提出学校安全工作应当遵循"安全第一、预防为主"的工作方针，"安全优先"，坚持"预防为主、防治结合"的工作原则，特别是针对学生人身伤害事故应当以"预防和处理"为工作的着力点。为此，2003年8月15日，哈尔滨市人民政府第

十次常务会议通过了《哈尔滨中小学生伤害事故预防和处理办法》，该办法自 2003 年 10 月 1 日起施行；2003 年 9 月 5 日，北京市人大常委会通过了《北京市中小学生人身伤害事故预防与处理条例》，该条例自 2004 年 1 月 1 日起施行；2004 年 3 月 4 日，浙江省人民政府常务会议通过了《浙江省中小学校学生人身安全事故预防与处理办法》，该办法自 2004 年 5 月 1 日起施行。随后，湖南省、苏州市、福州市、合肥市、淮南市等省市陆续制定并颁布了本地区关于"中小学校学生人身伤害事故预防与处理"的地方性法规和地方政府规章。从以上地方性法规、规章名称的演变可以看出，中小学校学生人身伤害事故管理的工作着力点应当突出体现在"预防与处理"方面，这样才能够有效把握学校安全工作的管理规律，最大限度地做好本地区的学校安全工作。

（三）各地积极探索解决学校安全事故纠纷的有效途径，创造性地引入人民调解委员会调解机制

学校安全事故牵扯学生本人、学生父母及家庭其他成员，同时涉及学校、涉事教师，以及全社会教师群体和学校主体，特别是涉及社会的基本细胞，即每一个家庭，学生在学校受到人身损害事件的处理，自然会引起社会的高度关注，一度成为社会热点问题。因此，学校安全事故纠纷的处理较之其他人身伤害事故的处理要更为复杂和敏感。近年来，各地不断探索学校安全事故纠纷的有效解决途径，特别是创造性地引入人民调解委员会调解机制，取得了积极的效果。2004 年 3 月 4 日，浙江省人民政府常务会议通过的《浙江省中小学校学生人身安全事故预防与处理办法》第二十九条规定："当事人对学生安全事故的损害赔偿不愿协商或者协商不成的，可以向学校的主管教育行政部门或者政府设立的学校安全事故调解机构申请调解。"此处就已经明确了学生人身安全事故纠纷可以尝试引入第三方调解机构调解处理。

在学校安全事故纠纷处理的实践中，学生一旦发生人身伤害事故，学生家长和学校在事故责任认定、事故处理与赔偿等方面经常意见不一致。如果教育主管行政部门介入调解，部分学生家长会认为教育行政部门和学校的立场是一致的，这样便导致纠纷长时间得不到有效解决。因此，尝试引入第三方调解机构调解处理学校安全事故纠纷具有现实的迫切性。2015 年 11 月 20 日，江西省人大常委会通过的《江西省学校学生人身伤害事故预防与处理条例》第二十八条规定："学生人身伤害事故纠纷发生后，当事人可以选择下列途径解决：（一）自行协商；（二）向学校主管部门申请行政调解；（三）向学校所在地学生人身伤害事故纠纷人民调解委员会申请调解；（四）向人民法院提起诉讼；（五）法律、法规规定的其他途径。"同时，本条例第三十二条、第三十三条、第三十四条、第三十五条、第三十六条、第三十七条、第三十八条详尽规定了学生人身伤害事故人民调解的具体程序，将人民调解委员会引入学生人身伤害事故纠纷的处理机制法条化，具有积极的借鉴价值。

总之，全国各地不断探索学校学生人身伤害事故预防与处理的新机制，先行先试，不断完善制度设计，以问题为导向，寻求解决问题的有效途径，及时加以总结和完善，为国家制定和出台预防和处理中小学、幼儿园学生安全事故的法律制度奠定了良好的基础。

二、幼儿园安全事故预防与处理的法定程序

一直以来，学校安全事故的预防与处理都是学校工作的重点，特别是幼儿园安全事故的预防与处理，更是学前教育领域工作的重中之重。经过对学校安全工作长抓不懈的努力，各地政府和教育工作者已充分认识到学校安全工作必须确立"安全第一、预防为主、标本兼治、重在治本、综合施治、依法治理"的工作方针。这一方针要求广大学前教育领域的管理者和教职员工结合各地幼儿园安全工作实际，积极探索建立和完善幼儿园安全事故预防与处理机制，确实保障幼儿、教职员工的人身和财产权益，以及幼儿园的合法权益，保障学前教育事业健康可持续发展。

(一)幼儿园安全事故预防的法定程序

根据我国《教育法》《学生伤害事故处理办法》《中小学幼儿园安全管理办法》《暂行办法》及部分省市《中小学幼儿园学生人身伤害事故预防与处理条例》的相关规定，幼儿园安全事故预防与处理的法定要求如下。

幼儿园应当按照学生不同年龄段的生理、心理特点和教育教学特点建立健全安全管理制度，实行以园长为第一责任人的学生安全管理责任制。幼儿园还应当对教师及其他职工进行安全业务培训，指导和督促其履行相应的岗位职责。

幼儿园应当根据学生不同年龄段的生理、心理特点和教学活动特点，对学生进行相关规章制度和纪律、安全及自救自护教育。学校的教育课程应当包括安全教育的内容。

幼儿园的教育教学、生活服务设施设备必须符合安全、卫生标准，并按规定配备消防设备，保证安全通道的畅通。幼儿园举办者应当为幼儿园配备符合标准的教育教学、生活服务设施设备，提供必需的人员、经费保障；幼儿园自行添置的设施设备亦应当符合安全、卫生标准。

幼儿园应当加强对设施设备的管理和保养，确保其使用安全；对有危险性的设施设备，特别是教学科研实验仪器及其他有毒有害物品、易燃易爆物品，必须建立健全使用和管理制度，并实行严格管理。幼儿园应当在具有危险性的教育教学、生活服务设施设备上及校内施工区，设置明显的安全警示标志。

幼儿园的食品、药品、饮用水及提供给学生的教学、生活用具、设施等必须符合国家安全、卫生标准。幼儿园选择与学生生活、学习有关的产品与服务时，应当选择质量和安全性能符合国家规定标准的产品与服务。

幼儿园实行外来人员出入登记制度。非幼儿园工作人员和车辆未经幼儿园同意不得进入校园。任何人不得将非教育教学活动所需的有毒有害物品、易燃易爆物品、管制刀具、动物及其他危及人身安全的物品带入幼儿园。幼儿园应当建立健全住宿学生管理制度和安全保护措施，设专人负责管理住宿学生的生活和安全保护工作。

幼儿园组织学生进行文化娱乐、体育、劳动、教学实验等教育教学活动，应当符合安全、卫生要求；组织学生进行社会实践活动和其他校外集体活动，应当将活动内容和安全保护措施报主管的教育行政部门备案，活动内容和方式应当适合学生的年龄和生理、心理特点，并做好相应的安全教育和示范，采取必要的安全保护措施。

幼儿园应当在放假前做好学生的假期安全教育；在寒、暑假及其他节假日期间组织学生开展活动的，应当按照前款规定做好相应的安全教育工作。幼儿园不得组织学生参加或者从事直接危及人身安全的活动；不得组织未成年学生参加抢险、救灾等未成年人不宜参加的活动。

幼儿园应当制定各类突发事件应急预案。突发台风、地震、洪水、火灾等重大灾害以及发生公共卫生、环境污染事件时，幼儿园应当立即启动相应的应急预案，迅速采取应急安全保护措施，保护学生的人身安全，必要时可以临时停课，并及时报告教育行政部门和有关部门。

幼儿园应当有负责安全保卫工作的机构并配备相应的专（兼）职安全保卫人员。幼儿园应当对幼儿园安全状况进行经常性检查，发现安全隐患，立即处理或者报告有关部门予以解决。

教师及其他职工应当遵守工作纪律，不得擅离工作岗位；发现有危及学生人身安全的行为，应当及时告诫或者制止；不得对学生实施体罚、变相体罚或者其他侮辱人格尊严的行为。

学生父母或者其他监护人应当配合幼儿园做好安全管理工作。学生有特殊体质或者疾病，其父母或者其他监护人应当及时安排学生进行健康检查和治疗，必要时告知幼儿园；如需请假，应当及时按幼儿园规定办理请假手续。

教育行政部门应当执行教育法律法规、规章，制定幼儿园安全管理规范，指导幼儿园建立健全相应的安全管理制度，监督检查幼儿园安全管理制度、有关应急预案和学生安全事故预防措施的落实情况。对不符合安全、卫生标准和未建立安全管理制度及不落实学生安全事故预防措施的幼儿园，教育行政部门和有关部门应当督促其限期整改。

公安部门应当与幼儿园负责安全保卫工作的机构建立联系制度，协助幼儿园开展治安、消防、交通安全知识教育，加强对幼儿园及其周边的治安管理和消防安全检查，督促幼儿园消除治安、消防等安全隐患，及时制止和查处危害学生安全的违法活动。公安、交通部门应当根据各自职责在幼儿园附近的公路和城市道路按规定设置避让学生、禁鸣喇叭、减速慢行、人行横道等交通标志、标线，并做好交通管理工作；加强对接送学生车辆的安全监管。

卫生部门应当加强对幼儿园和学生的疾病预防、食品卫生、身心保健等卫生知识指导，依法加强对幼儿园和为师生提供餐饮服务的生产经营者落实卫生安全措施情况的监督检查。

幼儿园及其周边不得建设对幼儿园安全有重大影响的项目；不得进行有污染环境及其他影响幼儿园和学生安全、卫生的生产经营活动；不得依傍幼儿园围墙搭建建（构）筑物；不得在幼儿园及其周边设立歌舞、电子游戏、互联网上网服务等限制未成年人进入的经营性文化娱乐场所。幼儿园门前及其两侧不得设置集市贸易、摆摊设点、堆放杂物；不得设置影响学生安全或者正常通行的设施设备。建设、环保、文化、工商、城市管理、安全生产监管等有关部门以及幼儿园所在地乡（镇）人民政府应当依法加强对幼儿园及其周边的建设活动和生产经营活动监督管理，制止违反本条第一款、第二款规定的活动，清理违章的建（构）筑物、设施及物品。

为幼儿园提供产品与服务的单位和个人，应当落实各项安全、卫生保障措施，提供的教育教学活动场所、设施设备、教学用具、饮食及其他服务必须符合相应的安全、卫生标准。

教育行政部门可以组织本地区幼儿园参加学生安全事故的学校责任保险。幼儿园投保责任险的，所需经费由幼儿园举办者承担，以幼儿园为单位支付。不得向学生摊派或者变相摊派。提倡学生父母或其他监护人为学生购买人身意外伤害保险。

资料链接

表 9-1　幼儿园安全事故类型及防范措施①

类别	主要危险源	防范措施
幼儿活动	争抢玩具 玩危险玩具、游戏	观察幼儿活动，制止幼儿玩危险玩具、游戏 提供丰富的玩具，教育幼儿分享、轮流使用、谦让玩具 不组织幼儿到危险处活动
	打闹	组织幼儿在教师的视线范围内活动 关注个别特别好动、体弱，有特殊疾病，运动能力差的幼儿 让幼儿穿上便于运动的服装、鞋子参加活动 尊重关心幼儿，不体罚或变相体罚幼儿
	丢失	工作人员要坚守工作岗位，不离岗 交接班时要登记，外出活动时要随时清点人数 加强临时代班教师和离园环节的管理 严格幼儿接送制度，加强门卫执勤，关注出入幼儿

---

① 此表系作者在长期教学与实践过程中提炼而来。

续表

类别	主要危险源	防范措施
环境	砸伤 摔伤 挫伤	远离危险建筑物 大件设备要牢固地固定在地面或墙上 地面采用防滑材料 有适合幼儿开展不同活动的不同地面
	坠落	柱子、台阶等物体无棱角 窗户的高度、栏杆设置、楼梯台阶等符合有关规定 靠近窗户、栏杆等处不可堆放物品，以免幼儿攀沿坠落 外出陌生环境时，要派人事先考察
	噪音 污染	环境要避免噪音和污染 园内不要种植有毒植物
设备	教玩具不符合标准 教玩具使用不当	采购符合相关安全标准、质量合格的产品 严禁使用有毒、有害、不卫生材料制作的教玩具 玩具要符合幼儿的年龄特征 玩具无破损、锈蚀、断裂、尖锐棱角 教玩具按程序标准正确使用，摆放有序 关注幼儿不将玩具放入眼、耳、鼻、口内 幼儿午睡时加强巡视
	电教，电器设备等安装不当，使用不当	电源开关或插座应装在幼儿不易触摸的地方 定期检修电教、电器设备
饮食	烫伤 食物中毒	开水、热饭等在温度适宜时再放入班级中，注意周围的幼儿 严格执行食品卫生制度 严格执行采购验收制度，严禁"三无"产品入园 及时处理过期、不洁的食物 严格执行饮食卫生消毒制度
	病菌传染	餐饮具要及时消毒，食堂环境保持整洁卫生 食堂人员工作要符合卫生防疫要求，体检合格后方可上岗 生熟食分开，设分菜间，防蝇间等，操作过程符合卫生要求
保健	服错药	所有药品要锁在有安全保障的柜子里 内服、外用药品分开存放 注明用药幼儿的姓名、班级、服药量、服药的时间 由医务人员统一给幼儿服药
	打预防针出错	查阅并及时登记预防接种等档案 认真做好计划免疫工作 幼儿打预防针时，保教人员、医务人员要协调配合、复核
	传染病	做好清洁消毒、疾病预防等卫生保健工作 加强晨检，及时隔离有传染病的幼儿

续表

类别	主要危险源	防范措施
交通	车祸	到有质量保证的正规单位租车，乘坐人员不能超过核载人数 教育幼儿及家长遵守交通规则 幼儿园周围道路应当设有限速标志 进出幼儿园车辆应限速，按规定路线行驶
消防	火灾	灭火器配置充足，且安装在适宜位置，由专人负责，定期检查 定期进行火灾、地震等安全疏散演习 供幼儿使用的所有房间均有两个安全出口

(二)幼儿园安全事故处理的法定程序

发生学生安全事故后，幼儿园应当立即采取措施救护受伤害学生，保护事故现场，保全相关证据，及时通知受伤害学生的父母或者其他监护人。公民、法人或者其他组织应当为受伤害学生的救护提供必要帮助。

医疗救治机构接到学生安全事故救助请求时，应当立即组织人员前往现场实施救治；本机构技术力量不足或者救治设备欠缺的，应当及时报告卫生部门或者请求邻近医疗救治机构给予援助。

学生安全事故发生后，幼儿园应当在1小时内将有关情况报告主管的教育行政部门和其他有关部门；发生重大学生安全事故的，应当立即报告。主管的教育行政部门接到重大学生安全事故报告后，应当立即报告本级人民政府和上级教育行政部门。发生违法犯罪活动、交通事故以及出现食物中毒、急性传染病症状等情况的，幼儿园应当立即报告公安、卫生等有关部门。公安、卫生等有关部门接到报告后应当立即组织人员前往处理。

学生安全事故发生后，幼儿园应当及时组织调查处理；幼儿园无法调查处理的，由教育行政部门组织调查处理。发生重大学生安全事故的，由幼儿园所在地人民政府组织教育、公安、卫生等有关部门组成联合调查组进行事故调查，并在事故发生之日起30日内提出事故调查处理意见。法律法规另有规定的，从其规定。投保学生安全事故学校责任险的，幼儿园应当及时通知保险机构参与事故的调查处理。

学生安全事故的调查应当遵循客观、公正、及时、合法的原则，查明事故的原因、性质和责任。幼儿园有关人员和受伤害学生父母或者其他监护人，应当积极协助、配合事故调查，提供真实情况和相关证据材料，不得拒绝、阻挠、推诿，不得弄虚作假。受伤害学生父母或者其他监护人有权了解事故调查的有关情况，事故调查者应当如实告之。

学生安全事故的损害赔偿，当事人可以自行协商解决；经协商解决的，应当制作协议书。协议书应当载明当事人的基本情况和学生安全事故的原因、损害情况以及协商确定的赔偿方式、数额等，并由当事人在协议书上签名、盖章。

当事人对学生安全事故的损害赔偿不愿协商或者协商不成的，可以向幼儿园的主管教育行政部门或者政府设立的学生安全事故调解机构申请调解。教育行政部门或者学生安全事故调解机构应当尊重当事人意愿，及时、公正、客观地进行调解，并自收到调解申请书之日起 60 日内结束调解。经调解达成协议的，应当制作调解书。调解书应当载明当事人的基本情况、调解机构名称以及学生安全事故的原因、损害情况和调解确定的赔偿方式、数额等，由当事人在调解书上签名、盖章，并加盖调解机构印章。

当事人对学生安全事故的损害赔偿不愿协商、调解，或者协商、调解不成的，可以依法向人民法院提起诉讼。

任何单位和个人不得阻挠、干涉学生安全事故的依法调查处理，不得侮辱、殴打教师及其他职工、学生，不得侵占、损毁幼儿园的教育教学、生活服务设施设备和其他财产，不得扰乱幼儿园的正常教育教学秩序。

学生安全事故处理结束后，幼儿园应当将事故处理结果书面报告主管的教育行政部门；其中重大学生安全事故的处理结果，教育行政部门应当报告本级人民政府和上级教育行政部门。

三、幼儿园安全事故预防与处理的工作要求

(一)高度重视、加强学习

各级各类幼儿园和幼教机构必须高度重视安全工作，树立"安全第一、预防为主"的意识，坚持"标本兼治、重在治本"的安全工作理念，遵循"综合施治、依法治理"的工作原则，坚持不懈地抓安全工作，遵照幼儿园安全事故预防的法定程序，严格落实安全事故预防的各项工作部署，加强与各相关部门的协调和联系，确保不发生幼儿园安全责任事故。

(二)健全制度、重在落实

幼儿园必须加强内部管理制度建设，按照依法治园的要求，建立健全内部宏观、微观方面的各项管理制度，建立和完善所有工作岗位的"岗位责任制"，通过各种形式的教育活动，要求全体教职员工熟知岗位责任，领会工作要求和工作规程，严格按照规程履行岗位职责；健全安全工作督促、检查制度，发现隐患及时排查和解决，确保不发生性质较严重的安全责任事故。

(三)责任到人、尽职尽责

幼儿园各级管理人员和各位教职员工必须认真学习和领会岗位职责的要求，切实履行好自己的岗位职责，严格遵守师德师风和安全管理的各项规定，要特别注重

相关证明材料的收集，如安全教育会议资料（包括幼儿园和班级）、安全教育预案、安全台账、安全情况记录、安全检查记录、维修记录、培训记录以及安全责任书等。收集和保存的各项资料，是证明自己履行安全职责的证据材料，是解决事故纠纷时必须依法提供的。因自身行为违反规定而造成安全事故的，必须依法依规承担相应的法律责任。

(四)依法依理、保护权益

学校的安全管理人员和教师要不断学习相关的法律法规知识，进一步强化安全责任意识和安全观念，充分了解各种安全知识，掌握基本的安全防范和救护技能。一旦发生安全事故后，学校的安全管理人员和教师要遵照幼儿园安全事故处理的法定程序，及时开展事故处理工作，与相关部门积极配合，对受伤害方的态度要热情和周到，要尽可能地避免矛盾的激化，要学会依法、依理维护幼儿园、教职员工、学生的合法权益，最大限度地平衡好各方利益，保障幼儿园教育教学活动的顺利进行。

参考文献

[1]劳凯声. 教育法学. 沈阳：辽宁大学出版社，2008.

[2]李晓燕，谭细龙. 教育法学(第2版). 北京：高等教育出版社，2006.

[3]杨颖秀. 教育法学. 北京：中国人民大学出版社，2010.

[4]陈鹏，祁占勇. 教育法学的理论与实践. 北京：中国社会科学出版社，2006.

[5]黄崴. 教育法学. 北京：高等教育出版社，2007.

[6]张乐天. 教育政策法规的理论与实践(第三版). 上海：华东师范大学出版社，2015.

[7]吴遵民，黄欣. 新编教育法教程. 上海：华东师范大学出版社，2004.

[8]杨崇龙. 教育法规与政策. 北京：人民教育出版社，2007.

[9]张燕. 学前教育管理学. 北京：北京师范大学出版社，2009.

[10]张燕，邢利娅. 幼儿园管理案例及评析. 北京：北京师范大学出版社，2002.

[11]周小虎. 学前教育政策与法规. 上海：华东师范大学出版社，2014.

[12]杨莉君. 学前教育政策法规概论. 长沙：湖南师范大学出版社，2008.

[13]王相荣，等. 幼儿教育政策与法规. 北京：新时代出版社，2008.

[14]李生兰，等. 学前教育法规政策的理解与运用. 南京：南京师范大学出版社，2012.

[15]吕鹤云，黄新民. 法学概论(第三版). 北京：高等教育出版社，2014.

[16]罗彬彬，罗均友. 教育类法律文书范本与制作详解. 北京：中国法制出版社，2007.

[17]刘占兰，沈心燕. 让幼儿在主动探索中学习科学——经历发现过程 体验科学真谛. 北京：北京师范大学出版社，2003.

[18]石连海，马雷军. 中小学幼儿园安全教育教师读本. 北京：中国轻工业出版社，2007.

[19]杨光磊，周玉辉. 百案通解校园侵权. 北京：中国法制出版社，2010.

[20]罗海艳，赵晓琳. 学生伤害事故案件认定与处理实务. 北京：中国检察出版社，2006.

[21]陈真，杨锦炎，王晓艳. 学生伤害事故索赔指南. 北京：中国法制出版社，2009.

[22]孙葆森，刘惠容，王悦群. 幼儿教育法规与政策概论. 北京：北京师范大学出版社，1998.

[23]胡志强. 校园伤害的鉴定与赔偿. 北京：中国法制出版社，2011.

[24]中国学前教育发展战略研究课题组. 中国学前教育发展战略研究. 北京：教育科学出版

社，2010.

[25]姜战军．未成年人致人损害责任承担研究．北京：中国人民大学出版社，2008.

[26]赵敏．幼儿心理健康教育与教师心理健康．北京：首都师范大学出版社，2008.

[27]申海恩，周友军．学生伤害、监护人责任与违反安全保障义务．北京：中国法制出版社，2010.

[28]刘占兰，廖贻．促进幼儿教师专业成长的理论与实践策略．北京：教育科学出版社，2006.

[29]程立，张洪建．校园侵权审判案例全类型精解：学生伤害事故法律应对策略与解决方案．北京：法律出版社，2010.

[30]佟丽华．未成年人法学·学校保护卷．北京：法律出版社，2007.

[31]王竹青，杨科．监护制度比较研究．北京：知识产权出版社，2010.

[32]杨秀朝．学生伤害事故民事责任制度研究——以中小学校、幼儿园为分析对象．北京：中国法制出版社，2009.

[33]殷世东，李齐全，贾艳红．中小学教育法规的理论与实践．合肥：合肥工业大学出版社，2005.

[34]李红霞，朱萍，周玲玲．幼儿教育政策法规．北京：高等教育出版社，2015.

[35]万华．师生权益保护热点问题的法律透视．广州：暨南大学出版社，2009.

[36]仲建维．学生权利论．上海：华东师范大学出版社，2009.

[37]吴春岐，杨光磊．校园事故侵权责任：法律适用与案例评析．北京：知识产权出版社，2010.

[38]魏真，华灵燕．学前教育政策与法规．北京：北京大学出版社，2015.

[39]王勇民．儿童权利保护的国际法研究．北京：法律出版社，2010.

[40]周天枢，严凤英．幼儿园100个法律问题．广州：新世纪出版社，2010.

[41]周叶中．宪法（第二版）．北京：高等教育出版社，2005.

[42]王利明．民法．北京：中国人民大学出版社，2005.

[43]内尔达·H.坎布朗－麦凯布，马莎·M.麦卡锡，斯蒂芬·B.托马斯．教育法学——教师与学生的权利（第五版）．江雪梅，茅锐，王晓玲，译．北京：中国人民大学出版社，2010.

[44]"国家安全生产法制教育丛书"编委会．学校及幼儿园安全管理法规读本（第三版）．北京：中国劳动社会保障出版社，2009.

[45]教育部全国教育普法领导小组办公室．常用教育法律法规．北京：教育科学出版社，2010.